本书由南都公益基金会资助出版

A Critical Appraisal of
Tech-Value in Public Welfare Projects

公益项目技术价值评析

戴 影 陶传进 戴蕉嶷 何 磊 / 著

广西师范大学出版社
·桂林·

致 谢

感谢南都公益基金会对本书的资助!

感谢好公益平台项目团队全体伙伴的尊重与包容,给予研究团队足够的自主空间来沉淀、探索!

感谢各执行机构多年来在一线的深耕与坚守,并毫无保留地将之与我们分享,感谢你们的信任、坦诚与投入!

感谢在本书创作过程中给予帮助和支持的北京七悦社会公益服务中心的伙伴们,特别感谢林伊玲、郭彤华、鲁优、张熙哲、马玉洁、郭婧怡、贾坤!

资助方简介

　　南都公益基金会，成立于 2007 年 5 月，是经民政部批准成立的全国性非公募基金会。南都公益基金会始终坚持"支持民间公益"的使命，积极建设公益行业生态，致力于为中国公益行业发展提供公共品。在整个公益产业链中，南都公益基金会通过提供资金和资源，推动优秀公益项目和公益组织的发展，带动民间的社会创新。

　　使命：支持民间公益

　　愿景：社会公平正义，人人怀有希望

　　南都公益基金会阶段性战略目标：建设公益生态系统，促进跨界合作创新

序 言

一、一个基本的说明

本书从形式上看是一本公益项目案例集，通过对南都公益基金会联合多方发起的中国好公益平台上的十个公益项目的深度梳理和透彻分析汇总而成，究其实质却与案例写作有着本质的区别。具体来说，本书的重点并非强调各个公益组织是如何标准化、规范化运作的，本书的写作模式也完全不同于媒体报道和官方表彰式的案例写作。我们通过深入的调研和碰撞性的对话将每一个公益项目视为解决某一类社会问题的最有效方案，并总结出该方案所产生的社会价值。需要强调的是，解决社会问题的方案与其产生的社会价值并非割裂地存在，而是相互融合，形成了一份能够落地为实际、蕴含加工逻辑的价值体系，而清晰、完整地呈现每一个公益项目的价值体系是本书所追求的核心目标。

实际上，这样一种公益项目梳理方式也代表了本研究团队一直遵循的公益产品评估方法，本团队希望借助本书的出版向读者展示一种看待、评价公益项目的方式。因而，本书在展示十个公益项目解决社会问题时的技术方案及其所产生的社会价值之外，在公益项目的解读和评估的方法论上亦具有示范性意义。

二、案例呈现重点之一：项目模式的描述

本书收录的十个公益组织都经历了十数年甚至更长时间的探索，进而建构、打造出属于自己的品牌项目。在如此长的时间范围内，公益组织一直坚持有机生长的探索方式，不断创新、积累、迭代自己的项目成果，最终形成了一套综合化的解决问题的方案。而每一套方案之中又蕴含着各个公益组织在某一特定领域解决社会问题时所形成的核心技术。因而，由这一套核心技术构成的项目模式是本书中各个案例所要重点呈现的内容之一。

然而，扎根一线的公益组织能够将项目模式探索出来并不代表各公益组织能将其清晰地表达出来，因而本书是在各公益组织的探索的基础上，对其中的项目模式加以抽象化的梳理和总结，并将其清晰、凝练地呈现出来。一方面帮助读者更好地理解各公益组织是如何进行项目运作的；另一方面将各公益组织多年积累的项目运作精髓以更有效、更精准的方式传递给领域内的从业者、学习者，助力各公益项目的复制、推广。

节点问题是每一个项目模式的核心概念，即公益项目在从起点走向目标的过程中所必须面对的挑战。本研究团队通过提问的方式与项目执行团队进行对话，并将各执行团队的回答以项目模式的形式呈现。例如，在北京十方缘公益基金会老人心灵呵护服务项目中，项目团队培训志愿者为临终老人提供陪伴服务。面对临终老人，人们往往会产生悲伤、失能等负面情绪，但该项目的志愿者在陪伴临终老人时，不会因为这份陪伴让自己的能量陷于低谷，甚至有部分志愿者因此而感到增能。于是，一个特定的节点问题就出现了：在陪伴一个几乎走到生命尽头的老人时，如何能做到不失能甚至增能呢？对这一问题的回答显示了北京十方缘公益基金会的核心技术内涵。

当然，对各公益项目核心技术的呈现会给读者的阅读带来一定的挑战，对于各公益项目的把握也并非易事。但是，我们不仅希望呈现给读者领域内较为优秀的公益项目，而且希望通过对这十个案例的透彻剖析，帮助读者掌握一类项目的核心技术与原理。因此，这份公益项目的梳理呈现和阅读理解带来的挑战亦是公益领域发展所必须接受的挑战。

三、案例呈现重点之二：价值潜力的展示

本书收录的十个公益项目之所以可以称为品牌性项目，不仅是因为它们拥有特定的技术手法，还因为这份技术手法能够产出珍贵且具有一定稀缺性的社会价值。因而，清楚地描述这份价值是对公益项目运作方的一份应有的尊重。

然而价值潜力的描述并非易事，不能与实际脱离，浮于空中，泛泛而宏大地描述项目的社会意义，而应将价值潜力视为项目模式的一份自然产出，建构项目模式与价值产出之间的因果链条。换言之，应该将价值产出视为项目模式的加工产物。因而我们会发现，一家公益组织在探索形成项目模式之前，常常从宏大的社会意义的视角来描述自身项目的价值。而当项目模式形成之后，则会看到理念落地，一份实实在在的社会价值产生出来，因而从宏大、宽泛的理念转变为落地的实质性价值潜力，可见价值描述的重要性。

不仅如此，本书收录的十个公益项目都在追求极具理想主义色彩的、关于人与社会的发展理念。这些理念包括"人与人之间是平等的""每一个人都是有价值的""每一个个体都具有自身发展的潜力""每一个个体都具有自身的独特性""社会群体的自我组织能呈现出新的价值潜力空间"……这些理念的落地体现了我们每个人的价值向往，代表了社会进步掷地有声的步伐。

与项目模式的呈现一样，价值潜力的描述同样存在难题，即公益组

织能够扎根一线将其运作出来，却未必能清晰地表达出来。时至今日，绝大多数公益组织依旧沿用相对原始的理念、意义进行价值描述，同时价值呈现的压力又会使项目运作方进入失去价值实体的、没有生命色彩的纯数据展示之中，经由长时间探索而形成的项目模式及其价值加工原理却未能得到体现。因而对各项目的实质性价值潜力的描述是本书另一个重点呈现的内容。

四、案例的呈现体例

本书收录的十个案例都在追求一个实质性的目标，因而各案例的呈现体例相对宽松。但各案例呈现的核心内容一致，即梳理、展示出各案例的项目模式和价值产出，这两方面的完成便实现了一个公益项目的基本建构。其中，项目模式代表一个公益项目的技术端，而其价值产出代表公益项目的价值端，技术是为价值产出而建构的，价值则是技术的最终产出形式。技术和价值合二为一，构成了一个公益项目/公益产品的两个核心侧面，让公益项目能实现一份特定的社会目标。不论是为了实现公益组织内心追求的理想，还是为了复制、传播自己的公益产品，都要将项目模式和价值产出作为基石，因此这两方面的结合构成了公益项目呈现的核心。

当然，除此以外，依据不同公益项目的发展阶段和特性，在各自的梳理、呈现中也会存在一定的差异。第一，项目基本运作体系的勾勒。该部分的呈现不是为了展示项目执行团队的艰辛或者项目运作的规范，而是为了引出并支撑各案例的项目模式和价值产出体系，帮助读者在了解案例细节化的信息后更好地理解案例内容。当然由于篇幅限制，关于各案例更多的细节信息，读者可以通过其他渠道或现场参访的形式来获得。第二，在部分案例中，研究团队还会在开篇提供一个关于案例要点的逻辑框架。该框架的搭建是为了帮助读者更有逻辑和深度地进入关于项目模式和价值产出的分析之中。第三，在案例呈现的结尾会有一个归总式的总结和反思。本团队希望借此帮助读者对案例进行整体性的、提纲挈领式的把握。各案例呈现体系之间的差异，甚至案例的体系还不完备，可以看作研究团队尚且存在的发展空间。基于此，本团队遵从实质逻辑优先的原则，对各案例进行剖析呈现，或者说"不求无过，但求有功"。

五、透过案例又跳出案例

本书对收录的十个案例的技术和价值都进行了具体的展示，但需要强调的是，这份技术体系承载在各案例之上，但同时也可以不局限在单个案例之中。具体来说，同一类项目拥有大致相同的技术要求，因而对其中一个项目的深入剖析可以辐射到同议题下的其他项目。甚至某些技术原理可以超越项目类别的局限，进入整个公益或公共服务领域。

同理，对每一个项目的价值产出的描述并非要对各个项目进行表彰，而是希望借此向读者展示一个具有普遍意义的道理：当公益组织如此深耕于一线进行项目运作时，受助人甚至社会会因此获得改变。而在此之外，所有传播特定理念的意义同样具有普遍性。因而这份价值不仅是单个项目层面的，也是全社会层面的，代表了社会进步的方向。

因此，对于本书的读者、各公益项目的一线运作团队、本书的写作者来说，不管是技术梳理，还是价值呈现，都是一种特定的贡献。而这份产出的实现得益于本团队在公益领域多年的评估经验和技术积累，得益于我们本着平等的态度向各公益组织学习后的收获。

陶传进

2023 年 11 月

目 录

北京新起点公益基金会脊髓损伤者生活重建训练项目模式梳理……戴影 / 1

一、什么是生活重建训练 / 1

二、价值体系勾勒 / 2

三、规模化路径：群体自救 / 16

四、项目模式分析：节点问题的解答 / 18

五、附录：生活重建训练内容 / 30

北京市丰台区利智康复中心自主生活学院项目模式梳理……戴蕉巍 / 35

一、基本框架 / 35

二、自主生活的实质含义 / 37

三、自主生活落地的关键节点 / 44

四、理念探索：一个有机生长的过程 / 56

五、发展路径：以项目模式为核心 / 59

上海闵行区活力社区服务中心活力未来亲子园项目模式梳理……何磊 / 61

一、服务瞄准与问题呈现 / 61

二、实况还原：亲子园现场面貌及受益状况 / 64

三、亲子园的基本做法与早教原则 / 68

四、当前复制、推广的路径与可发展方向 / 84

五、附录：亲子课九大环节简介 / 91

广东省日慈公益基金会心灵魔法学院项目模式梳理……戴影 / 93

一、背景 / 93

二、以心理课堂为载体建立伙伴关系共同体 / 96

三、直面现实挑战：传统课堂的惯性 / 105

四、伙伴关系共同体之上的加载 / 113

五、附录 / 116

北京一个母亲心理健康服务中心袋鼠妈妈有办法

——独抚母亲支持计划项目模式梳理……戴蕉巍 / 119

一、聚焦服务人群：独抚母亲 / 119

二、"一个母亲"：以社群为主要载体的服务探索 / 123

三、价值体系勾勒 / 130

四、节点问题分析 / 138

五、关于共建健康社会的启发 / 144

福建省教育援助协会穿墙引线

——服刑人员未成年子女帮扶计划项目模式梳理……戴影 / 146

一、为什么要帮助服刑人员未成年子女 / 146

二、发展脉络与格局 / 147

三、服务的合理性分析 / 154

四、服务体系的创新与挑战 / 169

五、理念分析：人是被怎样对待的 / 174

六、附录 / 179

深圳壹基金公益基金会安全家园项目模式梳理……何磊 / 185

一、基本概述 / 185

二、"安全家园"的价值潜力 / 188

三、价值实现所面临的挑战：节点问题视角 / 201

成都市爱有戏社区发展中心义仓项目模式梳理……何磊 / 213

一、义仓项目概述 / 213

二、价值体系呈现 / 214

三、基础项目模式解构 / 219

四、升级与延展：社会服务与社区基金的潜力 / 234

五、规模化路径上的挑战 / 239

北京市石景山区乐龄老年社会工作服务中心乐享银龄社区居家养老综合解决方案项目模式梳理……郭彤华 / 244

一、乐龄方案的整体观 / 244

二、思考社区准机构化养老模式：几个关键的视角 / 248

三、乐龄方案的运营模式分析 / 251

四、乐龄作为社会企业的价值贡献 / 258

五、乐龄的技术贡献 / 265

六、社区养老驿站运作机制的综合分析 / 273

七、高端公益理念的落地走向 / 277

北京十方缘公益基金会老人心灵呵护服务项目模式梳理……戴影 / 282

一、基本框架 / 282

二、心灵呵护服务的面貌 / 290

三、项目模式梳理 / 294

四、生命理念体系的探寻 / 310

五、附录 / 313

北京新起点公益基金会脊髓损伤者
生活重建训练项目模式梳理

戴 影

一、什么是生活重建训练

北京新起点公益基金会（以下简称"新起点"）于2016年9月由社会爱心人士和脊髓损伤（Spinal Cord Injury，SCI）伤友共同发起成立，是国内第一家关注脊髓损伤者的公益基金会，其使命是创造友善环境，协助脊髓损伤者全面康复、参与社会、发挥潜能，并最终造福残障者。为了实现这一使命，围绕着脊髓损伤者的各类需求，"新起点"进行了诸多服务尝试。其中，"新起点"注册成立前就已启动的脊髓损伤者生活重建训练，历经多年的探索积累，已经成为一个较为成熟的公益项目，于2020年上线好公益平台进行规模化推广。

2015年，创始人A及其团队在总结欧美和中国台湾20多年经验的基础上将其引入，在中国大陆首次提出了填补康复空白的脊髓损伤者生活重建训练，至今已为北京600多名伤友和其他省区的300名左右的伤友提供了培训。2017年至今，"新起点"通过技术输出，支持了全国52个团队，开展了102期生活重建培训，受益人数达到3 000余人。[①] 在

---

① 数据来源：好公益平台，https://haogongyi.org.cn/home/product/detail/id/66.html。

引入先进经验之后，经过因时因地的本土化实践，生活重建训练致力于满足群体需求和实现具体目标，其运作形态已然具象化。**本部分首先呈现生活重建训练的形态，即生活重建训练是什么，以怎样的形式展开，满足了怎样的需求。**

生活重建训练，即针对实现了阶段性医疗康复的脊髓损伤者，开展为期 28 天或者 48 天 [①] 的能力提升集中培训，通过"伤友服务伤友"来帮助参训学员实现生活自理，回归家庭和社会，同时减轻照顾者沉重的负担。每一期训练营采取小班制，参加训练的伤友为 10 至 20 人不等，根据规模和伤残情况，配备一定数量的同侪伤友训练员，比如 10 个人的班级配备两名老师。这一短期集中的训练营包含基础知识、体能训练、生活能力训练、社会适应、团体心理辅导、文体娱乐活动、其他等七个方面的内容。七个方面的内容拆分为 60 项具体、可操作、完成即获得即时性激励的"生活任务"，一项项攻克完成，最终让脊髓损伤者掌握回归家庭和社会所需要的生活自理能力。

简言之，生活重建训练不是一次性的活动或单一的知识讲授，而是一场短期的、有设计的、综合性的、以能力应用为导向的集中训练，直接目标是脊髓损伤者能够实现生活自理。

二、价值体系勾勒

为脊髓损伤者提供生活重建训练具有怎样的价值？从表面上看，生活重建训练的目标追求是让脊髓损伤者实现生活自理、能够自己掌控生活。那么，掌控生活究竟意味着什么，其价值量是高还是低？如何衡量这一服务的价值，是否值得为此投入专门的人力、资金、资源，是否值得让捐赠人捐赠或者让资助方来购买？从另外一个角度来看，所谓自理

---

① 胸腰椎损伤伤友培训时长以 28 天 168 个课时为宜；颈椎损伤伤友以 48 天 252 个课时为宜。每课时 50 分钟。

不过是许多健全人的生活常态，如何还能产生价值？

价值的梳理和勾勒以"脊髓损伤者是谁"为起点展开，先要了解这一群体的生存现状和面临的多重困境，再进入生活重建训练，探讨为什么要提供这一服务，以及为什么要将生活自理作为一项专门的目标来追求。

（一）脊髓损伤者：困于负五十米的低谷

脊髓损伤是由各种致病因素（外伤、炎症、肿瘤等）所导致的脊髓的结构破坏及其损害平面以下的脊髓神经功能（运动、感觉、括约肌及自主神经功能）的障碍。[①] 根据首次发布的《中国脊髓损伤者生存质量白皮书（2021 版）》，脊髓损伤是一种严重的致残性疾病，受伤后不仅要面对终生瘫痪，还要承受大小便失禁、压疮等数十种并发症。我国的脊髓损伤者中，31—60 岁的中青年人占比 85.6%，81.6% 的患者家庭年收入低于 5 万元。伤友疾病的复杂性以及终生的康复治疗，给家庭和社会造成了沉重的负担。

脊髓损伤者中有的是先天性疾病所致，更多则是因交通事故、极限运动、职业伤害和病变等造成的永久性创伤。脊髓损伤带来重度的肢体残疾，大多数伤友伴随着截瘫甚至高位截瘫，身体的瘫痪以及多项身体机能受损直接导致生活无法自理，"许多伤友连最基本的上下床和大小便问题都难以解决"（创始人 A）[②]，更不用说外出就业、社会交往等各种自如的活动了。

当身体机能严重受损，最基本的生活都难以掌控和驾驭时，从床铺来到地面、从屋里走到家门口、从家里走到家外等简单的行为变得难于上青天，对于人格和心理的打击是摧毁性的。患者不愿意面对和接纳损

[①] T/CAPPD3-2019，脊髓损伤者生活重建培训指南 1.0 版［S］.北京：中国肢残人协会，2019.

[②] 本文所引用的访谈内容主体统一分类编号为："新起点"创始人，即"创始人 A"；多位脊髓损伤患者，即"伤友 A—C"；工作人员 A；协调员 A；伤友训练员 A。

伤的事实，更加不接纳损伤后的自己。他们困在家里，在日复一日年复一年的长期卧床的生活模式里，自我封闭、自卑自责、暴躁、抗拒、自我否定等消极状态交替出现，直到彻底丧失希望、放弃自己。下面以几位伤友回忆当时对生活完全失去掌控的情形为例，这几乎是所有伤友都会经历的既漫长又黑暗的阶段。

【困于低谷的情形】

先天性伤友 A：她在一岁时，被诊断患上了神经母细胞瘤，多次手术切除肿瘤后存活了下来，肿瘤将脊髓压迫得很细且使其受损。在 2017 年参加生活重建训练之前，她的状态就是"天天靠我妈照顾，完全不出家门。家里是老小区，没有电梯，如果要出门全靠我妈背我下去……我对外界的环境一无所知……看见别人家小朋友都出去玩，为什么我被关在家里，那会儿非常想出去，但是又出不去"。长期的压抑导致她经常发脾气甚至摔东西，尽管家人理解她，但由于自己不知道如何发泄和排解，负面情绪越来越重。"那会儿我自己觉得可能有点抑郁，谁跟我说话都不想搭理。别人跟我说话，我都是往地下看或者眼睛瞟向别处。"

后天创伤性伤友 B：2009 年，他在大学快毕业时因车祸颈椎受伤，造成了严重的脊髓损伤，从欢蹦乱跳、即将毕业、满怀期待的大学生变成了"巨婴"。"受伤后最初的时候，吃喝拉撒睡，一切都靠家里人照顾，所以真的是巨型婴儿，一分钟都离不开家里人。那会儿状态特别不好，求生不能，求死不得，真的是求死不得，我当时就说，给我'敌敌畏'都喝不到嘴里去，手都没法拿，持握不了任何东西。"万般难受中，日子还要继续往下走，生活状态已然天翻地覆。"每天望着天花板，每天跟着父母作息。因为要依靠他们我才能活下去，所以就跟着他们的作息时间，7 点多就起来了，晚上看完新闻联播就准备洗洗睡了，自己原来的生活全都没了，什么都不能接触。"此前的他是二级游泳运动员，特别喜欢篮球、足球等体育运动，现在的他却失去最基本的生存能力，每天待在家，浑浑噩噩的状态持续了将近六年。

"新起点"创始人：2004年，她在德国获得硕士学位准备回家的前一天，一场车祸造成了她终生的、永久性的脊髓损伤，双下肢感觉完全丧失。神经痛、大小便失禁、四十多种并发症……在多家医院接受治疗后回到家里，生活无法自理，只能依靠家人的照顾。她将自己封闭在家中四年，当时每一天都在无奈、怨恨和悲痛中度过。"那就是一个长期的封闭期，回归不了社会，那时候很多人跟我讲，你要自立，你要坚强，你一定能好。但是那阵子就会觉得，你想抓住任何人的手，但是抓不住。"

无论是先天性的疾病，还是后天性的创伤，脊髓损伤给伤者造成了无以复加的痛苦，彻底改变了他们生活的方式和形态。唯一的区别是先天的伤友长期处于灰暗之中，生命的光亮微弱；后天的伤友则是突然遭遇重创，原本饱含希望、鲜活的生命被拦腰斩断。

因此，假设在常态下，如常地吃喝拉撒睡这一掌控生活的水平是位于海拔为零米的地平线，那么连基本生活都不能掌控的脊髓损伤者则相当于处于地平线之下五十米甚至更低的位置。**负五十米处的人生境遇是只能躺着或困于家庭内，已经没有更多的选择和可能性，但凡想要对此做出任何的改变，首先必须迈过的坎是从负五十米上升到零米的地平线之上，即至少能够做到生活自理，不再成为别人的负担。**只有越过去站在水平线上，才能自己为自己做主，才能满足对自由的渴望，才能重新构想自己的未来和规划自己的人生。

（二）回到地平线：掌控基本生活

生活重建训练正是针对这一问题和上述情形而展开的，致力于通过一场集中的训练，帮助伤友们掌握生活自理能力，包括学会"管理"膀胱、排便，学会咳嗽、穿衣服、上下床、轮椅转移、出行等，相当于将其从负五十米的低谷带到零米的位置，回到地平线之上。项目运作的直接效果是，"新起点"组织的每一期生活重建训练，均让绝大多数参训的伤友获得了实实在在的自理能力。以中国残疾人联合会（以下简称"中残联"）肢协项目评监组 2016 年项目评监的结果为例，94.6% 的受访学员认为生活重建训练对生活自理能力的提升"非常有用"或"比较有用"，90.7% 的受访学员就项目对个人生活的改善程度选择了"很大改变"和"较大改变"，90.7% 的受访学员的个人生活得到了"根本性改善"。① 实际运作达成的效果说明生活重建训练已经落地，而不再是理念或者其他悬空式描述，这是进一步分析价值的前提。

1. 回到地平线的感受

当伤友们经过生活重建训练，从负五十米的低谷回到地平线之上，他们会有怎样的感受和体验？他们如何看待生活重建训练对于自身的价值和意义？

【享受自理的快乐】

2009 年因车祸受伤的伤友 B（22 岁）直到 2016 年才完全走出来。尽管后来他很后悔将人生最好的几年荒废在了家里，但他没有办法，因为当时身体的状态很差。"有时躺在床上忘拿手机，对于正常人来说就下床拿一下，但是这对于我是个大工程。上床前一定要把所有用的东西想好，下床的时候要把搁在床脚的东西都拿在手边，不然还要再转上去拿，这些都是大工程。"

第一次重生是心理上的接纳和转变。2010 年熬夜看完一场世界杯后，他觉得简直比过年还要高兴。黎明时分听到叽叽喳喳的鸟叫声，他突然意识到不能再这么浑浑噩噩，质问自己："你真的不行

---

① 信息来源：《中国肢协"脊髓损伤者生活重建训练项目"评监报告》，2016 年 10 月。

了吗？看球赛这么简单的一件事，至于吗？"从那时起，他下定决心锻炼，完全改变了低迷的状态，每天像上班、上学一样安排时间表，练字、看书、练体能等。身体好一点后，他萌生了更强烈的对康复的渴望。

第二次重生是生活重建，从心理到身体。"在训练营里真的学会了，也逼会了自己好多事。我第一次从上厕所到洗澡用了4个小时，转移过来、转移过去，又滑，各种各样的困难，真的是太痛苦了，很费劲，生活哪儿都是个坎。"生活重建的过程非常艰难，曾经信手拈来的行动都变成了"坎"，他一点一点地练习洗澡、排便、出行等一切自己的事；也在训练中再一次实现了心理上的突破。在关于如何求助陌生人的一节课中，他的任务是在商场求助陌生人、找人合影，这是他受伤后第一次逛商场。原本极不愿意开口求人的大男生鼓起勇气寻求路人的帮助，并得到了善意的反馈，那次以后，"我觉得这个世界还挺美好的，没有很多人敌视你，世界没有想象中那么坏"。

训练营结束后，他已经完全能自理了。虽然动作慢，但都能自己做了，于他而言"这是特别大的改变。当你享受到自理的快乐后，就不想再依靠任何人了，再也不想让谁来管，因为洗澡、排便比较尴尬，出门就不自由。人还是要有自我意识，想干吗就干吗是最幸福的"。随后，他和同学两个人去日本旅行，还写了一本无障碍旅游攻略。从此以后，他越来越能发现生活中细微处的美好。

【每一天都是新的】

先天脊柱裂的伤友C，从出生起就无法像正常人一样行走，从小到大的生活区域限于家里的一张床。"新起点"的访视员最初见到她的时候，她基本不说话，一直低着头。在受伤的漫长岁月里，周围的人都在说她这辈子只能这样了，她也几乎完全否定了自己。2016年被"新起点"带出来参加生活重建训练之后，她第一次学会了从床到轮椅的转移，自己上厕所，去超市和别人交流……她的心慢慢地打开，逐渐认可了自己，后来又激发了做手工的兴趣，并且帮助了很多小伙伴，信心不断增强。

旁人眼中平淡无奇的生活，对她而言如此不同和有趣："30 岁之前，我的状态就是今天过着昨天的生活，明天过着今天的生活，每天的生活都是一模一样的，没有变化也没有希望。参加了重建训练以后，我才觉得生活有了变化，每一天都是新的，每一天都特别期待第二天。"周围人感受到，她对生活充满高度的兴奋和热情，每天遇到的人、发生的事都让她因一点点的变化而备感喜悦。

追踪伤友们的人生历程，或与之深入接触后发现，困于低谷，度过漫长、黑暗的封闭期，而后真正走出来的脊髓损伤者对实现生活自理的感受是极为强烈的，如同一次重生。伤友们的感受程度和外人直观感知到的内容存在着巨大的差异，因而我们不能用自己的理解或者高高在上的视角来审视它的价值。正如著名心理学家、存在主义分析的创立者维克多·E.弗兰克尔在研究中提出的：旁观者可能具有客观性，但这并不意味着他一定能够做出有价值的判断。只有亲身经历过这一切的人才会知道价值所在。①

2. 差异价值的浮现

项目团队和伤友们感受到了生活重建训练的意义所在，但也始终被"如何表述和解读生活重建训练的价值"困扰着。在旁观者看来，生活自理似乎只是常态或者基本状况，并没有什么特别之处，很多人试着了解项目时，更关注伤友们参加训练之后是否就业、工资收入多少等，生活自理本身似乎没有什么珍贵的价值。

评估团队尝试运用公益产品的思维来进行分析。伤友们接受服务之后的终点处状态与之前起点处的状态相减，两者之间的差值是产生的价

---

① 维克多·E.弗兰克尔.活出生命的意义［M］.华夏出版社，2010.

值含量。项目介入之前，起点处的状态是脊髓损伤者困于负五十米的低谷，经过生活重建训练达到的高峰点就是生活自理。我们尝试性地将一份真实存在却又难以清晰描述出来的价值称为差异价值。

差异价值是指同样在零米的地平线上，脊髓损伤者和普通人对此的感觉和体验完全不同：伤友们被困于负五十米，连基本的生活都无法掌控，只能待着，别人能自行上厕所，他们不能；别人能出去买菜、逛街，他们不能；别人能四处旅游，他们不仅不能，而且连存有一份希冀和梦想的机会也失去了……此时他们是极度自卑、无助、充满挫败感、毫无价值感的。从负五十米上升到零米，则意味着重新获得了对基本生活的掌控，一旦开始掌控了，一旦能够自如地下床、自己走出家门、自由地活动……那么他们感觉到的不是零米而是正五十米甚至更高。自卑感的大大消除带来了愉悦的自信感，挫败感的大大消除对应着强烈的掌控感，还有一个有趣的现象是，此前的压抑感越大，回归之后对基本生活的掌控感也越强。与之相比，健全人在日常生活中位于零米时，是处于无趣、无味、无痛苦的状态，通常对此不会有任何感觉，既不会感到挫败也不会自卑，或许常常还会抱怨生活的无聊。从低谷处回归至此的伤友们则完全不是处于"三无"状态，而是十分兴奋、喜悦，他们的生命在世界中突然惊喜地绽放。

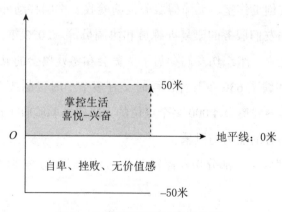

图1　生活重建训练的差异价值

因此，脊髓损伤者通过恢复生活自理，重建对生活的掌控之后，从自我否定，感到挫败，从无助到喜悦、兴奋，生发出掌控感，无形中多出了一份我们想象不到的价值，即上图中阴影部分。生活自理训练对于脊髓损伤者群体自身的价值含量，远比我们所能体会到的更为浓厚和珍贵。

(三) 价值的延展

伤友们经过系统训练后能够掌控生活，是项目最本原也最厚重的一层价值，以此为内核，项目模式的加工运转还会往上、往下延伸，一同构成生活重建训练的综合价值体系。此外，一部分脊髓损伤者的生活和生命状态反过来影响了原本帮助他们的人，单向递送转变为深度的双向互馈。

1. 向上：从掌控生活到就业

在实现基本掌控生活的基础上，一部分伤友开始有更多的追求和目标。**生活自理，为人生的追求创造了一个极其重要、不可或缺的支撑点，让一些以往从不敢想的事情，有了新的希望和可能。**针对这一点，围绕着伤友们真实的需要，"新起点"逐步衍生出综合的服务体系，以供从训练中走出来的伤友们自主选择，帮助其进一步回归社会、更好地融入社会。目前已有的服务内容包括功能性康复、配套辅具、无障碍倡导、就业与创业等。其中，就业与创业板块最核心也最为丰富，包括制作各类手工艺品的文创工作室、无障碍服务设施验收、中国移动外呼接线业务，以及配备为伤友们服务的康复训练员和协调员等。2022 年，北京脊髓损伤者"希望之家"组织伤友们参与了冬奥会和冬残奥会的颁奖花束制作，整个团队一共编了 630 多万针，耗时 2 万多个小时，制成 500 束花；参与了冬奥会、冬残奥会 4 000 多个点位的无障碍体验验收工作①，充分展示了脊髓损伤者的能力与风采。

生活自理后，一部分伤友停留于此，另一部分伤友则进入就业或创

---

① 好公益平台，《创始人 A：让冬残奥的波斯菊盛开》，2022 年 9 月 5 日。

业的轨道，价值量进一步增加，原因在于他们能行走、外出、移动，掌控住了基本生活，此时已经浮现出一份差异价值。**再在同一路线上沿着基本掌控往前走，就业意味着伤友们不仅能自力更生、获得经济收入，不再是被救助的对象，而且有了切实参与和融入社会的通道，更重要的是其自我掌控的半径和范围进一步扩展，从基本生活进入高端掌控并且能够创造、实现自我价值，因"我是有用的"而生发价值感。**如下图所示，基本掌控是回归零米的地平线，就业对于我们一般人而言可能是10 米、20 米，而对于投入工作的脊髓损伤者而言则相当于 100 米、200米。创始人 A 从实现自理之后，自立自强，又持续帮助更多的伤友，她的感受非常明显，"其实当我坐上轮椅之后，我的目标不再是健全人的那些目标了，我的目标变成我能自己转移、我能自己照顾自己、我能干些什么了等，这些让我的幸福感、幸福价值的指标和别人不一样。但是如果达到一样的时候，我会觉得我更有价值感"（创始人 A）。

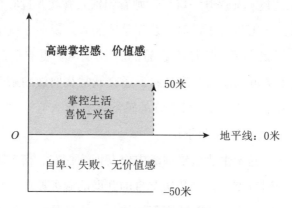

图 2　从掌控生活到就业的价值增加

从掌控生活到就业的价值感

上文中在床上生活了 30 多年的伤友 C，从训练营走出来一段时间后，成了"新起点"的工作人员，常常坐着轮椅穿行于北京大街小巷的胡同，去为其他残疾人培训景泰蓝掐丝珐琅的技艺，她也是为冬奥会编织绒线花的织女之一。此前她没有上过学，对于工作中的培训感到特别兴奋，平时在工作中格外投入和细致，尤其擅长做手工。在做手工的兴趣有了施展的空间，又获得了回报、肯定和欣赏之后，她整个人越来越绽放出光芒。跟她一起工作的同事看到了她明显的变化，"记得一开始跟她接触的时候，觉得她是很安静的一个人，日常工作完成得很好。那会儿在机构做手工，她的闪光点是手很巧，做了手工以后经常约我们一起做美甲、买首饰、喝咖啡，她的生活比原来更加丰富多彩，已经完全回归到正常人的状态，我觉得这是她最大的发展"（工作人员 A）。

先天性伤友 A 完成生活重建训练一段时间后，尝试着就业，摸索自己擅长的方面，她在工作中的体验由基本向高端变化，最终在高端掌控中，实现了自我价值和自豪感：一开始她"刚接触，啥都不会，后来介入，发现自己的作品是能换成金钱的，感觉我的劳动力已经兑现了，而且这些钱可以给我家人减轻一些经济负担或者给母亲买个小礼物"（伤友 A）；当手工艺技术又提升一层后，她看到别人喜欢并且心甘情愿花钱购买她的作品，这比"一开始别人看你是残疾人，说白了就是可怜你，看看你做的东西就完了，还挺不容易的"（伤友 A）更有价值了；再进一步，现在的她觉得"他们不光是看，还会欣赏我们做的东西，好像把我们当成大师一样，眼里有尊敬崇拜的感觉"（伤友 A）。

2. 向下：伙伴关系共同体

往下延伸，基于生活重建训练中伤友训练伤友、伤友陪伴伤友、伤友服务伤友的同侪方式，以及伤友自助互助的服务原则，在集中式、封闭式的营地里早已走出低谷的康复训练员、协调员和新加入接受艰苦训练的伤友们共同度过了 28 天或 48 天的集体生活，朝夕相处，一起回顾伤痛、交流、玩耍、训练、互动，"新起点"特定的训练模式为人和人之间的相处创造了一个巧妙的契机，在"新起点"服务团队的主导下，建构了有温度、朝向同一目标努力的伙伴关系共同体。一方面，伙伴关系共同体的氛围温暖、友好，伤友因痛苦和难言之隐而彼此理解，每一个环节需要付出多少努力和辛苦能够被感知，不会因为做不到而被评判、嘲笑或否定，"伤友之间互相了解，而且伤友跟伤友之间对话时会放下心理戒备。有时候一些情况跟父母说，但他们是健全人，不太理解我说的，如果跟伤友说，他们马上就会反应：'我懂你，我理解你！'"（伤友A）。另一方面，大家朝向一个非常明确、具体的目标——实现生活自理而共同努力，攻克一项项任务，每做好一个动作都会被认可、被喝彩，出现挫败的时候相互鼓励打气，每一个人都不会被放弃。

因此，在实现基本生活掌控，回到零米水平线的过程中，脊髓损伤者还会在生活重建训练中建构起人和人之间的相遇和交往，在伙伴关系共同体中获得归属感及他人的尊重，封闭许久的自我在出场后得到积极正向的回馈，这也是脊髓损伤者在此前的生活中难以做到的，是生活重建训练产生的一份净增加值。而且，在训练营中建立、收获的伙伴关系还会自然延续到各自的生活之中。

3. 反向传递

当生活重建训练将伤友们带回到零米的地平线上，进入饱含喜悦、热情、兴奋的生活状态，将极为普通且平常的零米生活过出50米的高价值浓度时，这一状态反过来影响帮助他们的人以及周围与他们深度接触交往的人。因为差异价值的存在与浮现，在同样的生活环境里，一部分伤友能感知到自身的价值，捕捉到更多的精彩；对幸福的感知更加敏锐和细微，明确追求的是扩展生命的宽度而非长度。所以旁观者与之做同事、做伙伴时就会被感染。正如几位调研人员在访谈伤友后，不禁发出感慨："他们活得很通透，对幸福的敏感程度会比我们更高"，"他们确实能从生活中的一些细节上捕捉到我们看不到的美好或者说希望"。

实质上，他们将我们可能毫无察觉甚至不屑一顾的平凡生活过得如此精彩，生命本身如此富含价值，他们所产生的感染力可能是远远超出预期的。超出预期到一定的程度时，便无须运用任何话语或者说教，就会起到反向教育的作用，其结果是周围的人通过对他们的状态的基础性感知来审视和选择自己的生活，甚至反观自己的问题：面对大量生命价值的丢失或浪费，进而改变自己在生活中的认知和行为方式。

对于为脊髓损伤者提供服务的训练员或志愿者而言，一开始是单向地帮助他们、递送服务，后来逐渐进入"我感到是伤友们在帮助我们、在教育我们"的双向反馈。

一位长期与伤友们一起工作、生活的健全人，在谈到对方的状态，以及自己被感染的情形时忍不住激动落泪。她见证了创始人A在最难的境况下重生。原本她由于受伤，一段时间内很难再见到创始人A，她和丈夫都很担心创始人A以后怎么办。但后来突然间发现"（创始人A）已经不需要我们，她的世界都变了。她帮助了自己又去感染更多人，有大爱了"。被这种经历鼓舞，她换了工作，也来帮助脊髓损伤者。

接触了更多伤友之后，比如从伤友C身上感受到她对日常烦琐工作的极大热情，看到她做手工时闪耀着人性的光芒，和她一起生活工作时充满喜悦；比如看到伤友在培训和团建活动时的努力等。她的视野开阔了，意识到以前的自己很多时候爱钻牛角尖，心理状态发生了很大的变化，"原来的工作经常会遇到各种不愉快，升职、加薪啊，还有和同事之间的一些钩心斗角"（伤友C）。变化来自她渐渐发现原来身边有这么多不容易的人，他们是如此艰难，但又从不放弃，努力地去生活。"每次培训中大家都会讲一些感受、体会，我已经听过很多次了，每次都还继续听，我觉得这对咱们来说是很好的教育机会。"（伤友C）这一影响又反馈到自己的内心和行为之中，现在她和同事们一起工作的时候，看到他们如此努力，如此开心地生活，就会觉得自己要更努力。

又如，伤友B在和朋友一起聚餐时，朋友对伤友B的状态也发出感慨："好像也不知道究竟是谁的人生活得更精彩一点。"

（四）归总：生命价值的释放

至此可以看到，从脊髓损伤者"受伤→陷入低谷→实现自理→走出低谷→拥有更多的人生追求"这整个过程来看，现实中所能达到的最高目标是将生命的价值充分地释放出来，这既不是生活的继续，也不是就业、赚钱、康复等功利或功能性的目标。综合前文伤友们的表述，生命价值的释放意味着原来的生活是单调的，现在的生活每一天都是新的，每时每刻都能体验到生活的美好，因珍惜而让生命更灿烂；意味着实现生活自理之后，看似微小、平常、平凡的生活里，每一天的兴奋程度、对生命的感受、过程中的价值捕获等都十分浓厚和珍贵，而我们大多数普通人对于平常的生活只是习惯或者选择麻木、躺平，并不会专门关注和在意，更不会主动萃取生命本身的美好。

最高的境界则是整个人投身在方方面面的环节中，竭尽全力地掌控，充分调用并发展自我的能力和能量感，感受自我在一步步实现掌控过程中的努力、遇到难题时的挫败感以及战胜困难后的喜悦感，让自己全身心投入哪怕是极小的空间里、极小的目标中，体会到自我的存在、获得喜悦、获得尊严感和胜任感。而随着目标一点点增加，掌控外部环境的半径和范围一寸寸扩大，自我的价值感和意义感也在持续增强。

"新起点"所有努力的目标方向就在于此——让更多的伤友能够重新打开自己，最大化地释放生命的价值，"我和我们团队能走到今天，很不容易，包括我们的伤友，我相信他们肯定也在考虑自己生命的价值和意义。这一定是我们最高的追求，这是引领我们持续努力的最大动力"（创始人 A）。置于这一格局中，生活重建训练是其中最为关键、不可或缺的一环，其价值是一个综合化的体系：最为厚重的一层是，生活自理的重新实现开始产生差异价值，进入释放生命价值的轨道；其次，从掌控生活到就业，从基本掌控走向高端掌控，从中获得创造感、有所作为的价值感，且自我在伙伴关系共同体中获得理解、认同和归属；再者，持续释放生命价值的高能状态反过来对身边的人起到感染和教育的作用。

当然，在实际运作中，不是所有的伤友经过生活重建训练都达到了释放生命的价值这一最高目标，有一部分伤友仍然徘徊在掌控基本生活的努力中，还有一部分伤友在一步一步增加能力的过程中逐渐地进入该轨道。

更为重要的是，全国范围内还有许许多多的伤友没有进入生活重建训练中，一方面是未意识到走出困局的可能性和希望，另一方面则是伤友自身已经显示出这样的需求和愿望，而当地能够满足、提供服务的机会和渠道有限。

三、规模化路径：群体自救

生活重建训练价值体系的独特性，尤其是差异价值的存在，决定了"新起点"规模化推广这一公益项目的特定方式和路径。从项目起源到传播、推广、规模化，实质上是脊髓损伤者群体当事人和身边陪伴者的自救过程。群体自救式的路径根源在于身处其中，或是亲眼见证了涅槃重生的人，这样才能切身感受到生活重建训练这一条路是多么有价值。如果既不是当事人也不是亲历转变的见证者，则难以感知到这一份如此精彩的价值，这一情形如同一团正在燃烧的篝火，只有站在篝火边上才能看到火星的闪亮和温暖。当站在篝火边被感染之后，当事人和身边的陪伴者又成为传播者、推广者，自我点燃、自我转变、自我传播。

在源头上，组织和项目正是从"自助"发展到"助人"，再由"助更多的人"发展到"服务整个群体"。包括创始人 A 在内的四位发起人，均是遭受过后天脊髓损伤的重创后又绝地重生的伤友，他们在自己突破困境，实现回归之后，立志帮助更多的脊髓损伤者。2014 年，四位小伙伴在中残联、中国肢残人协会、北京市及东城区残联的多方支持下，成立了北京市第一家由脊髓损伤者自己管理、自助互助的"希望之家"，"我们刚成立时其实也不知道要做什么，那时候我就在想我自己的经历和我看到的其他成功回归社会的伤友的经历，他们实现了生活自理以后，脸上的笑容就变得越来越多了，我喜欢看他们的笑"。随后，创始团队学习了诸多先进经验，结合实际案例编写完成了中国第一本《脊髓损伤者生活自助手册》，免费发放给伤友，教他们学会管理排便、穿衣服、上下车等基本生活技能。2015 年，"希望之家"从更加积极的角度启动了专门的生活重建训练项目。

当看到诸多伤友从生活重建训练中走出来，以及还有大量的伤友依然困在谷底的现实情形[①]，"新起点""希望这一类群体全都实现生活自理"（创始人 A）。康复训练员、协调员等服务者也由经历过生活重建的伤友担任，他们切身体会到其中的价值和精彩，发自内心地想要将带给自己命运转折的机会继续传递给其他伤友，"希望把我这些手工技艺传给更多的伤友，让他们能像我现在一样，能给自己创造一些价值……我确实感到一些伤友需要这些服务，我也是从那会儿过来的，想去帮他们一把"（协调员 A）；"我觉得能够帮助更多的伤友脱离那段痛苦，是这件事最大的意义。看到伤友每一次的进步，我确实觉得给了他们很大的帮助"（伤友训练员 A）。

"新起点"生活重建训练的规模化推广主要沿两个方向展开：一是政策倡导与推动，二是服务的规模化。生活重建训练的组织与开办具有一定的门槛，在无障碍场地、资金、培训师资等方面均要投入资源，同时需要各级残联的支持，为此"新起点"一直在积极呼吁和倡导出台相关的政策。2020 年中国肢残人协会已将《脊髓损伤者生活重建培训指南 1.0 版》作为团体标准发布并于 2020 年 4 月执行，并推动中残联康复部将生活重建训练纳入"十四五"规划，后续将制定细则；在规模化方面，则是从生活重建训练中培育出骨干，继续参加更高阶的金种子培训（详见本章附录），再由骨干们回到当地建立"希望之家"、组织生活重建训练营等，"新起点"为其提供一定的资源。至今，全国共有 52 家机构开展过生活重建训练。目前，"新起点"在南都公益基金会的支持下，正逐步在全国建立区域培训中心作为枢纽组织，从而助力更多的一线组织在当地直接开展服务，最终形成生活重建训练的产品网络。

总体而言，生活重建训练的整个发展路径是脊髓损伤者的群体自

---

① 2021 年，根据医学期刊《柳叶刀》发布的最新数据，中国脊髓损伤患者超过 370 万人，每年新增患者达 9 万人。数据源于《中国脊髓损伤者生存质量白皮书（2021 版）》。

救，从起源到规模化推广是经由群体内部感受价值、传播价值而层层展开，"新起点"的行动努力以及推动越来越多的训练营在各地运转起来，正是为了获得上述珍贵的价值产出。反过来，其在内部的快速复制和规模化，也印证了生活重建的价值之高以及差异价值的真实存在，伤友群体自己感受和解读的价值比外界要高得多。

四、项目模式分析：节点问题的解答

生活重建训练是 28 天或 48 天的集中式短期能力提升培训，但从外在形态上，我们无从得知究竟是怎么重建的、怎么开展训练的。只要开展一期 28 天或 48 天的训练，只要原样照搬项目运作的形态，就一定能产出上述第二部分中预期的价值吗？

同样的生活重建训练，项目运作实际产生的价值含量高低、变动幅度的大小，取决于在表面的项目运作体系背后，节点问题能否得到解答。节点问题是项目设计、运作过程中一组无法回避的问题，要追求目标价值的实现，必然会遇到障碍和挑战。如果忽略了节点问题或者意识到其没有解决，第一种可能的结果是项目有同样的外表，实质的效果差异明显；第二种可能的结果是项目运转不起来，连表面的形态也不会出现。实际上，任何公益项目在规模化推广中，这两种结果出现的情况并不少见，因而如何避免有形无实或无形无实是关键所在。

因此，需要深入追溯"新起点"有没有意识到节点问题以及他们是如何解决的，又是如何生产出上述价值的？换言之，生活重建训练的价值实现需要怎样的条件？以下将呈现和分析几个核心节点问题，包括为什么是节点问题以及该节点问题怎样解决这两个部分。当各个节点问题及其解答结果都勾勒出来之后，沿着特定的思路，汇总到一起便是项目模式。项目模式是指项目运作背后解决节点问题的思路、技术以及将其统领起来的整体。在把握节点问题、思路和技术的基础之上，规模化才能逐渐进入实质化的轨道，在不同的项目运作场所均能真正实现预期价值。

（一）如何面对训练中潜在的风险？

1. 节点问题的提出

第一个节点问题是，如何面对生活重建训练中并发症、骨折、摔倒等各类潜在的风险？由于长期在家没有外出活动，没有锻炼的机会，脊髓损伤者一般有较高程度的骨质疏松，同时可能存在各种类型的并发症，而生活重建训练中有大量实操练习，在训练中极有可能出现摔倒，触发并发症、骨折等状况，比如训练中皮肤开始发红，控制好了就不会影响训练还会慢慢恢复，但是控制不好，皮肤磨破了，伤到肉，再伤到筋膜，最后伤到骨头，情况就严重了。

而一旦出现风险，首先对组织方的声誉会造成影响，倘若伤友已经很糟糕的身体再次受伤，二次损害的后果是可想而知的，伤友的家长、残联对风险的容忍度几乎为零；其次是服务团队和参训学员们的士气会大受打击，尤其是服务团队"抱着一颗热忱的心来做事，结果让伤友摔倒受伤了，是很于心不忍的"；再次是经济上的损失，受伤之后的手术、医药、诊疗费用，至少需要几万元，还要投入人力精心陪护，到医院陪床照料。

之所以将其作为第一个节点问题提出，是因为面向脊髓损伤者这一特定群体提供实操性的训练，风险产生的可能性极大，风险产生后的损失也极大，两者相比，必然要仔细权衡是否要冒风险来专门组织生活重建训练。组织方完全可以选择不组织，从而在源头上彻底规避潜在的风险。另一种选择则是大量减少实操训练的部分，只进行知识的讲授或宣教，将风险产生的可能性降到最低，但效果也大打折扣，更不用说一系列价值能否释放出来。

2. 解决方案：风险管理三角形

事实上，从开办至今，"新起点"的生活重建训练的确出现过两次风险事件，学员在学习使用辅具、学习转移的过程中，没有控制好，摔倒之后骨折进了医院，此后花了很长时间来缓解和康复。尽管"新起点"进行了妥善的处理，得到了伤友、家属及残联各方的理解，没有引发伤友们更大的反弹，但这的确对声誉、经济、团队士气等方面都造成了损失。后来，整个团队就是否还要举办这一项目进行了多番讨论，最后还是决定办，并且一直办到现在。"对我们来说，风险是特别大的，他们来之前我们就知道这是一个容易引起风险的群体，每次开课前都特别紧张。""有的残疾朋友常年不动，骨质非常疏松，可能轮椅放不好、稍微一碰就骨折，但他愿意来接受培训，可又存在风险，我们不能因为可能的风险而不让他来尝试。"为了帮助脊髓损伤者，为了追寻心中那份生命的价值，"新起点"甘愿冒风险，选择继续开办。

接下来的问题是，选择继续开办之后，是否因为害怕风险而减少了培训的实操环节、降低了训练的强度，是否会任由风险发生？"新起点"完全没有压缩生活重建训练的目标——让伤友们经过集中训练，具备基本的生活自理能力，没有将培训方式改为单一的授课或知识传递，也绝不是任由风险发生。至于风险的预防和管理，经过了一段时间的摸索，"新起点"从起初纸上谈兵式的风险管理，到经历了两次风险事件之后，实打实地进行策略和制度安排，从而最大限度地降低了风险。"培训有风险是必须要承认的事实，我不能拍脑袋保证说零风险，但我们努力去做到百分之百无风险。"具体的策略如下。

一是训练前的全面预防。学员报名之前要进行体检，确认身体及并发症的情况；访视员在入户走访中，通过观察和访谈，按照"访视单"询问受伤多少年、这些年是怎么过的、现在是什么状态、平时做不做体检、有无褥疮或其他并发症等基本问题，大致了解每一位参训学员的受伤程度与并发症情况，也让参训者有一定的心理预期。同时大致预判出哪些动作对于哪一位学员有风险，再在培训中进行针对性的安排，比如"受伤五年以后或十年以上，要是在家不锻炼，骨质疏松会很严重，我们就能预判到大概哪些动作对他有风险"。前期相配套的辅助措施包括与学员的家属或监护人签订协议、明确注意事项及购买保险。

二是风险意识贯穿训练全过程。进入营地之初，"新起点"调动训练员和伤友们共同预防风险和并发症的发生，课程一开始先讲并发症，带伤友们认识什么是并发症以及其症状、原因和可能造成的后果。训练中，训练员每一天进行检查，看是否因为训练而造成了并发症，如果检查出来，则尽快根据并发症的级别做相应处理。诸多课程内容是以演示和实操为主，在每一个环节，训练员先演示，演示时严格地强调这一训练动作的风险点；在学员实操模拟时，训练员在旁一对一辅导。

综合"新起点"的选择、思路和一系列做法，便可以直接判断出是真做还是假做，是真的要帮助伤友还是形式化的活动。置于公共管理的理论体系中分析，常见的情形是一件事情做了会有好处，但同时又存在着风险，此时一般会有三种选择：一是为了彻底规避风险，选择不做；二是选择去做，没有意识到风险的严重性或任由风险发生，反正管不了这么多，此时风险和益处随机出现；三是不逃避风险、选择去做，尽最大努力将风险控制到最低，在控制之后最大化地实现目标，相当于最大化地"冒险"，又最大化地减少风险。我们梳理了"新起点"面对训练中潜在风险时的一系列做法，即进入下图中的左下角，这是现实中所能达到的最为理想的情形。

图3 风险管理三角形

（二）如何让伤友走出家门并激活训练的动机？

1. 节点问题的提出

生活自理是伤友们人生中的一次重生、一次转折，越过之后会带来更为丰富和美妙的人生体验，在越过之前，则难以品尝到生活自理的"甜头"。由于所遭受的打击大，损伤的程度高，绝大部分伤友如同在极低的幽暗山谷向上仰望，要么根本望不到山顶，要么望到了山顶，但看到向上攀爬的路程过于艰辛而没有信心和勇气。我们在实践中观察发现，尽管伤友们受伤的情况千差万别，但可以大致分为四种类型：一部分长期卧床在家的脊髓损伤者自暴自弃，不会轻易改变，家人照顾周到甚至带有溺爱的成分，"很多伤友从受伤那一天起，周围的人都在跟他们讲，不用自己做、安全待在家里就行了，他们从来没有想过还能自理"（创始人 A）；另一部分刚刚受伤、处于急性发作期的伤友无法接受现实、害怕踏出第一步，混乱又痛苦，更不用说追寻生活自理的目标了，"我现在觉得特别后悔，荒废了刚受伤后的那几年，尤其把大把的时间花费在惆怅、不接受现实上"（伤友 B）；有一部分伤友自己曾想过自理，但是缺乏信心且错失系统训练的机会，即使报名来参加也只是抱着试一试的心态；只有极少部分伤友有明确的目标、坚定的信心，直奔生活自理的目标而来。

以上便是生活重建训练所要服务的群体的客观现状，是"新起点"以及所有复制、推广项目的组织方都必须直面的。对于第四种情形，进行信息有效传递和服务对接即可；而面对前三类伤友，则有一个节点问题是无法绕开的：如何让伤友们走出家门并且真正激活自理的动机？这一问题又分为两种具体的情形：一是如何让伤友们愿意走出家门进入生活重建训练营；二是来到训练营之后，如何激活伤友们"我要自理"的内在动机。

2. 核心做法与技术：伤友访视

在生活重建训练的前端，"新起点"有一个重要环节和固定化的做法，专门用以回应这一节点问题，即伤友访视。"访视要解决的问题就是很多人连家门都出不了，也进不了训练营。我们都认为访视是立身之本，没有访视就没有后续那些。"伤友访视是指有经验、经过专门训练的访视员主动进入家门、医院、活动中寻访伤友，发掘服务对象，在关心伤友受伤状况的同时现身说法，向对方传递信息、信心和力量。

在访视中，访视员先主动向伤友及家属介绍自己受伤的情况和个人经历。访视员本身是伤友，自行坐着轮椅外出、服务探访，会引发伤友的好奇或疑惑——为什么他们可以站起来，还能走出来？访视员以自己的状态让伤友及其家人看到，即使受伤了，也能生活自理和做很多事情，看到可实现、可行的另一种状态，脊髓损伤者的人生不只是有"躺在床上"这一种选择。大多数情况下，伤友们了解完访视员或者训练员的经历后，"觉得老师能这样，他也可以，其实已经打开他们的心了"（创始人Ａ）。当看到真实存在的、身边的榜样，他们曾经跟自己一样受伤，绝大部分伤友的内心会因此被激活，"看到的都是活生生、真实的人，真实发生的一些事儿，就会有新的憧憬和希望"（伤友Ｂ）。对于极少数未被激活的伤友，"新起点"则通过团建活动、伙伴交往、外出机会等其他方式来满足其更为基础性的需求，吸引对方，再在训练过程中将之被动地激活。

另一方面，访视员通过面对面的交流，了解伤友的情况，全面把握伤友们的能力现状、特征和习惯等，从而有针对性地设计一对一训练的内容以及安排住宿、组建班级。在能力方面，设计时重点考虑的是不能在训练中打击伤友们的自信心，倘若被彻底打击，他们就再也不想学了，重建信心会很难；在组织安排方面，每一个班级的组成学员都是精心挑选的，让受伤程度、类型、生活经历和背景大致相似的学员组成一期训练营，安排住宿时同样如此，尽量让伤友之间有共同交流的话题，避免能力差异过大造成打击。

而要想达成上述两方面的预期效果，访视环节还需要越过一些小的障碍点，包括：对方以为是骗子，不会轻易让访视员上门；访视时对方一言不发；给对方造成负面的影响；等等。"新起点"的应对策略包括：在组织层面，近年来为伤友们真心做实事而在社群中赢得了口碑和知晓度，建立了基本的信任关系，比如，此前参与推动落实北京市残疾人卫生用品政策，此后通过一期一期的训练营、金种子培训等，信誉不断积累并在伤友群体中扩散开来；在个人层面，则是对访视员进行筛选和专门的培训，"访视员是经过挑选的，本身是具备访视能力的，不是所有人都适合做访视。目前很多的访视是由真正的生活重建培训的老师来做，他们格外认真"（创始人 A）。培训内容一是衣着、心理、表达以及与脊髓损伤相关的知识，二是社会工作专业中同理、倾听等理念和沟通技巧。

综上所述，**伤友访视是一个激活潜在需求与动机、提供信息与机会、匹配服务的供需对接过程**。这一固定化的环节是"新起点"为了解决节点问题而设置的，通过这一系列的做法让伤友们走出家门并激活了训练的动机。面对一小部分尚未被真正激活，但愿意来到生活重建训练营的伤友，在自愿报名、家属同意的情况下，"新起点"依然选择开放机会，再通过训练营内的氛围进一步激活他们。

（三）如何在轻松愉快的氛围中高效训练？

1. 节点问题的提出：三种训练模式

生活重建训练是集中的短期能力培训，训练的目标是具体而明确的，训练本身包含着大量的实操动作练习，而前来参训的伤友们在很长一段时间内已经不运动、不锻炼，训练的难度可想而知。那么，如何从伤友们初来时极低的起点，达成走出训练营之时能实现基本生活自理的目标，通过怎样的训练方式才能从起点走到终点？倘若走不通这一路径，则目标无法达成，所有的价值也无从产生。

依据公共管理学的理论与评估团队关于教育公益类项目的模式梳理，以及生活重建训练的运作形态，"新起点"尝试建立了关于三种训练模式的分析框架。如下图所示，当将脊髓损伤者集中起来训练时，通常有三种可能的情形：一是管控式，只关注目标是否达成，相当于只有"事"的侧面。任务是否完成，效率和质量是核心，通过高强度的、机械的、枯燥的训练来达成目标，人与人之间的关系、人的内心感受则不予关注。二是放任式，既不关注"事"，也不关注"人"。只提供集中训练的场地和机会，对目标和伤友都不重视，按部就班完成一节节的课程即可，过程随意、结果随机，很有可能有形无实地空转一场。三是共建式，既关注"事"，也关注"人"，一个侧面是有对于"事"的追求，高效地达成目标，另一个侧面则是对于"人"的追求，人的内心、情绪状态以及人与人之间的关系也被纳入进来，且"人"与"事"相互促进，有更好的人际关系，人在其中出场，促进目标的达成，在对目标的追求中又进一步凝聚了人际关系，最终形成既轻松愉快又凝练高效的训练模式。

图 4　生活重建训练营训练模式三角形

从理论上来看，第三种显然是最为理想化的情形，但这绝非一件易事；再从价值体系来看，伤友们在生活重建训练中，不仅高效地实现了目标，而且收获了高质量的伙伴关系共同体，人与人之间的关系得到了充分展开。由此，问题聚焦在"新起点"是如何将这一训练模式建构出来的呢？

2. 解决方案

总体上，"新起点"生活重建训练秉持伤友自助、互助的原则，伤友训练伤友、伤友陪伴伤友、伤友服务伤友，训练课程内容包括知识、体能、技巧以及心理、社会交往、适应性等各个方面（详见本章附录），这说明在项目模式设计及思路上已经关注到"人"和"事"两个侧面。具体而言，其设计思路以及固定化的做法包括以下几种。

对"事"的巧妙设计：铺设一条闯关游戏式的目标达成路径。"课程中的内容本身是很枯燥的，还有大量的练习，我们尽量营造得让我们的学员感到轻松"，为此"新起点"在设计时，将课程分解成若干个小目标，如同闯关游戏的若干个小关卡，每一个小目标具体、清晰、可操作，难度由低到高、循序渐进。当完成一项小目标后，伤友们立刻获得对自己的肯定，产生胜任感，这股"我做到了"的胜任感会产生巨大的内生力量，让伤友们愿意进入下一个小目标，类似于不停闯关、通关的游戏。经过反复实践，目前"新起点"的训练团队能够大致根据学员的情况，设置每一天、每一节课的目标，从而尽可能让每个人都能实现目标。明确的目标意识贯穿整个训练过程，让所有参与者朝同一个方向努力，同时又融入趣味性、挑战性与即时性激励等游戏要素，在训练过程中增加了轻松的成分。

对"人"的用心关注：营造接纳和有温度的关系氛围。训练期间，伤友康复训练员、伤友们天天都在一起，同吃、同住、同训，共同面对挑战、完成各项小任务。在人员构成方面，除了专业理论课老师以外，训练员及很多授课老师本身都是经过培训的伤友，这让学员们更容易在心理上接受，距离更近。其中很多老师也是访视员，此前已有接触，彼此之间的关系亲和、友好。"我们同侪训练员的一举一动，其实不用特别说明。一个眼神、一个动作，就跟健全人或者医生对他的态度是不一样的。到这里，他就会觉得训练员也受伤、比我伤得还重，有时候一句话就知道，原来大家都有这个体会"（训练员A）。每一期训练营中，学员之间的同质性高，比如腰胸椎受伤者与颈椎受伤者分别组成团队，伤友们见面后会天然产生友好、亲切、抱团取暖的感觉。更为重要的是入营初期安排的破冰与个人心路历程分享环节，学员们谈受伤后的境遇、挫败和痛苦，每个人的自我充分地打开，在命运深处交汇，达成深度的共鸣与同理。在此之上，邀请成功的伤友分享自己的生活和工作经历、训练经验，训练员讲述从低谷到现在的转变，帮助伤友们建立一份希望感，触摸到实实在在、可预期的目标，"你会发现这个班从一开始就跟打了鸡血似的。大家都梦想着 30 天以后就立刻变成他们那样了"（训练员 A）。

训练在特定的关系氛围中展开。日常生活中的嬉笑和打趣、每个人的打开、人与人之间的理解与共鸣构成了接纳、有温度的关系氛围，于是在以此为底色的训练过程中，每个人追求自己的小任务和小目标，在面对挑战时会不断获得外界的呼应、鼓励和支持。大量的实操环节中，同侪训练员示范动作、讲述要点后，学员们各自模拟练习，训练员一对一指导支持，其他学员分享看法和交流练习的经验，比如"转移，可以撑这儿，也可以撑那儿。但是我们会说可能撑这儿更省劲，或者根据身体条件、受伤情况，撑这儿比撑那儿更好。避开一些坑，把基础的东西告诉他们……但是有伤友说我就这么转，你那么转我转不上去，那也可以……我经常说不要叫老师，大家都是小伙伴。我也会从他们身上学到很多。哟！这哥们还能这么转，我真没见过，你再给我转一遍"（训练员A）。与此同时，剧烈的疼痛、动作完成不好、小目标没有闯关完成等各种挫败的情形时常出现，学员们因此而灰心，遭受打击、无力、行为倒退，此时训练员和其他伤友传递的力量和鼓舞更是不可或缺的，为继续坚持训练、攻克难题提供了重要的支撑。"我们的活动都是有团队的，可以互帮互助，这是非常好的。"（伤友 A）

由此可见，生活重建训练在直奔目标的努力中，选择了上述分析框架中的第三种模式——共建，包括人与人、人与事的综合化建构。整个训练营既轻松愉快又凝聚到同一条目标达成路径之上，这是现实中相当理想化的模式，所产生的结果包含两个侧面：一是训练和重建是高效的，二是收获了质量较高的伙伴关系，两者相互促进。

（四）如何激活和持续激励伤友康复训练员？

1. 节点问题的提出

从上一节点问题的解决方案中可知，氛围的营造、目标感的确立、对伤友一对一的支持、个人的操作示范、与伤友之间的互动等均由伤友康复训练员来完成，他们作为服务展开和技术的承载者，将设计、思路落地为实际运作。"新起点"对第三种模式的追求能否真正践行出来，取决于训练员的状态、能量感和能力水平，其高低直接影响着训练营的整体氛围和训练的展开，并不是只要选择伤友来担任训练员就一定能达成效果。因此，如何激活和培育训练员是一个关键的节点问题。

每一期的训练营均需要投入极大的心力、体力、精力和能量感，每期集中训练的时间也较长，当努力到一定程度之后，同侪训练员会不会疲惫、产生倦怠感，对此如何解决，如何为伤友康复训练员提供持续的激励，从而保障其更好地为伤友们提供服务？这些都是"新起点"需要面对的问题。

2. 解决方案

从专业性上看，"新起点"生活重建训练引进了国内外的先进经验，早在2016年就选派一批资深的伤友训练员到相关地区，深入系统地学习关于残障的理念、看待伤友的视角、互动方式、训练中的难点应对等方面的内容，在进一步提升自己的掌控感的同时，也激发了将好的经验带回来让更多伤友获益的强烈意愿。除了抱着为伤友服务的初衷之外，还有一部分训练员最初加入进来是为了就业、获得一份收入。

在他们正式成为伤友康复训练员之后，首先，"新起点"给予其足够的自主性空间和支持，包括出了风险由机构来承担，让训练员放手去做，不因为潜在的风险而提出过多的约束和限制；服务的开展有明确的目标导向，而不是采取过程性、动作性的监管，在课程体系的大框架之下，训练员可以自主设计和构思具体展开的方式。因此，伤友康复训练员逐渐将自我投入其中，围绕目标创造性地施展本领，其训练和服务带有人性的色彩和温度，而不是将其当作一份完成任务即可的工作。其次，伤友康复训练员的确在一段时间后会出现疲惫和职业倦怠的情况，为此"新起点"会在物质、专业能力成长、价值感方面提供激励。以专业能力成长为例，提供针对脊髓损伤的专业知识更新、非暴力沟通技巧、管理者能力方面的培训，同时逐渐扩大相应的管理权限和职责，比如由负责一个班到管理一个区域。

其中最为重要的是价值感激励，即生命价值的释放所带来的正向反馈。一是伤友们在训练中，为了一个个并不宏大的微小目标拼尽全力，在微小的行动空间内完全投入自我，付出努力，达成小目标时产生发自内心的喜悦，遇到小挫折时产生沮丧和挫败感，无论哪种情形都是生命的展现，训练员因为看到人本身在康复中的价值而受到激励。"那期颈椎班让我感触特别大，他们伤得特别重，但是每个人都特别努力。早晨我还没出去，就已经有人在操场上滑圈了；晚上吃完饭，还有人在操场上。我觉得他们心理上都能再上一个台阶，他们特别玩命、特别努力地在练。"二是看到伤友们也如自己一样走出低谷，也在一步步蜕变，感受到自己的投入是值得的，直接获得价值反馈，受此鼓舞进一步投入，"因为我自己就经历过痛苦的时期，很能知道他们痛苦的状态。伤友一句话就触动我了，就觉得我这件事真的没白做，我就想让更多的伤友能够尽快地摆脱那种痛苦的状态"（伤友训练员 A）。当进入这一状态，最初为生计而来的训练员也有所转变，不再以生计为主要考虑方向。

目前，从综合生活重建训练的结果与深度访谈来看，"新起点"内已有几位训练员呈现出对生命极度喜悦、对伤友极度接纳的人格特质，其人格特质又自然而然地带入训练营中，运用于服务伤友。当然，相对于庞大的群体和需求，伤友康复训练员的数量仍然不足，也不是所有的训练员都达到了上述水平，现实中还有流失的情况，因此后续如何培育出更多具备专业技术的训练员是"新起点"仍需继续突破的核心点。

（五）归总：价值与技术体系

以上重点梳理了四个节点问题，总体上或许不止四个，对此我们保持开放态度。但目前通过这四个核心的节点问题，从问题的提出到对节点问题的解答、思路与技术的分析等，已经能够大致勾勒出"新起点"生活重建训练项目模式的完整轮廓。

由四个节点问题得出的解决方案构成了一个实操体系、技术体系，一个个脊髓损伤者被卷入进来安置在这一体系之中，接受一段时间的服务干预，逐渐释放出其生命本身就具备的价值，对生命的感受、兴奋程度，其生命的价值量将大大提升。因此，生活重建训练的整个过程蕴含着解决节点问题的思路与技术，所有的努力和投入服务于人。

最后需要说明的是，每一个节点问题的答案是研究团队基于公共管理、社会服务、公益项目模式的相关理论，并与现实中优秀的实践案例相结合而产生的，是人们心中的理想模式，并不是所有理论在运作中都能做到。理想模式的梳理，一是记录和认可既有的探索；二是帮助原创团队更好地把握项目的价值和技术；三是为项目的规模化复制、推广进行充分的准备，复制、推广绝不是原样照搬外形、动作、流程，而是掌握以节点问题为核心的实质内容之后，在地化地进行创造，这或许是同一套节点问题、同一套实质内容的完全不同的运作形式。

五、附录：生活重建训练内容

"脊髓损伤者生活重建训练"从一种更积极的角度出发，针对完成医疗康复的伤友，通过同侪服务的模式（伤友服务于伤友），开展短期能力提升培训，帮助伤友回归家庭和社会。

该培训是 28 天或 48 天的集中培训，**培训课程一共分为七大主题：基础知识、体能训练、生活能力训练、社会适应、团体心理辅导、文体**

娱乐活动、其他。这七个方面的内容分解成 60 多个具体的、可创造正面感受的"生活任务",我们让受训伤友利用现有的运动、认知和交流功能,学习多领域知识,利用代偿生活技能等方法,逐一攻克"生活任务",最终实现生活自理或减轻照顾者负担的目标。

以下表格呈现的是胸腰椎类伤友在生活重建训练营的课程表。不同类型的伤友的课程表会略微有所调整,进行个性化设计。每一期训练营的课程都会有 20% 的留白,会根据伤友参加训练营的实际状态进行调整。不同伤友受伤的阶段、程度不同,其身体能力也会不同,"新起点"在设计课程表时综合考虑了此情况,每个课程都有 20%—30% 的留白和调整。

表 1 胸腰椎类伤友课程表

日期		8:00—9:00	9:00—10:20	10:40—12:00	14:00—15:30	16:00—17:30	18:30—20:00
第一周	第1天	早操和班会	开训典礼：团体简介及生活规范训练课程介绍	冲出逆境（影片）	生活训练课程：身体平衡训练	团体谘商辅导课程：认识自我	
	第2天	早操和短讲	体能训练课程：肌耐力训练	脊髓损伤生理知识课程：认识脊髓损伤	生活训练课程：马桶移位	生活训练课程：轮椅操控技巧	
	第3天	早操和短讲	体能训练课程：心肺功能	脊髓损伤生理知识课、生活训练课程：两便处理	生活训练课程：（体育娱乐）轮椅地滚球		
	第4天	早操和短讲	体能训练课程：路跑训练	两便处理实操课	生活训练课程：床和轮椅移位训练	生活训练课程：辅具的应用及介绍 轮	两便处理实际演练
	第5天	早操和短讲	体能训练课程：有氧健身操	社团活动：折气球或吹口琴	生活训练课程：轮椅（翘轮）	生活训练课程：轮椅操控技巧（翘轮） 轮	
第二周	第6天	早操和班会	体能训练课程：肌耐力训练	脊髓损伤生理知识课程：后遗症预防	生活训练课程：身体平衡训练	轮椅上穿脱裤、穿脱鞋袜	两便处理实际演练
	第7天	早操和短讲	体能训练课程：路跑训练	团体谘商辅导：如何与陌生人交流（或培养积极力）、户外训练行前教育	社会适应课程：市场超市购物之旅	生活训练课程：轮椅上穿衣裤 轮	际演练
	第8天	早操和短讲	体能训练课程：心肺功能	生理知识课程：皮肤照护与伤口护理	生活训练课程：翻身及移位	生活训练课程：推轮椅过障碍	

（续表）

	日期	8:00—9:00	9:00—10:20	10:40—12:00	14:00—15:30	16:00—17:30	18:30—20:00
第二周	第9天	早操和短讲	体能训练课程：轮椅养生功	基本作业（电脑知识介绍）	生活训练课程：椅子移位	运动休闲介绍及外宿规划	
	第10天	早操和短讲	体能训练课程：路跑训练	社团活动：折气球或折纸	生活训练课程：（体育娱乐）轮椅舞蹈或轮椅羽毛球或轮椅乒乓球		
第三周	第11天	早操和班会	体能训练课程：肌耐力训练	生活训练课程：地板到轮椅移位	生活训练课程：居家环境改造	生活训练课程：推轮椅过障碍	
	第12天	早操和短讲	体能训练课程：路跑训练	福利与权益：残疾人相关政策解读	生活训练课程：（体育娱乐）轮椅网球		
	第13天	早操和短讲	体能训练课程：轮椅有氧健身操	心理辅导课程：伤友心路分享	照护者的培训	基本作业（电脑知识介绍）	
	第14天	早操和短讲	体能训练课程：路跑训练	北京地铁知识户外训练行前教育	社会适应课程：搭乘地铁，站点无障碍考察		
	第15天	早操和班会	体能训练课程：轮椅趣味竞速	社团活动：折气球或吹口琴	汽车改装装置装备的介绍 生活训练课程：汽车轮椅移位，收纳		
第四周	第16天	早操和短讲	体能训练课程：路跑训练	脊髓损伤生理知识课：饮食与营养	电动车头体验		
	第17天	早操和短讲	体能训练课程：肌耐力训练	户外训练行前教育：都市丛林探险			

（续表）

日期		8:00—9:00	9:00—10:20	10:40—12:00	14:00—15:30	16:00—17:30	18:30—20:00
第四周	第18天	早操和短讲	体能训练课程：路跑训练	社团活动：折气球或吹口琴	生活训练课程：居家卫生打扫	生活训练课程：协助障者如何帮忙推轮椅过障碍	
	第19天	早操和短讲	体能训练课程：轮椅有氧健身操	自己购买材料	生活训练课程：烹饪	学员成果满意度调查	
	第20天	早操和短讲	体能训练课程：路跑训练	结训典礼、学员成果展	家属座谈会	珍重再见	

备注：加两天，一天体检，一天体能检测和资料填写。

北京市丰台区利智康复中心
自主生活学院项目模式梳理

戴蕉嶷

一、基本框架

（一）自主生活：全新的生活图景

顾名思义，自主生活是指一种自己主动安排，不受他人支配的生活状态，强调个体在生活中的自我选择、自我决定和自我负责。这一理念源自 20 世纪 60 年代美国加州大学伯克利分校肢体障碍学生的"独立生活维权运动"，随后在英国、加拿大、瑞典、日本、德国等国和中国台湾地区兴起①，并逐步运用于心智障碍群体②的服务之中。在自主生活的理念构想中，心智障碍者一改死气沉沉的生活状态，逐渐成长为对生活有掌控力的个体。在机构、社区、家庭、工作单位等不同的生活场景中，心智障碍者自己决定每日的衣食住行，安排和策划每一次的外出活动，在开放劳动力市场就业，自由支配劳动所得，融入社区、单位等社群网

---

① 易凌云.小组工作介入成年轻度心智障碍者自主生活能力提升研究［D］.湖南师范大学，2021。

② 心智障碍者是指智力功能明显低于常态，并伴随适应性行为障碍的群体，如脑瘫患者、唐氏综合征患者、自闭症患者等。

络。自主生活状态下的心智障碍者同常人一样，虽然会感受到就业的压力，会在工作、生活中遇到鸡零狗碎的琐事，但也能在闲暇之余，坐在咖啡店享受悠闲时光，能在盛夏和同伴去追一场海边的日落。

自主生活的理念勾勒了心智障碍群体全新的生活图景，同时也对心智障碍者的意识、能力及外部环境的有效支持提出了一定要求。当然需要强调的是，生理性的缺陷无法弥补，这也意味着心智障碍群体不可能完全如正常人一样生活，但自主生活理念所追求的是，在为心智障碍者提供有效支持的同时，挖掘其最大的潜力空间，让其在外界环境的支持下实现自身需求、想法和环境条件的匹配。简而言之，不同生理状态和不同环境、不同支持条件下的心智障碍者实现的自主程度不尽相同，那么现实中的心智障碍群体究竟是什么样的呢？

（二）行动起点：自我的蜷缩

众所周知，心智障碍者因病理性因素，在自我照顾、居家生活、社会交往等方面与同龄人有显著差异，在大众的认知中，心智障碍者从确诊的那一刻起便退化为无行为能力的个体，需要外界环境的帮助才能安全存活，所以该群体的生活大多以保障安全、满足生存需求为首要目标。然而，这种以"安置"和"兜底"为最终目的的生活，在控制风险的同时也剥夺了心智障碍者参与的机会，让该群体的自我处于蜷缩的状态。

为了提升照顾效率，也为了最大程度地保障心智障碍者的安全，照护者往往会直接上手，帮助心智障碍者完成刷牙、洗脸、铺床、洗衣等日常工作。而对于满足生存需求之外的活动，如外出游玩、选择每日穿着、饮食等都成为心智障碍者可望而不可即的梦想。**有限的活动空间和固定的活动内容挤压了心智障碍者的自我，在日复一日的"被安排""被决定"中，心智障碍者逐渐习惯了等待、习惯了接受，该群体的自主感知力不断萎缩，对于外界的好奇和对自我掌控的追求也在一次又一次的被否定中逐渐黯淡、休眠，以至于当自主生活这一普通人习以为常的生活状态出现时，心智障碍者大多表现出麻木、茫然，甚至陌生的状态。**

"最开始有一些心智障碍者 ① 是躺平的"（负责人 A）。② "大多数心智障碍者觉得，从前什么事都安排好了，让我干什么就干什么，现在怎么突然让我自己去想这一天要怎么过，想自己要去哪里，并且你们居然还都满足我的想法 / 要求。有些心智障碍者就会犯嘀咕说'是不是在坑我，要修理、整治我'。"（负责人 B）

（三）理念与现实之间的张力

毫无疑问，对于心智障碍者及其家庭而言，自主生活理念的提出是令人兴奋的。然而长期生活于托养甚至圈养环境下的心智障碍者，其自我有一定程度的萎缩、退化。当美好的愿景和糟糕的现实相碰撞时，人们总会发出"'生活不能自理'的心智障碍者真的能'自主自立'吗"的疑问。"理念层面的设想可以落地为现实吗？"的确，**理念的落地势必要经历一个漫长的探索过程，换言之，自主生活理念层面的美好构想在现实生活中并不一定能够百分之百落地转化。**部分外出活动虽然冠以"自主"之名，却由工作人员提前安排好目的地、出行方式、活动内容等，全然忽视了心智障碍者的自主性，这种"新瓶装旧酒"的服务依旧没有将生活的选择权、决定权交还给心智障碍者，甚至可以说与自主生活的理念相背离。**那么，面对心智障碍者初始状态和自主之间的矛盾，理念与实践充分融合下的自主生活究竟应该是什么样子的呢？**

二、自主生活的实质含义

北京市丰台区利智康复中心（以下简称"利智"）自 2000 年成立以来，一直深耕心智障碍服务领域，先后为该群体提供小龄康复、特殊教

---

① 北京丰台利智康复中心对心智障碍群体的称呼。

② 本文所引用的访谈内容主体统一分类编号为：多位北京市丰台区利智康复中心负责人，即"负责人 A—B"。

育、融合教育、托养、支持性就业等服务。2013 年，随着国际趋势 ① 和自身专业服务的发展，"利智"开始逐步取消传统托养，着力探索心智障碍群体的自主生活服务。作为国内较早接触自主生活理念的机构，"利智"在自主生活服务领域的探索经历了理念与实践不断瞄准和碰撞的过程。本章节基于"利智"在自主生活理念落地过程中的探索，梳理总结出自主生活服务的实质内容。

（一）心智障碍者的充分"打开"

1. 什么是充分"打开"

打开，一个常用来形容改变物体关闭状态的动词，在本文中用来形容心智障碍者在自主生活中的状态，即不同于被安排、被决定、被支配的自我"关闭"，**充分"打开"的心智障碍者开始有意识地主动探索外部世界、尝试表达自己的诉求、努力寻找解决方案，自我在此过程中不断舒展**。在本小节，笔者尝试通过通俗的语言诠释"打开"的深层次内涵。

第一，"打开"是一个逐层递进的过程。个体的自我仿佛一颗完整的洋葱，由外及内，涉及意识、能力、情感、人格价值等方方面面，而心智障碍者的"打开"，可视为逐瓣剥开洋葱的过程，即沿着**"感知自主—好奇探索—掌控胜任"**的脉络不断展开。传统生活中，心智障碍者的状态是自主生活的行动起点，面对心智障碍者初遇自主生活时表现出的茫然、麻木，激活其自主意识，让其感知到生活中的一些事情自己可以做主，是其自主生活开始的必要前提。然而，心智障碍者有了自主意识并不代表愿意开始自主行动，在环境的有效支持下，个体对于外界的好奇以及掌控感、胜任感的获得是促使意识落地为行动的关键所在。所以，重新激活心智障碍者对外界的好奇，让其在一件件自己决定的小事中逐渐找寻到掌控自我、掌控生活环境的价值感，才能实现心智障碍者的充分"打开"。

---

① 我国政府于 2007 年 3 月成为第一批签署联合国《残疾人权利公约》的国家。

第二，"打开"源自个体内心的需求。就常人而言，自我舒展是与生俱来的需求，即随着年龄的增长和社会互动的增加，个体本能地对情感互动、社会交往、对外部世界的探索和自我价值的实现产生需要，并通过实际行动来满足自身需要。这种需求根植于生物性和人格发育的"基因"之中，对于心智障碍者来说亦是如此。虽然该群体生理机能有一定欠缺，但对于自我舒展的需求与常人并无二致。基于这种生物特性，充分"打开"的心智障碍者有足够的内生动力，驱使自己遵循着本能的需求和对自我掌控的追求，与外界进行互动、探索，进而成为一个真实而立体的生命体。

第三，"打开"需要良好的外界环境。若将心智障碍者的自我想象成一粒深埋于土壤之中的种子，那么在阳光、雨露等外界条件的作用下，种子开始生根发芽、破土而出，继而这一株植物沿着生命中已有的基因开始规律生长，这一过程便是"打开"。与"打开"相对的是自我的抑制，常见于传统的托养或圈养服务中，即以牺牲、压抑、封闭心智障碍者的自我为前提，减少其生活中的不确定因素，换取其无风险地存活；或将服务者的意志作为标准，强加在心智障碍者的选择之中。压抑自我好比将巨石压在种子生长的土壤之上，或在种子刚刚萌芽之时，便用钢绳牵引其生长。同样，"打开"不等于放任，不等于任由个体的生长轨迹进入危险境地而不加阻拦，而是需要创设温暖、友好的外部环境，帮助个体更好地"打开"。

2. 动态变化的"打开"状态

然而，自我"打开"的状态并非恒定不变，而是存在再次蜷缩的可能。心智障碍者的自我"打开"，促进了自主行为的产生，行为获得的反馈又反向作用于自我，二者相辅相成、相互作用。同时，个体的行为发生在外部环境之中，受物理环境和社会环境影响，所以自我"打开"的状态随着心智障碍者与外界的互动，处于动态变化的过程之中。

具体来说，伴随着心智障碍者自我"打开"，自主行为逐渐产生：

从最开始的尝试安排一次外出活动，到计划一次城市旅行，再到和同伴一起入住社区中心……心智障碍群体与外界环境的接触面逐渐增大，其自主的内容和场域越发丰富，但这同时也意味着心智障碍者将面临更多的风险与挑战，并且这种风险出现的概率与常人并没有实质性的不同。风险与挑战主要来自物理环境和社会互动两个方面，前者是指心智障碍者生命安全方面的风险，如城市交通，使用水、电、煤气等带来的潜在风险。后者是指心智障碍者心理层面的挑战，如与外界互动时受到歧视、非议，在与同伴互动的过程中受到拒绝、排挤。上述风险、挑战不可避免地出现在自主生活中，若风险、挑战超出了心智障碍者的承受范围，那么这种负向反馈会使心智障碍者逐渐舒展的自我再受打压。

以外出购物为例，心智障碍者需要离开机构、过马路、进入超市、找到目标商品、结账付钱。在此过程中，心智障碍者可能会因为没有理解交通规则而受到伤害，在进入超市时因歧视而被拒绝，在找不到商品时没有顾客或工作人员愿意提供帮助，在结账时因不会操作手机而无法付款……心智障碍者满心欢喜地开始自主购物，却因种种原因最终无法成功购买到想要的商品，理想与现实之间的落差所产生的冲击，让心智障碍者对"自主"产生了动摇和怀疑，其对自主的感知、对外界的好奇以及在自主购物这件事情上的掌控感和胜任感都受到一定程度的打击。反之，若在每一个环节，心智障碍者所面临的挑战都有合适的环境支持与之相匹配，使得心智障碍者可以承受这种挑战，那么这种正向反馈就会强化心智障碍者的自主行为，促使其自我进一步"打开"。

（二）自我"打开"与外部冲击之间的平衡

心智障碍者的充分"打开"是自主生活的必要前提，也是自主生活区别于其他心智障碍群体服务的关键所在。那么，面对心智障碍者动态变化的"打开"状态，应该如何维持其与外部冲击之间的平衡呢？

1. 角色定位：以心智障碍者为中心

在传统生活中，心智障碍者家属大多秉持着"不就业就安置"的观念，希望找到一个兜底性的安置场所，以保证自己百年之后孩子有基本的生存保障。这种因对孩子的爱护而产生的包办行为无可厚非，但也需要承认包办行为所表现出的是"以照护者为中心"的角色定位，即立足于照护者自身的视角，安排心智障碍者的生活，决定心智障碍者的人生。这种角色定位在最小化风险挑战的同时也挤压了心智障碍者的自主空间，**剥夺了心智障碍者对生活的主导权，所以平衡自我的"打开"与外界冲击的前提是改变照护者与心智障碍者的角色定位，即从"以照护者为中心"转变为"以心智障碍者为中心"，将安全准绳从高压线转变为行动基石。**

在"以心智障碍者为中心"的角色定位中，照护者意识到自主生活是心智障碍者的权利，亦是该群体自身的利益诉求，任何外界强加于心智障碍者自我意识之上的决定都非实质性的自主。"我们认为自主生活是一种权利，就是不管是什么样的障碍者，他首先都有权利决定自己的生活。只是在这个过程中他需要的支持是多还是少的问题。"（负责人 A）继而照护者从生活的主导者逐渐转变为保护者，在保证安全的基础上将生活归还给心智障碍群体，创设良好的外部环境，帮助其充分"打开"，给予心智障碍者完全自主、开放的空间。在不触犯法律和道德、不危害生命的前提下，照护者无条件尊重心智障碍者的所有选择，在必要时为其提供帮助，"只要他们的选择不危害生命、破坏环境、违背道德和法律，我们都支持"（负责人 B）。可以说，照护者的存在为心智障碍者构建了安全的基石，而在基石之上则是让心智障碍者实现自主的广阔天地。

2. 技术体系与个人能力的双重成长

基于"以心智障碍者为中心"的角色定位，**构建各个自主生活场景中的安全基石，成为平衡自我"打开"与外部冲击的关键点，亦是照护者面临的最大挑战。**具体来说，在不同的自主生活场景中存在着许多关键节点。例如，如何在保障生命安全的同时，让心智障碍者使用水电煤气、刀具等物品，并让其逐渐掌握买菜、做饭等技能；如何保证心智障碍者在受到他人歧视时能够冷静面对，并改变他人的错误认知等。这些关键节点及其解法成了构建安全基石的技术体系（详见下一节）。换言之，照护者需要具备解决各关键节点的专业技术，才能以保护者的姿态协助心智障碍者在不同的场域中实现自主。

随着技术体系的日趋完备，自主生活的风险在安全可控的范围内，于是在各个场域中，心智障碍者开始了对自主生活的探索。随着时间的推移，在一次次探索与尝试中，心智障碍者的行动力、掌控力、耐挫力等都在不断成长，外部挑战和风险所带来的冲击力逐渐减小，心智障碍者自我"打开"的程度不断加深，其自主行动逐渐丰富，最终实现了意识与行动之间的良性循环。

（三）自主的边界不断拓展

在自主意识与自主行为的良性互动下，心智障碍者的自主能力不断提升，自主的场域也越发多元。自主生活下的心智障碍者能够自己安排外出计划，开展看电影、逛公园、爬山、逛街等日常活动。在社区，心智障碍者自主选房、租房，布置房间、收拾家务、买菜做饭，和邻居实现友好互动，独立生活一个月甚至更久的时间。在家庭中，心智障碍者不再是被保护、被呵护的对象，而是一个能分担家务、照顾父母的青年。在工作单位，心智障碍者通过自己的劳动创造价值，处理人际关系，获得劳动报酬……从心智障碍者的角度来看，自主边界的拓展是伴随着自我舒展和能力提升自然而然发生的，然而从照护者的视角来看，**自主边界的拓展是一个循序渐进、逐层深入的过程，是权衡心智障碍者的自主能力与风险挑战后的结果。**

具体来说，不同的自主空间存在不同的潜在冲击，对于心智障碍者的能力要求也不一样。例如，在机构中，心智障碍者需要掌握计划安排、使用出行工具等；但在工作场所，心智障碍者需要具备一定的职业技能，同时也面临着处理人际关系、应对工作压力的挑战。为了将外部冲击控制在安全范围内，同时也为了保证心智障碍者的成长空间，照护者需要筛选与心智障碍者的需求、能力以及环境条件、要求相匹配的自主空间。换言之，**按照心智障碍者成长的脉络，有序设置一些固定的场所：首先，在熟悉的机构范围内**安排自己的生活，决定每日的穿搭和饮食等；其次，以机构为中心开始外出活动，**进入一定的社会环境**，增强心智障碍者与外界的互动，如逛街购物、看电影、逛公园、爬山等；然后，进入社区环境，**实现一段时间内的独立生活**，自主完成买菜做饭、洗衣睡觉等日常生活内容；接着，回归家庭，改变原有的生活方式，**形成稳定的、长期的自主生活模式**；最后，进入工作场域，实现自主就业。在此过程中，**心智障碍者的自主从单次的行动发展为稳定的生活模式，自主时间逐渐延长，自主边界不断拓展。**

（四）价值产出

综合上文所述，理念与实践充分融合下的自主生活围绕心智障碍者展开，其实质是心智障碍者个体的展开，是其意识的觉醒、意愿的满足、自我的实现，并非仅仅是外出活动、独立生活等形式化的内容。实质性的自主生活背后蕴含着更深层次的内涵，即对于心智障碍者个体价值的全新理解。心智障碍者因生理性缺陷，很难获得世俗意义上的成功，如通过考学而获得高学历，通过专业技术创造社会财富等，这种价值判断的底层逻辑是通过比较来彰显个人价值，即认为个体价值是名利、财富、社会地位等外部因素赋予的，所以在这种判断逻辑下，心智障碍者常常被视为无尊严、无价值的个体。而在实质性的自主生活中，对心智障碍者的价值判断回归到"人"本身，即生命天然具有价值。

具体来说，尽管某个生命体可能没有给外界创造物质利益或者做出其他方面的贡献，甚至其独立存活都需要外界的帮助，但**生命本身就是一种精彩，是多样化世界中独一无二的存在。**自主生活下的心智障碍者展示出了生命本源的力量，他们感知世界、好奇地探索，在逐渐掌控自我的过程中感受喜悦，这种力量并非后天习得，而是根植于生命的生物性基因之中，是生命的原生价值。在这样一份解读下，**心智障碍者的价值不再取决于是否缩短了与常人之间的差距、能力是否得到发展，我们要将目光聚焦于心智障碍者本身。即使在常人看来是一个轻而易举的行为，是一次不足为奇的反馈，但对于心智障碍者来说，都是一次生命力量的释放，是自我价值的展现。**

三、自主生活落地的关键节点

节点问题是理念在落地为实践的过程中无法回避的问题，也是实质性自主生活存在的前提。若各关键节点没有被识别、解决，那么自主生活或无法实现，或进入形式化的发展轨道。那么在自主生活理念落地为实质的过程中究竟有哪些关键节点，又有哪些技术手法能够对问题加以解决呢？需要说明的是，根据个体的差异，心智障碍者的自主生活发生在不同的场域中，但其面临的关键节点本质相同。换言之，关键节点突破了空间壁垒，存在于每一个自主生活场域中，只是在不同的场域中各节点问题的侧重不同。所以本章节将聚焦"利智"在自主生活服务领域的探索历程，梳理总结出自主生活服务在落地过程中的四大节点问题及其技术方法。

（一）如何激活心智障碍者的参与意愿

诚如上一节所梳理的，心智障碍者的充分"打开"是实质性自主生活的关键，而心智障碍者自主意识的复苏又是其充分"打开"的第一步，自主意识可外化表现为参与意愿，所以，如何激活心智障碍者的参与意愿是让自主生活落地的关键节点。

第一，重构与心智障碍者的信任关系。 在传统的心智障碍群体服务中，照护者与心智障碍者处于管理与被管理的角色关系中，心智障碍者偶尔表达出的自主想法大多都被家长和机构否定。基于这样的负面经验，面对自主生活服务，心智障碍者大多表现出躲闪和回避，"因为工作人员都是高高在上的姿态，平时批评否定的比较多，所以面对自主生活，他们怕不小心惹工作人员不高兴，或者怕自己说出来的想法和工作人员不一致的时候又会被劈头盖脸地责备，他们在家里跟家长也是这样"（负责人B）。面对心智障碍者畏惧、胆怯的情绪，"利智"尝试重新建构与心智障碍者的信任关系，鼓励其在松弛的状态下表达自己的想法。一方面，"利智"清楚地意识到信任关系的破裂是传统的服务模式导致的，所以面对心智障碍者，会勇敢地承认自己的错误，"我们会很谦卑地向他们道歉，承认是我们在这个部分做得不够仔细，在他们有需要的时候没有第一时间发现，也不知道怎么去帮助他们，导致他们有那么多的情绪行为，这是家长和机构工作人员共同的责任"（负责人B）。另一方面，借助心智障碍者的过往生活，帮助其表达出他们想要开展的自主活动内容。心智障碍者在过往的生活中并没有自主的体验，于是"利智"引导心智障碍者结合熟悉的生活体验去规划自己想要的生活，"一般一周内，每天聊半个小时，他们就会有不同程度的自我披露，越往后面聊越放松，他们就会把过往生活经验里面参加过的活动、做的事情全部讲出来。我们再引导他们选择所有列出的活动，然后按照周期进行规划"（负责人B）。

第二，朋辈之间的影响也是激活心智障碍者参与意愿的一个重要因素。以城市探索活动为例，"利智"在城市探索前后，会分别开展活动计划会和分享会，有意识地引导心智障碍者邀请同伴一起参与城市探索活动。"当时我们也用了一个小小的策略，就是告诉心智障碍者一个人出去可能不太好玩，没有同伴跟你互动聊天。我们就鼓励心智障碍者作为一个小领导去班里招募活动成员。"（负责人B）同伴的招募带动了一批心智障碍者的参与，探索之后的活动分享也让心智障碍者感受到"原来他们（机构）真的会尊重我们的选择""不像以前那样答应陪我们做的事情最后也没做"。在第一批参与城市探索的心智障碍者尝到了甜头后，渐渐地，越来越多的心智障碍者对城市探索活动有了自己的想法，一年之后共计40多名心智障碍者开始参与城市探索的活动。

（二）如何在控制风险的同时保证自主空间

将各个自主生活场景中的风险控制在安全范围之内，同时保证其自主生活空间，是照护者面临的最大挑战。若因过度担心风险而限制心智障碍者的行动空间，那么自主生活便进入形式化轨道，甚至可能逐渐退化为托养服务；若放任潜在风险而不加以控制，那么心智障碍者的生命安全和心理状态在此过程中都可能受到冲击，甚至造成不可逆的伤害。那么，我们应该如何平衡控制风险与自主空间之间的关系呢？

1. 安全基线上的完全自主

首先，"利智"允许安全可控范围之内的风险发生，即在把握安全大方向的基础上，给予心智障碍者完全的自主、开放的空间。其次，把握工作人员对心智障碍者的支持力度。例如，在"利智"的社区自主生活中心，生活空间的转移意味着风险性的增加。对于独居在社区的心智障碍者来说，如果缺乏学习的机会和有效的支持，则风险可能无处不在，如在托养机构被列为危险因素的煤气、菜刀、水电等。对此，"利智"通过生活助理的形式，支持心智障碍者注意安全问题，在心智障碍者的掌控力和行动力增长的过程中，动态调试生活助理的支持力度，从而保证安全红线不被破坏。当心智障碍者彼此之间的相互支持以及与邻里、社区之间的自然支持逐渐建立以后，生活助理会逐步退出自主生活，支持力度也会逐渐减弱，只在保证安全的必要情况下，做一个基础的支持，比如聘请社区邻居每日早晚帮忙检查水电、煤气的使用情况等。最后，针对自主生活中较常出现的风险点，"利智"通过提前预案的形式来降低风险发生的可能性。例如，在外出活动时，心智障碍者走失是较常见的安全问题，对此，"利智"形成了自己的预案机制：首先，在日常生活中，会给心智障碍者传递"当你找不到同伴时就在原地等待"的观念，从而缩小心智障碍者走失后的寻找范围；其次，当得知心智障碍者走失后，生活助理第一时间寻找所在场所工作人员进行协助，同时通知机构工作人员寻求更多人力帮助；再次，通知家属，选择是否报警，并与家属同步最新消息；最后，在找到心智障碍者之后不加责怪，特别是对于停留在原地等待的心智障碍者，一般会给予表扬："哇，你真的好棒！你知道我走丢了，还能在这里等我。"

2. 能力培训 vs 自主探索

在部分心智障碍群体的服务机构中，以教授、灌输的形式提高心智障碍者的生活能力是控制风险的另一常见做法。即让心智障碍者先有能力，再有生活。然而知识的灌输在一定程度上扼杀了心智障碍者的独立创新性，与自主理念相违背。在学习中，相较于书本和老师传递的知识，我们会对自己发现、总结、感悟出的知识、原理记忆得更加深刻。同理，在心智障碍者自主生活中，那些基于尝试所总结出来的生活经验更具有价值。而"先学习再尝试"的方式也忽略了失败的意义，剥夺了心智障碍者在失败中总结教训，在失败中再度创新的机会。

与之不同的是，"利智"强调安全底线之上的自主探索，即在不出现生命危险、伤残风险的前提下，充分鼓励心智障碍者进行一切生活尝试，即使面对那些明知不可为的事情，助理对活动的开展也不做强制干预，而是将其视为一次宝贵的试错机会，让心智障碍者在实践过程中，真正感受和理解哪些事情可以做，哪些事情不能做。"在自主生活这件事情上，他们非常有必要进行尝试错误的学习。他们要先去体验一下，哪怕是撞南墙，也要先体验是怎么回事。因为没经历，别人讲得再头头是道，他们也感觉不到。"（负责人 B）

【案例一】

用电饭煲煮饭是自主生活中心的心智障碍者经常会做的一件事情，然而心智障碍者第一次做饭时很难掌握水和米的比例。同时心智障碍者又很坚定地认为自己能做好这件事，不需要助理的支持。很显然最后做出来的米饭是半生不熟的，负责蒸米饭的那位心智障碍者碍于自尊心和面子，坚持把当天的米饭吃完了，助理也没有进行限制和干预。事后，助理和心智障碍者一起复盘时问："今天的米饭大家都没吃，你觉得你们的米饭和食堂阿姨煮的有什么区别？"心智障碍者也意识到自己做的米饭没熟。于是在助理的引导下，请教食堂阿姨每次煮饭应该放多少水。经历试错之后，心智障碍者知道蒸米饭需要助理的支持或者可以用量杯进行测量。过了一段时间之后，心智障碍者逐渐掌握了蒸米饭的技巧，能够独立完成蒸米饭这一日常活动。

【案例二】

一般来说，进厨房开火做饭对于心智障碍者而言是一个难度较大、危险系数较高的活动。洗菜、切菜、配菜对手指灵活程度和动作精细化程度要求较高，所以很多心智障碍者在入住自主生活中心之前从未参与过厨房事务，更不用说自己切菜、配菜、烧火做饭了。然而在分工讨论的过程中，助理发现手撕包菜、手掰豆腐这一类工作是那些从未使用过菜刀的心智障碍者可以胜任的。于是在不断锻炼的过程中，心智障碍者的帮厨能力逐渐提升，并且解锁了剥蒜、剥葱等精细程度更高的工作。面对做饭时热油遇水会飞溅的问题，心智障碍者在试错的过程中采纳了助理的冷锅冷油下菜的建议，避免了在做菜过程中被烫伤的可能。

【案例三】

有一次，三位心智障碍者做了一个城市探索计划，要去北宫森林公园爬山，他们在助理的提醒下，查询了天气预报，当天是有雨的，而且是一个大风降温的天气。助理建议他们把行程改期，因为天气不好。可是心智障碍者坚持说自己做了计划就要按照计划去执行，不能更改，最后助理还是支持了他们的爬山计划。爬山当天，虽然每一个心智障碍者都穿着厚厚的衣服，也带了雨伞，可是走到山脚下的时候，刮风又下雨，每个人都冷得瑟瑟发抖，都跑到背风的地方去躲雨。在做活动分享的时候，心智障碍者都表示"今天太冷了，不好玩，以后遇到这种情况要调整时间或者更换活动内容"。

（三）如何构建自然支持

相较于院内生活全封闭或半封闭的状态，自主生活意味着心智障碍者在日常生活中一定会与外界环境产生紧密联系，与周围的个体发生关系。而与环境联系的紧密与否以及与周围个体的关系的好坏，直接影响着心智障碍者自主生活的顺利程度。换言之，若外界可以给心智障碍者更多的支持和正向反馈，则能帮助心智障碍者更好地扎根于社区、社会，反之，则会挫败心智障碍者自主生活的意愿和决心。所以如何帮助心智障碍者建立与外界的关系、寻求自然支持，成为"利智"自主生活服务顺利运转的关键。

1. 消除外界刻板印象

心智障碍者在外出活动的过程中，或因为兴奋，或因为控制力较弱，可能会对他人造成一定的困扰，"我们有一个心智障碍者，第一次坐公交车特别兴奋，她就坐在司机旁边的椅子上一直笑一直笑，把司机弄得发毛了"（负责人B）。同时，或因为外界对于该群体的偏见或好奇，并不能保证所有个体都能友善地对待心智障碍群体。

我们刚开始进行社区活动的时候，会被小区居民说"你看那个傻子学校的傻子老师又把那一帮大傻子给带出来了。他们肯定都是外地人，北京人才不干这种活儿呢"。（负责人B）

我就记得有一个患自闭症的女生，她不管开心或者不开心，都习惯用高分贝的海豚音来表达，语言能力特别弱。有一次，她去公园做城市探索就很开心，但因为感官迟钝，老是用脚去踢路上的小石头。当时我就提醒她，她就不高兴了，用力尖叫，海豚音很刺耳，让你特别难受。当时公园里的阿姨听到了我们的对话，就脱口而出"她是个哑巴，是吧？她都不会说话，看你刚说了那么多，她都不知道怎么讲，老是嗷嗷叫"。（负责人B）

可以说外界的偏见是心智障碍者自主生活的障碍，但同时"利智"也抓住机会，采用不卑不亢、自然友好的态度纠正外界固有的成见，借机建构互相理解的友好关系。起初，面对社区居民无端的指责和标签化的称呼，"利智"的工作人员也采用了比较强势的方式，"一开始社区的居民见到我们都说'别当他们的面说傻子，他们学校的老师可厉害了，可会吵架了，骂人不带脏字'"（负责人B）。但是这种无止境的争吵并不能从根本上解决外界的看法，甚至会加深、坐实偏见。

于是"利智"从改变自己开始，每次出门，都会要求心智障碍者收拾干净、保持良好的形象，同时在遇到社区居民时主动打招呼。"我们也会在社区里面做示范，让我们的心智障碍者嘴巴变甜，多说'阿姨你今天出来了，阿姨你今天好年轻'之类的话去夸人家，改变社区居民的刻板印象。"（负责人B）同时"利智"也会组织心智障碍者制作一些手工艺品，利用节假日免费发放给居民，"还有企业会捐赠一些小礼品，我们自己用不了的，就转赠给社区居民，拉近跟社区居民的距离"（负责人B）。

渐渐地，随着"利智"工作人员和心智障碍者态度的转变，社区居民也越发了解心智障碍群体，发现心智障碍者和他们想象中不一样。居民认知的改变也促使自然支持产生，有时心智障碍者在做日常社区活动、外出买东西的时候，撞见的居民会担心他们乱跑，继而让"利智"的工作人员注意心智障碍者的安全。"有些社区居民就跑到门口说'你们老师在哪里，快点出来，有一个大高个，还有一个小胖子自己跑出去了，是不是走丢了'，我们就会给对方解释，他们是在做社区活动，要自己去超市买东西，一会儿会自己回来的。"（负责人B）

2. 建立自然支持

保持心智障碍者与邻里的和谐关系，建立自然支持，不仅有助于心智障碍者自主生活的实现，能帮助心智障碍者减少风险，也有助于促进心智障碍者与社区、社会的融合，使更多的居民参与社区志愿服务，形成心智障碍者、居民、社区三方的共赢局面。"我们强调的是最后把专业支持拿掉，最好都是自然支持。社区里的其他的人给他一个特别简单的支持，就可以解决他的问题。"（负责人 A）

在心智障碍者入住自主生活中心之初，生活助理和房东会带着心智障碍者一一拜访小区的物业、保安、单元楼长以及从一层到顶层的所有邻居。"一开始都会找形象比较好一点的，然后教他们一些敲门时的语言，如'阿姨您好，叔叔您好。我是新搬来的邻居×××，住在×楼。送您一点小礼物，请多多关照'。"（负责人 B）渐渐地，通过生活中的不断碰面、接触，心智障碍者也会定期带上烘焙零食或者手工艺品拜访这些邻居。"心智障碍者每次在社区见到邻居，都会主动打招呼。"（负责人 B）加之社区里部分年长的居民很热心，所以心智障碍者和邻里逐渐熟络起来，"社区里的居民有时候会提醒他们，鞋带没系好呀，衣服拉链没拉上呀。不光提醒，有的时候还顺手帮他们做一点事情"（负责人 B）。自然而然地，社区之中的自然支持就初见成效了。

自然支持的土壤是心智障碍者与邻里之间的关系，当双方关系足够柔软、友好、有温度时，基于熟悉或是日常的情分，遇到困难时，邻里自然会上前"搭一把手"。在前期与邻里、居民建立友好、熟悉的关系的基础上，面对生活中的突发事件，社区内部的支持自然而然地出现并发挥作用。而这种支持的产生不仅降低了自主生活中心智障碍者解决问题的成本，而且提高了效率。对于社区而言，邻里之间的互助是营造良好社区氛围，形成社区融合的关键。所以自然支持的产生，不仅有助于心智障碍者自主生活的实现，对于居民融入社区参与社区活动、营造社区良好氛围也有积极的促进作用。

(四) 如何促进监护人观念的转变

1. 父母观念改变的必要性

一直以来，家长对于小龄康复持有很高的期待，希望较早的干预能够帮助孩子恢复健康。就大龄心智障碍群体而言，从认清孩子现实情况的那一刻起，父母内心就已经筑起了一道防线，对于孩子的爱，更多是以保护甚至控制的形式呈现。所以很多大龄心智障碍者的家长希望为孩子找到一个兜底性的安置场所，以此满足孩子的基本生活需求。这种较为普遍的观念促使一部分机构着力探索心智障碍者未来走向的问题，立足于管理者、保护者的视角，协同家长一起为心智障碍者安排生活、规划人生。

而自主生活所倡导的"将生活还给心智障碍者"，则是与传统托养服务完全相悖的一种服务模式，它打破了心智障碍者生活中的"保护罩"，在保证安全的基础上给心智障碍者足够的空间去尝试。然而最终真正实现自主生活并非易事，这不仅是因为心智障碍者从自主意识到自主能力的成长需要一定的时间，更是因为自主生活的实现离不开家长的支持。换言之，**若家长坚持认为托养服务是适合孩子的最佳模式，那么即使心智障碍者具备一定的意识和能力，也不可能实现自主生活**。所以，家长观念的转变是心智障碍群体实现自主生活的基线。以下将通过一组案例的对比，展示家长观念改变的重要性。

【案例四】

楠姐从小生活在一个单亲家庭，因为体型肥胖，每次外出坐公交车，行动都十分缓慢，于是贾阿姨（楠姐的母亲）很少带楠姐外出。贾阿姨一度想把自己的房子捐给"利智"，希望自己百年之后，"利智"能保障楠姐的生活。

参与城市探索之后的楠姐，在外出活动时有了很多上下公交车的机会，"那时候我们开始做城市探索，公交车上也有一些人会来帮忙，前面的乘客帮忙拉一下，后面的助理稍微推一下，楠姐很轻松就上去了"（负责人 A）。机构也曾欣喜地将楠姐的成长告诉贾阿姨，"我们也跟楠姐的妈妈说过，'老贾同志，你能不能把我们楠姐带着出去玩玩。你试试，楠姐绝对可以'"（负责人 A）。但是贾阿姨对此依旧心存顾虑，觉得楠姐出行一定不方便。后来在一次湖州旅行中，"利智"特地将楠姐自己拉行李箱、过安检等行为拍视频同步给贾阿姨看，贾阿姨惊喜于楠姐的成长，回来以后就带楠姐去长岛旅游，自此一发不可收拾。

从 2019 年开始，贾阿姨将北京的房子出租，以此来支持自己和楠姐的旅居生活，她们夏天去威海避暑，冬天去海南过冬。楠姐的生活能力也在不断提高，"她（楠姐）独立性越来越强，她妈妈就说有一次生病，楠姐还倒了杯水端到妈妈面前，让妈妈躺床上，这放在以前，想都不敢想"（负责人 A）。

【案例五】

在第一批入住自主生活中心的心智障碍者中，有一位轻度智力障碍的女生。父亲常年不在身边，而负责其生活的叔叔婶婶也因为移民的问题，决定将女孩送进养老院生活。但在"利智"的专业评价中，该心智障碍者已经完全可以进行自主生活，"我们当时向她叔叔婶婶建议，把家里钥匙给那个孩子，每个周末我们支持她打车回家自己生活，在居家部分给她一些支持"（负责人 A）。但其家人还是担心孩子独自居家会出现各种问题，拒绝了这个建议。

进入养老院后的女孩回到了托养服务的模式中，和一位老奶奶居住在病房一般大的房间里，因为没有适合女孩的支持性服务，女孩每日的活动就是看电视。"我还去养老院看过她，她比离开'利智'的时候胖了三圈，生活状态和身体状况已经受到了一点影响。"（负责人 A）

结合案例四，不难发现同样是自主能力和意识都有一定突破的心智障碍者，同样存在自主生活的可能。楠姐的母亲在转变观念后给予女儿一定的帮助，支持女儿实现自主生活。而案例五中的心智障碍者，因为家人对托养服务的坚持，她又倒退回原初的状态。**那么究竟应该如何使家长观念产生改变呢？**

2. 从能力成长到能力自信

在"利智"的服务中，其最典型的做法是逐步取消托养服务，倒逼家长为孩子创造自主生活的空间。起初，"利智"要求家长每个周末接孩子回家居住，当然在这个过程中，有一部分条件不合适或者观念不同的家长会被自动转介到其他机构，但对于那些对自主生活服务持观望态度的家长，则是一次很好的改观机会。一方面，在周末和家长的近距离互动中，家长能够最直观地感受到孩子的成长和变化；另一方面，在家庭服务中可以为孩子创造更多机会锻炼自主生活的能力。

> 有一个张家口的心智障碍者，一开始回去的时候，他家长也很难接受这种模式。但是渐渐地，他爸妈就发现"原来我孩子还是能做点事情的"，比如出门采购的时候，他就会罗列一个清单提醒父母哪些东西还没有买，然后帮忙提东西。（负责人A）

> 还有一个心智障碍者是孤独症加智力障碍，他每天的生活特别规律。他的父母就做得很好，渐渐地就不把他当作一个孩子看待了，而是一个可以提供帮助的青年，所以也给了他很多参与的机会。后来他妈妈反馈说："现在我觉得他真的是变了，话也多了，能说很长、很完整的话。"（负责人A）

不难发现，父母坚持托养服务是源于对孩子生活的担心，而观念的改变也是源自生活中孩子能力的增强，从而增强了家长对孩子未来自主生活的自信，**所以让家长改观的核心是让其了解到孩子的变化，而直接参与**

自主服务的各个环节，则是家长感知孩子成长最直接的方式。若家长能够参与自主生活服务的各个阶段，比如，到自主生活中心做客，作为志愿者参与城市探索活动等，那么家长不仅能够最直接、直观地感受到孩子的成长，也能够了解到自主生活对于心智障碍者的意义和价值。在此过程中，孩子的改变在一定程度上缓解了家长对未来的焦虑，增加了其生活的希望。同时家长的卷入在一定程度上降低沟通成本的同时，也为机构增加了志愿者力量，更是打通了家长和机构、社会之间的沟通路径。

（五）产出：技术体系的不断积累

从表面上看，"利智"在自主生活落地探索的过程中产出了一个又一个热闹的动作，但抛开外显形式，动作背后蕴含着一个个技术体系的积累。技术与动作的核心差别在于：前者是瞄准理念，为解决关键的节点问题而存在；后者只是单纯的行为。换言之，技术是能解决关键节点问题、将理念不断落地转化的动作。下面以激活心智障碍者的参与意愿为例。工作人员在一周甚至更长的时间内，每天与心智障碍者沟通，其目的不是单纯地告知心智障碍者要开始自主生活；工作人员意识到了心智障碍者与自己之间薄弱的信任关系，明白要通过沟通、引导的方式重新建立彼此之间的信任关系。而城市探索前后的活动计划会、分享会的开展，并不是因为工作要求或项目既定的安排，而是工作人员在实践过程中明白了朋辈之间的分享对激活心智障碍者的参与意愿有促进作用。所以计划会、分享会的开展，其实质是激活心智障碍者的专业技术。

随着技术体系的不断累积，自主生活服务的项目模式逐渐形成，亦成为使自主生活理念落地的关键所在。当然"利智"在自主生活服务领域依旧处于探索阶段，项目模式尚未成熟，本文也暂且不去讨论是否有更好的技术手法去回应各节点的问题。但需要强调的是，"利智"的实践探索展示了技术体系的可积累性。具体来说，追寻着自主生活理念，落脚于实践和不断探索，专业技术体系是会不断积累发展的。同时，在现有技术体系之上亦有继续积累发展的空间，从而形成更为成熟的自主生活项目模式。

四、理念探索：一个有机生长的过程

（一）"利智"的服务探索历程

1. 发展历程概述

"利智"自主生活的探索起源于传统晚间托养服务的痛点。2013 年，"利智"发现在 24 小时住宿服务中，由于晚间生活阿姨的服务理念和工作方法的问题，白天处理好的心智障碍者的情绪在晚上会爆发出来，直接影响服务效果，"生活阿姨没有那么好的服务观念，私底下操作的时候怎么省事怎么来"（负责人 B）。对生活阿姨来说更为便利的保姆式服务，实则在一定程度上影响了心智障碍者的生活感受。比如，为了能在最短的时间里安排所有心智障碍者就寝，生活阿姨会直接上手帮助心智障碍者完成洗漱；再比如，在播放音乐时，生活阿姨更多是以自己的喜好为主，从而导致心智障碍者晚间生活较为无聊。

基于此，"利智"以传统托养服务中的晚间服务为切入点，开始了自主生活的大胆尝试。2014 年夏天，晚托服务中的心智障碍者可以自主选择助理和同伴，每周选择一个晚上去想去的地方，比如后海、三里屯等普通青年喜欢过夜生活的地点。一段时间的尝试之后，"利智"发现原本在机构内情绪不稳定，容易焦虑、紧张、暴躁的心智障碍者在外出活动中格外放松，回来之后睡觉也变得特别踏实，"我们发现，让他们自己选择喜欢的社区活动，他们精神面貌很不一样，也会影响到生活阿姨，生活阿姨也愿意陪他们出去，向他们提供一些必要的支持和协助"（负责人 B）。于是，从 2015 年开始，"利智"在晚间城市探索的基础上，开始推行日间自主生活服务方案，然而长期处于封闭状态的心智障碍者对于自主没有太多感知，"他们通常说的都是去公园，因为在过往的生活经验里，家庭或者服务机构给他们最多的社区活动就是逛公园"（负责人 B）。

面对这一情况，"利智"以一位自我认知和能力较为突出的心智障碍者为突破点，通过朋辈分享等方式激活其他心智障碍者的意愿。一个月后，有五六名患自闭症的青年可以自主安排自己一周的生活计划。

随着日间城市探索的开展，一些心智障碍者反馈说他们受制于机构的固定安排和管理，希望能够回家或者外出居住，以获得更多自由空间。"我们跟年轻人访谈时了解到，他们其实都不希望住在机构里，因为觉得机构环境束缚了他们，有管理的要求。"（负责人 A）于是，2015 年至疫情前期，"利智"陆续在社区中，以租住居民房的方式建立自主生活中心，将自主生活的场景移植于日常生活的社区中，为心智障碍者构建独立生活空间，提供更为深入的自主生活服务。

2. 实质：从理念到实质的有机生长

有机生长是公益项目模式的形成的一个最原初的方式，也是现阶段大部分深耕于一线的社会组织必须经历的阶段。在有机生长的过程中，社会组织追求着心中的理念，落脚于实际情况，在服务过程中不断面临理念落地的痛点，不断寻找解决痛点的技术手法，并逐渐积累，形成项目模式。我们将"利智"在自主生活服务领域的探索视为一个有机生长的过程，从晚间活动到日间城市探索，再到社区自主生活中心，"利智"在自主生活服务领域的每一步探索，都是一个将自主生活理念与现实需求对接的过程。在此过程中，"利智"坚守着自主生活的理念追求，着眼于心智障碍者的实际情况，不断尝试寻找解决痛点的方式，满足心智障碍者群体在自主生活中的需求。于是，随着"利智"在自主生活领域的不断深入，其满足需求、解决痛点的技术手法也在不断积累，继而项目模式也初见雏形。

（二）"利智"的实际操作流程

1. 操作流程概述

受社会环境和机构战略调整的影响，"利智"对自主生活服务的方式进行了调整，开辟了入户提供自主生活支持服务的环节，主要通过量表工具，确定心智障碍者的需求和现有资源，并依据现实情况制订自主生活计划。具体来说有以下几点。

首先，"利智"运用生活质量评估工具（"个人成果量表"，POS）和支持需求评估工具（"支持强度量表"，SIS，由美国智能障碍协会开发）来开展评估工作。其中，"个人成果量表"聚焦于心智障碍者生活质量的八大领域，包括个人发展、自我决定、人际关系、社会融合、权利、物质福祉、身体福祉、情绪福祉，有助于找到心智障碍者个人想要的生活，即明确界定他/她的期待与梦想或个人愿望；而"支持强度量表"评估个人要过这样的生活就需要什么强度的支持，包括需要支持的形式、支持的时间和支持的频率，"这两个工具结合，就能够大概定出这一年内，他的生活目标是什么、支持协助是什么"（负责人 B）。其次，结合这两个评估结果制订个别化支持计划，用 PICTURE① 的八大领域来落地个别化支持计划的目标，从家庭生活、社区生活、机构生活、工作或学习生活等方面进行具体的服务活动规划，且确实执行。最后，做总结与评价。一方面，要对每日例行活动进行总结、分享和满意度调查，包括在活动计划、执行阶段心智障碍者的参与程度，具体做了哪些决定和安排，产生的效果如何，活动之后每一个参与者对于活动的感受、满意度，以及对于下一次活动的期待和想法；另一方面，要对个别化支持计划的目标、支持策略做月度、半年度和年度的总结评价，为下一阶段个别化支持计划的实施提供重要依据。

同时，"利智"也尝试将这一套从评估到计划再到反馈的自主生活服务方式传递给行业内的伙伴，通过培训、督导的方式帮助伙伴机构掌握量表、工具的使用方法。"我们的三年陪跑计划主要从评估介入，在这个过程当中，机构有任何问题都可以提出来，除了线上沟通以外，每年会有两次督导直接到实地指导服务。"（负责人 A）

---

① PICTURE 是国外研发的以个人为中心进行规划的工具，其目的是帮助个体更好地融入社区。

2. 实质: 目标分解法

"利智"的实操过程是一个目标分解的过程，即通过需求评估确立目标，再将目标分解为行动、制订成计划，匹配需要的资源，支持行动的完成。在这里，我们暂时不去讨论目标分解合理与否，但"利智"的服务探索历程和实操流程之间的对比给了我们一定的思考空间。

"利智"的服务探索历程是一个从理念到实质的有机生长过程，即摒弃了预设的项目模式，扎根于实际，逐点打通服务过程中的关键节点，形成自有的技术体系，这是一个追寻理念、自下而上生长的过程。而在实操过程中，"利智"尝试通过目标的设定，倒推过程中需要的行动和支持，这是一种自上而下分解的过程，强调最终动作的完成。然而，动作的完成真的能代表自主生活的真正实现吗？诚如前两节所述，自主生活的实质包含着心智障碍者的"打开"，蕴含着与外界冲击之间的平衡，最终自主边界不断拓展。而要实现实质性的自主生活，不可避免地需要解决服务过程中的各个节点的问题，若关键节点问题没有被识别或加以解决，那么最终产出的只是单次性的行动，而非实质性的自主。

五、发展路径: 以项目模式为核心

持续性、长久性地开展社会服务是每一个深耕于公益领域的组织都期待做到的事情，而实现这一目标的前提是项目模式的产出。具体来说，社会组织需要在服务过程中识别出关键节点，找到回应节点的技术手法，并不断积累，最终形成项目模式。在项目模式足够成熟之后，服务对象的改变、成长会自然发生，项目模式的价值也会自动产出。最后，基于成熟的项目模式和其产出的价值，在社会面进行传播倡导的同时，可以寻求更多的资金帮助，从而支持项目模式升级迭代，最终实现"项目模式—价值产出—倡导筹资"的闭环。同样，**在行业支持和服务复制的过程中，项目模式依旧是关键所在。**以项目模式为实质的复制、推广，杜绝形式化的复制，不要求合作伙伴学习服务的动作、流程，而是将项目模式形成的机制、原理和技术传递给对方，以此保证项目的实质产出。

回溯"利智"的发展历程，通过近十年的探索，"利智"在有机生长的过程中，向我们展示了自主生活的实质内涵，用实践证明了自主生活理念落地的可能性，也在机构、社区、家庭、工作场所等不同的自主生活场域有了一定的技术积累。但不可否认，在不同场域的自主生活服务中依旧存在很大的发展空间，在关键节点及其回应上存在很大的挖掘潜力，所以探索成熟的项目模式依旧是"利智"未来需要追求的方向。

上海闵行区活力社区服务中心
活力未来亲子园项目模式梳理

何　磊

一、服务瞄准与问题呈现

（一）问题瞄准：流动儿童早期发展面临困境

上海闵行区活力社区服务中心（以下简称"活力未来"）成立于2006年。2011年，"活力未来"在服务流动儿童的过程中观察到社区中有很多0—3岁的低龄儿童，"发现社区中有一些小小孩，这些小小孩的特点就是必须有人带着，所以他们的看护人，当时是以妈妈为主，是跟他们生活在一起的"（活力未来A）[①]。基于此，"活力未来"的行动方向聚焦于流动儿童的早期发展。

经由"活力未来"对所驻扎的流动人口聚居社区的实地观察与调研，可看到"流动儿童缺少早期教育机会"的现实需求，具体体现在以下三个方面。

首先，受经济条件、意识观念等因素的影响，大多数流动儿童的家长并未意识到儿童早期发展及教育的重要性，即使意识到也因市场上商

[①] 本文所引用的访谈内容主体统一分类编号为：多位活力未来工作人员，即"活力未来A—C"；伙伴机构工作人员，即"伙伴机构A—D"；活力未来家长，即"家长A—H"。

业早教的高昂价格而被劝退。"其实流动儿童早期的教育机会，一定是他的看护人也就是妈妈，或者是爷爷奶奶、姥姥姥爷去决定的，这个群体本身的认知水平、可以支配的时间以及收入等原因，都会导致他们缺少购买的能力或者使用的意愿。"（活力未来 A）

其次，由于缺少购买早教服务的能力或接受早教服务的意愿，自身家庭很大程度上便成为儿童实现早期成长与发展的主要场所，但现实情况是：一方面，流动人口绝大多数都是外出务工人员，身处异乡的他们只能选择租房，而通常为了省钱，房屋面积相对较小，难以打造出一个供儿童尽情玩耍的区域，即便有，也因担心磕碰受伤而对儿童的玩耍方式做出各种要求或限制，"家里面很难放开让孩子玩的，因为总是觉得充满了危险，害怕磕着、碰着，所以基本上就是孩子在家待着，活动的范围很有限，只能玩玩自己的玩具"（家长 A）；另一方面，家中的看护人或照料人在通常情况下，都是忙于家中的各种事情，缺少与孩子的交流和互动，一定程度上只是起到"基本看护"而非"在场陪伴"的作用，"大部分妈妈都有自己的事情干，都是在家干活，比如做衣服啊、做鞋子啊，孩子基本上就在家长的一旁自己玩，或者孩子自己在家门口跑来跑去"（家长 A）。两者叠加，使得儿童早期发展阶段中极其重要的人际互动需求无法得到满足，"其实邻居之间也经常能见面，但多数时候都是寒暄一下，始终没有那种很紧密的关系，除非是特别能聊得来的，但也不是经常去别人家串门聊天，所以孩子之间也很难有相互玩耍和交往的机会"（家长 A）。

最后，由于家庭是儿童早期成长与发展的主要场所，看护人便成为对儿童进行早期教育的关键人物，但儿童在当前发展阶段所表现出的特定行为、日常生活中所发生的具体事件面前，却时常因自身经验的不足，或缺乏科学、正确、有效的育儿知识和方法而陷入不知所措的境地，"我们家的孩子出门总是被打，我就觉得怎么好好一个孩子，老挨别人的打，哭着跑回来，我也不知道如何去跟孩子说，总不能让他打回去，因为我的理念就是不能打架，但我也完全没有任何办法。所以在遇到一些问题的时候，我是不知道怎样来更好地引导孩子的"（家长B）。

综上，没有场地玩、人际互动通道不畅通、看护人早教意识不强、早教方法不足、陪伴程度不够，是绝大多数0—3岁流动儿童在早期发展阶段起点处的状态，而随之带来的影响，便是流动儿童的内在自我未被打开，相比城市同龄儿童，显示出多方面的发展滞后。 瞄准这一起点处的困境状态，"活力未来"正式启动"活力未来亲子园"（以下简称亲子园）项目，以公益性早教的服务模式满足流动儿童早期成长与发展的刚性需求，并将"影响流动儿童父母的教育理念及方式""提升流动儿童的综合发展水平"作为项目所追求的目标。

（二）服务中的难点：家长早期教育的现状

流动儿童的早期发展固然重要，但他们所生活的现实环境和条件很难达标。亲子园相当于是为他们创设出能够回应与满足儿童早期发展需求的一个场域。然而，亲子园的服务对象实际上是家长和儿童双方，能够来到亲子园的家长都缺乏早期教育经验。那么，家长们普遍的早期教育状态是怎样的？以下借助实地调研与访谈中的家长视角来加以呈现。

大多数家长进入的一种早期教育轨道，便是沿用相对传统的教育方式，即要么出于对孩子年龄小的考虑，而搁置孩子各种潜能的打开与发展，甚至对孩子的所有事务大包大揽，进入溺爱模式，"感觉孩子还小，他什么都不会、做不了这些，所以很多技能不会去教，也不知道怎么去传输"（家长C），"觉得他小，所以很多事情就不让他做，我们自己就做了"（家长D）；要么从成人的视角而非从儿童的视角，对孩子的行为进行指点、训斥或责骂，"孩子哭，我们就会不耐烦，就会吼孩子"（家长E），"我们自己平时带孩子时太干了、太硬了，就喜欢给他下指令，比如你这个不许再搞了，下次再搞我就揍你"（家长F）。

而另有一些家长已经意识到传统养育方式的不足，试图走向挣脱或抛弃传统养育方式、选择新型教育方式的路径，然而在两种教养方式信息不对称、四处充斥着各种相互矛盾的育儿观念和技巧的背景下，家长要么陷入难以分辨是非、不知该做出何种选择的迷茫，"我们在带孩子的过程中其实是很迷茫的，经常会焦虑，因为我们也知道老一辈是怎么教育我们的，现在网上又有很多新的育儿理念，东西太杂了，看得一头雾水，这种新旧交替让我们没法分辨到底什么是专业的、什么是不专业的"（家长 C）；要么进入如何平衡孩子能力提升与人格状态成长的纠结之中，"我们也很想让孩子像大多数家长所期望的那样学习好、人品好、什么都好，但是又看到很多孩子学习好但并不是很快乐，或者说状态并不好，所以我们也非常纠结"（家长 E）。

简言之，针对儿童的早期发展，一部分家长仍然延续着传统的养育模式；另有一部分家长站在传统养育模式与新型养育模式的岔路口，因无法分辨、无法选择而迷茫或纠结。而无论家长当前处于哪一种状态之下，他们的初衷都是为了孩子好，想让孩子拥有一个好的未来，这与亲子园的行动目标不谋而合。尽管目标相一致，但亲子园的定位并不是通过说教、灌输来教育家长，而是通过具体且有效的服务来逐步传递方法、影响家长的教育状态 / 行为。

那么，亲子园针对当前流动儿童早期发展的现状、家长间不同的早期教育状态做了哪些努力，相关努力或做法背后的考虑是什么？基于一系列的做法与行动安排，形成了怎样的属于"活力未来"本身的早教服务模式呢？

二、实况还原：亲子园现场面貌及受益状况

在打开亲子园这一"黑匣子"之前，先呈现一组客观的、真实的服务现场画面，以让人直观地感受孩子、家长、早教老师在其中的状态，整体建构的氛围以及不同主体在该氛围的持续互动与交往下所产生的内心感受与变化，从而对亲子园的具体服务面貌、所产生的具体作用形成

感性层面的认知。

（一）亲子课实况：兴奋、凝聚且有序

在课前几分钟，10对亲子陆陆续续地来到亲子园，孩子们迅速地在地垫上或蹦蹦跳跳，或跑来跑去。随着上课铃声响起，杨杨老师带着满脸微笑，轮流与每一对亲子问好。每向一对亲子喊出"×××早上好，×××妈妈早上好"时，场内其他孩子与家长就一同看向这对亲子并向其招手问候。

紧接着，便开启了以"海洋动物"为主题的课程内容，在老师播放了鲸鱼的声音之后，有的孩子模仿听到的声音，有的孩子踊跃地猜测这是什么动物，有的孩子则直接做出鲸鱼的游泳动作。当老师带领大家进入乐器探索环节时，孩子们自觉地站成一列纵队，从老师那里领取属于自己和家长的节奏棒，并在领取的同时向老师道谢。孩子们拿到节奏棒后，自己探索起玩法，有的在敲地垫，有的将其插入地垫之间的缝隙中，有的放在腿上滚来滚去，有的相互敲打。早教老师在肯定孩子们自主发现玩法的同时，引导孩子和家长一起看到节奏棒的更多玩法，例如可以用来捶背、当作擀面杖使用等。

当老师拿出准备好的绘本时，只见孩子和家长齐刷刷地聚拢到其身边，原本围坐的大圈瞬间变成一个人贴人的小圈，且孩子们都端正地坐着，直溜溜地盯着老师手中的绘本。伴随声情并茂的阅读声，孩子们聚精会神地凝视着每一页上的图画，有个别小朋友会小声地重复着老师讲述的信息，时而有小朋友针对绘本内容提出疑问，更多的孩子处于沉浸式的倾听状态。绘本读罢，老师则抛出几个问题引发孩子思考：大海里谁最大啊？其他动物都去哪里了呀？孩子们有的积极回答，有的若有所思。

一曲舒缓且轻柔的音乐响起，大家都以最舒适、轻松的状态进入安静环节，早教老师率先躺在地垫上，有的家长和孩子也躺下闭眼，有的孩子躺在妈妈的腿上，有的孩子则躺在妈妈的怀里。音乐停止，亲子课进入尾声，大家仍然向每一对亲子齐声说再见，并由孩子上前排队，与

老师击掌、拥抱。

（二）服务对象的实际变化

【孩子端的变化】

● 内在动机的激活

　　来了这里以后，回家后他总是自己拿一本绘本，模仿老师给我读，以及教我老师在课堂上教的《手指谣》；我惊奇地发现，孩子之前是根本不会使用剪刀的，我们出于安全考虑也没有特意教他，但是他现在会自己使用剪刀了，很利索的那种，应该是在亲子园里经常会有环节涉及手指的精细动作，让他这一块能力被激活了。（家长 D）

　　我很清晰地记得第一次去亲子园的场景，女儿朱朱很快爬到了一个颜色鲜艳的小书架面前，每次开展绘本故事活动，她都会专注地听故事；现在她每天都要去亲子园游玩、听课，仍然非常爱听绘本故事，一到晚上就跟妈妈说"读书读书"，等我讲累了她还要自己拿着书看一会，学着读出声音来。（家长 G）

● 人际互动的发展

　　之前孩子比较内向，即使带他出去，也不怎么跟别人玩，有点不合群的感觉；但是来到亲子园几次之后，他就有了集体感，有小朋友哭，他会拿玩具去哄，或者看到其他小朋友在玩，他会主动走过去问"我们能一起玩吗"。（家长 E）

　　之前在外面碰到大人，让孩子称呼别人，孩子都不愿意；但是现在每天都说要来亲子园，因为喜欢这里的老师，来了后都不用我说，会主动地跟老师打招呼。（家长 F）

● 一个自闭症孩子的转变

　　3 岁的恺恺被医院诊断为自闭症。恺恺的妈妈找到亲子园的李老师，也想上亲子课程。李老师欣然答应，因为她的底层理念是"不管面对什么样的孩子，我们都应该创设一个包容、有爱、充满体验的环境"。起初，恺恺非常不适应，一听到音乐就会哭泣，完全不跟老师对视，也根本说不出话。早教老师完全接纳恺恺的现状，不将其看作一个多么严重的问题，而是对氛围进行营造和界定，一是引导其他家长包容和接纳每一个孩子的状态和行为表现；二是在每一次课程或活动中，给予恺恺和妈妈格外的包容、关注与鼓励。历经将近一学期的亲子园活动，恺恺的变化逐渐显现出来："再也没有哭过，来到这边后就高兴地全场跑"，"现在每次跟他对视，都有好几秒，最长的一次是30多秒"，"专注力提高了很多，基本能够跟着活动了，也能够听从老师的指令了"，"从开口只能蹦出几个字，到现在能说出一个相对完整的句子"。

（伙伴机构 A）

【家长端的变化】

● 教育方式的转变

亲子园的史老师和李老师对家长和孩子都很包容，慢慢地我也将这种态度应用到我与孩子的相处上，比如就同一个问题，以前孩子不听话，我就很生气，就会打他或是惩罚他，但是孩子下一次还是会这样；现在，在一些小的事情面前，我的心态就放宽一些，不把它看作一个严重的问题，先了解背后的需求再想办法解决，孩子好像真的就没那种跟你对着干的感觉了。所以我发现，对孩子宽容一点，他也很开心，我也很开心。（家长 C）

以前我就是命令孩子不能这样不能那样，孩子就非要这样，跟你反着干；但在亲子园老师的引导下，我对孩子的需求做出回应，比如说答应他但没做到的事情，好好地跟孩子解释说妈妈今天有很多事情所以耽误了，明天一定做到，他会感觉到你在好好回应他，他的情绪就会比以前好很多，性格也好了很多。（家长 F）

在亲子课上获得成长的并非只有孩子，与孩子一起上课的家长，也能从老师那里学到更合适的教育方法。现在每天最开心的时间，就是晚上全家人坐在一起，看秋秋表演白天课上学到的舞蹈和诗歌，以及去陪伴她。（家长H）

● 一个妈妈老师的自述

你们现在看到的我是一个全新的我。刚来亲子园那会儿，我属于那种吐字打结、一句话需要憋大半天的人，因为在家全职带孩子带了好多年，基本和社会脱轨了。但是来到亲子园之后，这边的老师不断地引导、鼓励和支持我去负责阅读课堂，我需要不断地跟各位老师接触，需要跟家长沟通，还需要直接去处理孩子的一些问题，才有了现在的开心状态，所以我想一直跟着亲子园的老师们学习。（伙伴机构B）

透过亲子园现场面貌的还原，不难看出普通孩子和具有自闭倾向的孩子都以良好、积极且高昂的状态在其中打开、互动与成长，家长的教育方式甚至是自己本身的状态也因场域下的持续浸润与互动，实现了潜移默化的改变与升级，且两端效果都是在一线项目中客观、真实地产生的。那么，亲子园里的玩跟家里的玩有什么区别，对孩子的发展是最有利的吗？更进一步，为什么到亲子园一段时间后，孩子和家长就能发生变化？其中涉及哪些关键要素？不同要素背后的用意是什么？各要素之间的组合又意味着什么？

三、亲子园的基本做法与早教原则

（一）基本做法概述

如上所述，0—3岁的流动儿童是亲子园所瞄准的服务对象，但在实际开展服务的过程中，流动儿童的家长（看护人）同样被纳入所影响的范畴之内，故针对流动儿童、流动儿童的家长（看护人）形成两条并行的做法体系，如图 1 所示。

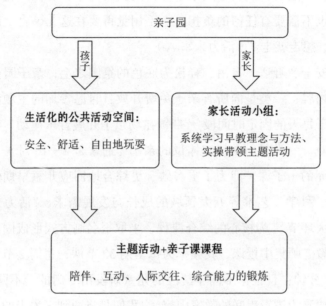

图 1　亲子园两条并行的服务链条

1. 孩子端：滋养型的活动空间

亲子园通常紧邻甚至直接坐落于流动人口聚居的住宅区中，为儿童营造日常化、生活化的场景氛围，"居民们住在二楼，我们的活动中心就在一楼，大家走几步就到了，提腿就进来，跟他们家没区别，大家之间的边界感不是那么强烈的，对孩子来讲也不会那么陌生"（活力未来 A）。在园所内部的空间布局上，亲子园不仅注重儿童尽情玩耍所需的安全性、舒适性保障，也尽力为儿童提供丰富的、多样化的刺激物，"里面都配有标准的、软软的地垫，每个拐角处也有防护的设施，以避免孩子们磕碰受伤；同时场景内会放置很多适合该年龄段孩子玩的玩具、读的绘本等，供孩子们接触不同的东西，整体的颜色、材料也都是根据该年龄段的孩子的特点来选择的"（活力未来 A）。为了让流动儿童能够拥有一片安心的、自由的玩耍与交际的公共空间，亲子园全周免费①对外开放，供亲子前去自由活动，且里面的玩具、绘本等各种材料均可免费使用。"这个空间是免费开放的，只要不是亲子课时间，所有家长和孩子随时可以来玩，他们也不需要有任何的负担，也不用觉得要在这儿一直上课，而是想来就来，想走就走。"（活力未来 A）

在以安全、舒适、自由、轻松为底色的氛围之上，亲子园会叠加相应的服务内容：一类是向所有亲子免费开放且自愿参加的主题活动，即早教老师于每天的固定时间段②带领在场亲子开展音乐律动、绘本阅读或互动游戏。一类是面向特定体量的亲子（通常是 8—10 对）开展的以学期为单元的亲子课，即为了更有效、更综合地回应儿童早期健康、语言、社会、科学、艺术等五大领域的成长与发展需求，"活力未来"设计出以九大环节③为核心的综合课程，采取报名制方式形成固定的亲子班，由早教老师集中授课，其频率为每学期 32 节课，每周 2 节课，每节课 45—60 分钟；且根据不同年龄段的儿童研发出专门的、不同版本的、以生活化要素为逻辑串联的教案内容。"我们是将两到三岁半的孩子以半年为一个阶段进行划分，从而设定不同的元素和主题。但整套教案都是以孩子为中心，围绕的内容主题也都是从儿童自己延伸到他身边的家长、生活、城市、日常经历等。"（活力未来 B）而这两类服务内容的共性成分是，儿童自身、其他同龄儿童、儿童家长或看护人、早教老师同交集于亲子园的场域之中。

总之，亲子园为儿童营造出一个滋养型的早期成长环境，一方面使得儿童有安全、舒适的场地玩，且配备适合当前年龄段的多种玩具或材料；一方面满足了儿童与同龄人、其他人相处、交往与互动的需求。

---

① 个别项目点或运营点已经实现低额收费的亲子课除外。

② 通常在上午，20 分钟左右。

③ 其以音乐元素贯穿始终，包含打招呼、听力、音乐律动、乐器探索、乐器分享、游戏（集体游戏、亲子游戏等）、绘本阅读、安静以及再见等环节。

2. 家长端：浸润型的学习环境

无论是针对儿童所开展的日常主题活动，还是以固定亲子班形式所教授的亲子课，都不仅要求家长在场，更要求家长共同参与每一个环节，"比如说音乐律动，孩子跳孩子的舞，妈妈跳妈妈的舞，没有一个环节是让家长坐在那玩手机、孩子单独去做的，我们不允许这样的事情发生，看护人必须一同参与"（活力未来 B）。

为了持续性影响家长，促使他们学习和使用科学、有效的早教理念与方法，将滋养型环境蔓延至家庭，亲子园专门设置家长活动小组，并于 2018 年 ① 开始对家长活动小组的内容做出调整，与主题活动的三大板块（音乐、绘本和游戏）相匹配。"主题活动是音乐和游戏，就有音乐、游戏妈妈小组；主题活动是绘本阅读，就有故事妈妈小组。现在只做这些家长活动，其他的有家长读书会、线上家长课堂，但都是辅助家长去了解育儿相关知识的。"（活力未来 A）其目的在于：一是搭建一个多元化、综合化的学习平台，让流动儿童的家长掌握更多的早教知识与具体手法；二是推动家长在实现自我学习、自我提升之余，以让家长担任早教老师来促使更多家长成长与蜕变。因此在家长活动中，"活力未来"不仅给每位成员充分体验、感受和参与的机会，更注重培育和提升他们带领及实操相应活动的能力，"在家长小组第二次活动的时候，就会让妈妈们练习带领活动，也就是说，家长小组不是以听为主的，而是以练为主的，是让他们去演练操作"（活力未来 B）。

结论：亲子园为家长营造出一个浸润型的学习环境，一方面使得家长从"基本看护"走向"在场陪伴"儿童，一同体验和参与；一方面以老师对待孩子时的行为示范、整体互动氛围等向其传递和渗透儿童早期发展相关的教育理念和方法。

----

① 2018 年以前，家长活动比较零散，比如烘焙、手工等课程，更多与家长本人的休闲放松有关。

（二）细观：做法背后的用意与理念

细观亲子园可以发现，它并不只是一个单纯的物理空间，在物理空间之上加载了不同的活动结构与行动安排。那么"活力未来"为什么会选择这些做法？其背后有着怎样的特殊考虑，又对应着怎样的理念？

1. 主题活动和亲子课的核心用意是什么？

从面向所有亲子、免费开放、一周多次的主题活动，到面向特定班额、一周两次的亲子课，"活力未来"是想以相对普适的主题活动和相对系统的亲子课的"组合拳"方式，将一套符合儿童早期发展规律、瞄准儿童综合能力而非单一能力、尊重儿童自我主体性的早教服务内容带给更多流动儿童，让他们受益。

尊重儿童主体性，追求儿童的综合发展。以活动和课程的核心元素——音乐为例，"活力未来"正是考虑到音乐对儿童的刺激与激活作用，更看重的是音乐对儿童综合发展的作用，"音乐可以促进孩子的肢体发展，比如说协调性，面对非常欢快的音乐，可以跑或者跳，这对大运动的发展是很好的促进。除此之外，音乐还可以促进孩子语言方面的发展，语言的节奏和音乐的节奏是有相关性的；还有艺术和审美方面的作用"（活力未来 B）。在活动和课程的各个环节中，"活力未来"在尽力创造具有趣味性、吸引力的环节或氛围的基础上，尊重每一位儿童的不参与、不进入、不跟队等状态，尊重儿童的自我主体性，不强迫、不牵制儿童的选择。"我们是允许孩子不参与某个环节的，不是说要将孩子拽回来，我们会再次邀请，因为有时候可能老师变一种方式，他就会觉得这活动不错，愿意回来。但邀请后，如果还是不愿意，我们就会继续往下走。"（伙伴机构 C）

借助活动，积极回应与引导孩子的行为。允许、接纳孩子的不同状态并不意味着放任不管，相反，"活力未来"十分强调和重视对儿童特定状态或行为的回应与引导，"我们的逻辑是孩子需要被积极地回应以及尊重和接纳，甚至我们会非常关注该如何与孩子对话，让他通过对话感受到自己是一个重要的人，比如他自己的意见很重要"（活力未来 A）。落到亲子课上，"活力未来"对亲子数量有执着的坚守，在上课过程中关注每一位儿童，并给予相应的回应和支持，"一个班必须控制在 8—10 对亲子，不能太多，要不然老师无法及时根据孩子的状态去予以回应和支持"（活力未来 B）。同样以儿童不参与某环节为例，尽管老师在试图调整自己的做法后仍然未能吸引某个儿童，选择带着其他儿童继续开展其他环节，但对该儿童行为的回应与支持会延展到课下，"孩子不同的状态是很多背后的原因导致的，孩子课堂上的不参与，我们是接纳和允许的，课后我们会向家长去了解孩子的情况，如是不是需要其他的支持，再来决定怎么去行动"（活力未来 B）。

2. 为什么将人、物、活动等元素同时编织起来？

创造具有丰富且多元刺激要素的环境。亲子园中包含着十分丰富的要素：其一，人，包含同伴（即与自己年龄相仿的一群儿童）、妈妈或其他看护人、早教老师；其二，物，包括绘本、玩具、生活中常见的一些玩物或装饰；其三，活动，即每天的主题活动、一周两次的亲子课程。"亲子园不是只为孩子提供某一种东西，而是将这些综合起来，统一在这个物理空间内。"（活力未来 A）

就地取材，充分利用儿童身边的各种资源。以玩具为例，亲子园内大体有两类：一类是定制款的，这类玩具并非走高端路线，而是将常见物品做成模具套装，比如锅、碗、瓢、盆等；另一类是日常款的，即生活中随处可见的东西，比如花束、擀面杖等。"采用的教具，都是非常简单、易获得的，非常适合孩子，也是很好操作的；同时我们也会告诉家长，类似这样的东西，可以在家庭里获得，回家之后可以继续陪孩子玩。"（活力未来 B）

自我打开等内在动机的激活。"人"的层面很大程度上是与活动匹配在一起的，亲子园通过集体性质的游戏环节，让儿童自主进入与他人连接、与他人互动的轨道，"我们是以集体活动为主，没有一对一的部分，因为我们很看重孩子的社会交往能力、和人打交道等方面的能力"
（活力未来 B）。而又因为所有的环节是家长一同参与，当儿童因环境的
陌生而不敢打开、不敢向外探索、不敢与人互动时，家长很大程度上能
够起到鼓励和带动的作用，"我们要求家长跟着老师跳，因为孩子会模仿
家长，也会模仿其他小朋友，在这个过程当中也会促进社交。有些孩子
不是主动社交的，通常是先自己玩，再慢慢地参照别的小朋友去玩，这
就是社交上的进步"（活力未来 B）。

3. 为什么需要妈妈或其他看护人同时参与？

将日常生活中并不稀缺的母爱^① **资源充分利用**。主题活动和亲子
课的所有环节都不只是要求看护人"出现"，而是"参与"和"在场陪
伴"，这源于"活力未来"对公益性早教的定位。亲子园要将母爱充分运
用而非排斥在门外，"我们为什么一直特别强调亲子教育，是因为我们不
可以替代家长，永远要把家长当成影响孩子的最主要的角色"（活力未来
A）；且深刻认识到母亲在活动或课程中能够发挥的作用，即给儿童往前
探索、大胆参与的力量感、支持感和安全感。"在活动中，我就会跟妈妈
聊，我说你看孩子玩的时候，你需要做的就是跟着他一起走、一起动，
这个其实就是回应他；并且会指出，你看他之前是不愿意参加这个活动
的，但是自从你跟他一起走完这一轮之后，他就可以专注参加这个 5 分
钟的环节，是因为他知道妈妈在支持他。"（活力未来 C）

自然暴露家庭早期教育中的问题并借此关注和引导。相对于原本社
区状态下疏离化、冷漠化、个体化的邻里关系，主题活动和亲子课相当
于为家长之间搭建起一个相互了解、熟络、对话的平台，这一平台的搭
建一方面有利于家长暴露日常生活中的教育问题，早教老师可以以此为
抓手直接进行个体引导，"其实家长在亲子园里会经常克制自己，但是
总有忍不住的时候、暴露原有认知和习惯的时候，比如看到自己的孩子

---

① 来到亲子园的大多数是妈妈，少部分是爷爷奶奶或姥姥姥爷等看护人。

和别的孩子打起来的时候，就认为这件事是不好的，会上前制止甚至教训孩子，但这个时候早教老师首先不会去立马训斥家长，说你这样不行，而是在活动之后或私下找时间跟家长沟通，沟通完之后再给家长提供具体的方法，让其下回遇到同样的事情时试试新方法，以观察效果"（活力未来B）；另一方面有利于家长彼此探讨与交流育儿话题，早教老师可以以观察者和参与者的角色进行集体影响，"来到这边我才发现身边有很多跟我完全一样的人，我就觉得这个地方是安全的，大家都有同样的困惑，可以天天在这个活动空间里聊天、交流，很多时候都是在聊育儿的话题，比如怎么教育好孩子，中心的老师们也会加入我们的沟通中，一起探讨、传授方法"（家长A）。此外，借由问题的暴露，对妈妈或看护人自身的状态予以关注和回应，以增强他们的能量感、被支持感，"当家长在活动或亲子课中出现打孩子等行为时，我们通常的做法是将家长和孩子带到门外，先去理解家长、认可家长，因为家长肯定是有原因的。比如我们会给妈妈一个拥抱，将她的情绪安抚下来，再让她看到自己行为的不妥"（伙伴机构G）。

【案例：引导家长让孩子自主表达需求】

麦妈妈是一个很细致地照顾孩子的人，以喝水为例，只要孩子做出吧唧嘴的行为，就会主动地将水送到孩子的嘴边。有一次来到亲子园后，麦妈妈的行为被早教老师看到了，便与麦妈妈展开互动："麦妈妈，你为什么不让孩子自己讲出来呢？"麦妈妈回答道："他不讲，如果我不给他，他就不会喝水的。"（家长E）早教老师继续开展询问："他一次不喝、两次不喝，很渴的时候难道不会去喝吗？"麦妈妈陷入了沉思，早教老师又加以引导："麦妈妈，其实要让孩子自己表达出需求，如果孩子一表现出什么行为，咱们就主动地满足，会阻碍孩子的发展，要给孩子发展的空间。"麦妈妈明白了自己的做法的不足之处。自此，麦妈妈对自身的回应方式做出调整，尽管经历了一些波折，但孩子已经越来越自主，"刚开始改变的时候是很痛苦的，他就是不说，还总是哭，但现在非常好了，能够很自主地去做很多事情了"（家长 E）。

4. 为什么坚持要做家长活动？

家长活动的持续运作源于"活力未来"对亲子园的定位，即尽管亲子园的直接服务对象是 0—3 岁的流动儿童，但"活力未来"更想影响的是儿童的家长，其背后的考虑是，该年龄段儿童更多时间是待在家中，家长对早教理念及方法的理解与运用更是根本地影响着儿童的早期成长与发展，因而只有将家长固有的理念和方法引导至更加正确、更加科学的脉络之上，才能发挥为儿童早期成长与发展增加"营养液"的作用。"我们的课程想要影响的不只是孩子，而是孩子和家长，因为家长在这儿了解、学习之后，回家才能持续地陪伴，只有在家里持续地陪伴，孩子才能发生好的变化，所以我们更加期待的是看护人的共同成长。"（活力未来 A）

基于此，亲子园开设家长活动的目的，不仅是促使家长接受新型的教育理念、学习多元的互动方式、掌握实用的育儿方法，还是以活动本身为载体向看护人传递与解读为什么这么做、这么做有什么用等原理性内容。"怎么去看待孩子或者为什么要采取这样的行动，都会在过程中去教，以身体律动为例，我们会告诉家长：不必在意孩子的律动的好坏，更重要的是通过律动本身获得成就感和信心。"（活力未来 B）

而当家长逐渐掌握新型的育儿方法并且看到因实际运用给孩子带来的作用与变化时，一小批受益妈妈便有了想要将这套方法传递给更多人的想法，而这又与"活力未来"想要在项目点培育本土化早教老师队伍（即将受益妈妈转化为早教老师）的想法相吻合。从结果端来看，"当前亲子园所有的项目点中，绝大多数的老师都是由受益妈妈转化而来的，大概占有 70%—80% 的比例"（活力未来 A）。

（三）提炼：理念落地为行动中坚守的七大原则

当聚焦亲子园的基本做法，分层细观后，才发现每一处的环节设计、每一步的行动安排，都体现出相应的理念，有着特定的用意；而在具体运作中，所秉持的理念必须落地转化为相应的行动原则，才能回应家长在儿童早期发展过程中所面临的问题，才能为儿童及家长带来明显的益处。从上述可得，亲子园的持续运作已然让一部分家长改变教育方式甚至是提升自我状态，且促使儿童获得更具综合性的发展。因此，在综合了相关理论、"活力未来"的探索实践以及本研究团队于儿童发展领域的评估经验的积累的基础上，提炼出亲子园落地过程中最为关键的七条原则，其中既包含已经做到的，也包含正在努力践行的，但都是亲子园运作至今以及在规模化道路中致力于坚守与发扬的。需要说明的是，七条原则相当于儿童早期发展阶段所追求的七个子目标，也许并未涵盖所有，但这构成了"活力未来"所特有的儿童早期发展模型，如图2所示。

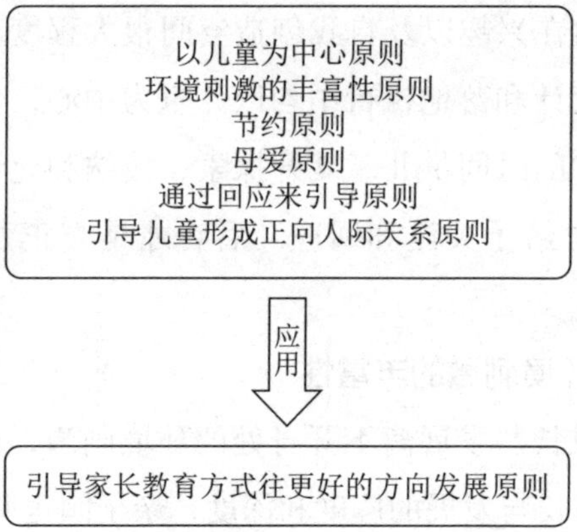

以儿童为中心原则
环境刺激的丰富性原则
节约原则
母爱原则
通过回应来引导原则
引导儿童形成正向人际关系原则

应用

引导家长教育方式往更好的方向发展原则

图2　活力未来所坚守的七大原则

在展开解读七大原则之前，首先对七大原则构成的儿童早期发展模式进行整体层面的概述，以对公益性早教的精髓形成更加统领性的认识：

为儿童创设一个微环境，其核心在于激活儿童的内在动机、打开其自我并且让其沿着自我主导的轨道不断向外探索与互动，环境中人与物等外部要素的作用在于回应和支持，以促使儿童往更加有序、综合、立体的方向发展。

1. 原则一：以儿童为中心

以儿童为中心是儿童早期发展领域最根本的原则，也是"活力未来"设计亲子园时的核心原则。它是指要尊重儿童的主体地位、由儿童自己来主导，具体包含两重含义：第一，各类活动、各大环节是儿童自己选择或自愿加入的，是受其主观兴趣和内在动机影响的结果；第二，在各项活动环节或行动安排中都保持一定的开放度，而非以完全流程化、步骤化的方式限制儿童自主探索、尝试创新。

因此，这里要区分出实践中的两种常见情形：一种是活动或环节安排确实是以儿童的发展阶段为依据设计的，设计内容瞄准的是当前儿童所需要的，但在实际落地过程中完全走向流程化、形式化，即陷入匆匆忙忙完成各环节、儿童被迫跟着老师赶场的局面之中，在这种模式下，儿童的自主性、内在兴趣以及自我创造空间很大程度上都被抑制了；另一种则是在活动设计和落地执行中均以儿童为中心，例如，两个环节的衔接处多留几分钟的时间供儿童展开探索、接纳和允许儿童不参与某些环节，但与此同时给予关注和回应。后者才是真正意义上的以儿童为中心。

2. 原则二：环境刺激的丰富性

儿童早期的成长与发展离不开身处的环境刺激，而环境刺激的丰富性则影响着儿童成长与发展的广度和深度，亲子园也坚守了这一原则。

环境刺激的丰富性包含着三个方面的具体含义：其一，活动内容和活动类型的丰富性。在早教活动中包含但不限于绘本阅读、手指谣、手工、游戏等，而在每一种活动的开展过程中都有丰富程度的差异，且涵盖的活动类型同样有丰富程度的差异，如果早教老师对课堂有很强的掌控力和胜任力，效果就越好。其二，人的丰富性。在亲子园中有儿童、家长、早教老师等角色主体，卷入的角色主体越多、不同角色之间的互动越频繁和紧密，丰富程度则越高。其三，事情的丰富性。在亲子园的活动过程中，可能既有充满欢声笑语、共同参与的时候，也有冲突碰撞、打架哭闹的时候，当发生的事情足够多样，且早教老师能够通过回应来引导，丰富性就越强。

越是丰富性强的环境刺激，越能激发儿童的内在兴趣，越能吸引儿童的参与和投入。而不同种类的丰富性能够发挥的作用又有所差异：第一，活动内容和活动类型的丰富性能够增强儿童感知层面的敏锐度，进而将感性层面的体验、认识与理性层面的知识和技能相结合。第二，角色主体的丰富性能够依托活动为儿童培育建构起良好的伙伴关系、亲子关系以及师生关系，而这些属于儿童成长中最有价值的三大关系，对儿童人格的健全发展起着至关重要的作用。第三，事情的丰富性则是活动内容与角色主体交织互动的结果，既能提升儿童人际交往、适应社会等能力，也有利于儿童耐挫力、抗逆力的形成与发展。

3. 原则三：节约

对于0—3岁的儿童而言，为其创设刺激、丰富的环境十分重要，这不仅关乎儿童兴趣的打开、好奇心和探索欲的激活，也与儿童的感性发育、认知能力的提升有极大的关联。但在这里涉及一个次序的问题：应先提供最高级的还是最基础的刺激物？以玩具为例，高级的可能是精细化制作的电子设备，如电动玩具车、小机器人；基础的可能是生活中普遍见到的物品，比如抽纸、擀面杖。

诚然，无论先提供哪类玩具，或许都能吸引儿童的兴趣，能够促使他们开心、专注地玩耍起来，但很有可能带来两种不同的结果：第一种，如果最初就接触高级刺激物，儿童很容易直接对基础性的刺激物失去兴趣，例如过早地让儿童接触手机等电子产品，他们就很容易忽视周围世界的人、物和美景。第二种，让儿童先与生活化的、基础性的刺激物接触，培养其对周围世界的初始兴趣以及对周围生活空间的感知能力。例如，玩抽纸的过程中，其内心可能会思考为什么抽出来一张还有一张等问题；玩擀面杖的过程中，会探索出横着滚来滚去或插入地垫缝隙中等玩法，此时激发起的兴趣来自对现实生活的观察、体验与感知，来自周围物质的关联与连接。

以"活力未来"为例，无论是教案的主题内容，还是亲子园内使用的教具或材料，绝大多数都是日常生活中常见的要素与物品，很大程度上遵循了节约原则。这样做的好处在于当前既能吸引孩子投入进来玩耍，又并未完全填满孩子的好奇心，为后续激发孩子展开更多主动探究留下了空间。

4. 原则四：母爱

对还处于孩提时期的0—3岁儿童来说，母爱是不可或缺的关键部分。一方面，母爱能为儿童带来安全感、踏实感，从而让儿童敢于主动地、兴致满满地向外探索，与外部的人、事物展开连接与互动；另一方面，母爱也为儿童构建了一个安全基地，使其在探索、连接与互动中遇到困难、冲突时可以随时退回来，在获得安慰、情感与力量之后，再离开安全基地继续探索。

实际上，从资源投入、获取和得到的角度来看，母爱对于大多数来参加活动的儿童来说并不具有稀缺性，因而商业机构并不会在早教过程中作为收费项而加以专门利用；然而，母爱又是无价的，是很难通过金钱来衡量或折算的，一旦将其当作一份资源充分利用起来，其所释放的价值含量是无限的。

需要补充的是，这里提到的母爱并不是"孩子要什么就给什么"的溺爱式母爱，也不是"对孩子的探索与行为进行各种干预"的管控式母爱，亦不是"只追求某一种或几种特定能力的提升"的功能式母爱，而是能够看到孩子作为"人"的价值、给孩子充分的尊重和自主探索空间，又能对其特定行为展开积极回应的母爱。前三种母爱与后一种母爱相距甚远，后者实质上是爱的本源，其更加纯粹、更具浓度且遵循以儿童为中心的根本原则，不仅有利于儿童综合能力的提升，而且为儿童人格往健全方向发展奠定了基础。

"活力未来"在启动亲子园项目之初，就非常明确地将母亲般的爱与呵护纳入具体服务现场中，形成以具有安全感为底座的自主探索氛围。

5. 原则五：通过回应来引导

尽管贯彻以儿童为中心的理念/视角，需要接纳和允许儿童的各种状态与表现，但这并不等同于当儿童出现破坏秩序等不良行为时，老师听之任之、任由其发展。因而，通过回应来引导儿童的特定行为成为"活力未来"所坚守的又一大原则。

但在具体的行动方式上，同样存在着截然不同的两种类型。

第一种，斥责型。即在儿童不跟着活动进度往前走，或者是对活动秩序造成扰乱等情况下，老师直接加以当众批评或斥责，在斥责之后要求儿童去一旁冷静或强行将儿童拉进下一环节，这不仅违背了以儿童为中心的根本原则，还可能损害儿童内在自我的打开以及自我向外部的表达，甚至会对儿童的人格发展带来负面影响。

第二种，回应式引领。即当儿童出现各种不尽如人意的行为表现时，老师通过创设新的活动场景或改变已有活动安排来回应儿童的内在需求，进而引导儿童往所希望的方向发展。例如，当一位小朋友用石头敲桌子扰乱课堂秩序时，老师完全可以借机带着所有小朋友一起敲桌子，再通过喊口令的方式结束这一临时安排的环节，进入下一个预先设定的环节。

"活力未来"所努力的方向正是回应式引领。相比斥责型，回应式引领在不损害和影响儿童自主性与尊严感的前提下，对儿童的不良行为逐步引导，其结果是儿童慢慢地自发调整与改变。

6. 原则六：引导儿童形成正向人际关系

儿童因主题活动或亲子课程汇聚在亲子园内，可能出现两种完全不同的相处状态。第一，丛林法则式。是指儿童之间形成一种负向的人际关系，相互间的欺凌、排斥或对抗时常发生，在该相处模式下，儿童缺乏他人视角，只要其他儿童的行为表现不顺自己的心意，便会自觉、不自觉地采取欺凌或排斥的方式。第二，伙伴关系共同体式。是指儿童之间形成一种正向的人际关系，每个儿童既能以自我为中心去打开自己，也能在整体氛围的耳濡目染中逐渐具备了他人视角，小伙伴之间学会友好地互动，当这样的互动达到一定的程度，伙伴之间爱与友好的一面会进一步放大，形成一种相互喜爱、盼望着一起玩耍、具有同伴归属的内在感觉。

而引导儿童走向伙伴关系共同体则是"活力未来"所追求的行动方向，良好的伙伴关系是儿童成长过程中的重要关系支柱与养分，对儿童自我的打开程度、儿童之间的互动程度、产生摩擦时的包容程度、人格品质的发展程度等都具有十分重要的影响。但要让儿童之间形成伙伴关系共同体，关键在于早教老师的专业能力。一是能否营造出平等、接纳、尊重的整体氛围；二是能否通过解决儿童之间的各种小摩擦、小事件来进行回应、引领。

7. 原则七：引导家长教育方式往更好的方向发展

前六条原则不仅是"活力未来"所秉持的理念坚守，也是为之努力、想要践行的六大要点。但对于"活力未来"而言，所希望的是这六大要点不仅能够在亲子园内由早教老师体现出来，还能影响家长乃至家庭的教育方式，从而将原则的落地延伸至家庭单元内。由此，引导家长教育方式往更好的方向发展成为第七大行动原则。

现实生活中，时常会提及三种普遍且存在问题的家庭教育方式：其一，溺爱式。孩子说什么就是什么，想要什么都加以满足，无论做了什么都予以肯定。其二，管控式。孩子生活的点点滴滴都被明确计划、划分边界，孩子想要做什么都需要获得成人的许可。其三，功能式。只关注孩子的学习成绩、单项能力，而忽视了孩子的人格状态。显而易见的是，这三种家庭教育方式都不利于儿童早期的成长与发展，是亲子园在落地过程中必须直面甚至解决的真实问题。

只有将以儿童为中心、通过回应来引导儿童需求等核心原则真正传递给家长，引领他们在家庭单元中尽可能地将亲子园所追求的早教模式践行出来，才能对儿童早期的成长与发展起到根本性、持续性的作用。

（四）原则落地程度的考察：节点问题视角

无论是项目设计顶层的理念，还是项目执行阶段坚守的行动原则，跟真正将其兑现出来，产生出所期待的价值目标，还有较远的距离，因此在对亲子园实际落地情况进行考察时，需要引入节点问题的视角。

节点问题是公益项目从起点处走向所瞄准的终点的过程中必然会遇到的一道道坎、一个个坑，只有将所有坎清除，所有坑填补，模式才能走通、目标才能达成。首先，节点问题是一种思路，是以对冲的方式对项目运作方展开提问，例如，亲子园是如何将以儿童为中心的根本原则践行出来的。运作方如果能够回答出来，便说明在运作中已经识别出这一核心节点问题并形成相应的思考或做法。其次，节点问题能反映出公益项目的价值目标和技术手法，是理念落地为技术、技术满足特定价值目标的综合体现。仍然以以儿童为中心这一根本原则为例，在对冲过程中，需要拆解成几个关键性的二级节点问题来综合判断，例如，亲子园是如何做到尊重儿童兴趣的、亲子园是如何尊重儿童的自我主导性的、亲子园是如何尊重儿童的自我创造性的等。运作方在回答这些节点问题时，便自然带出当前项目运作中稳定的做法体系及浮现出的实际效果，基于此，便可以将其中的关键技术与作用原理提炼出来。

节点问题的对冲与梳理的作用在于：第一，校准与调整运作过程中理念、做法和效果之间的对应关系，相当于对项目的定期诊断、及时纠偏；第二，节点问题与特定价值目标、技术手法关联在一起，对节点问题的综合把握，能够在更大程度上保证在复制、推广过程中减少精髓的丢失，减少流程化、形式化的风险。

四、当前复制、推广的路径与可发展方向

上述两部分更多是基于"活力未来"团队自主设计和运作亲子园时的路径而展开的，本部分进入项目复制、推广的层面，先对当前公益领域常见的复制、推广形式进行整体性概述，以此来看"活力未来"处于哪种复制、推广的路径之中，并由此把握和诊断现有路径可能存在的不足，以对发展方向提供针对性的意见。

(一) 常见的三种复制、推广形式

基于研究团队十余年来对公益项目的评估的经验积累，可以总结、归纳出以下三种公益团队所普遍采用的复制、推广形式。

第一种，以理念为主导。理念即项目想要努力达到的方向、实现的目标，如以儿童为中心、以人为本、参与式发展等，复制、推广中以理念为主导的培训更注重向合作机构传递项目所秉持的特定理念，呈现特定理念的来龙去脉以及创始团队对于相应理念的特定理解，从而促使合作机构能够在新项目区域进行贯彻。

第二种，以流程为主导。即创始团队将项目运作体系提炼概括为一套标准化的流程步骤或一本精细化的指导手册，通过培训，拆分讲解与传授每一个流程或步骤是什么、怎么做，以让合作机构按照指导手册一步步地执行出来。更进一步，与流程步骤相伴生的是项目管理系统（或项目监测系统），其特点在于创始团队为了评估合作机构项目执行的有效性或真实性，将每个流程步骤细化成相应的行为指标（比如需要完成几次活动、需要上传几张照片、需要打卡多少次的课时等），以精准把握合作伙伴的项目执行情况。

第三种，以节点问题为主导。节点问题是项目进入行动单元后必然要面临并解决的关键问题，因此其包含两个层面的含义：一是项目团队要能识别出来；二是项目团队经过探索、试错与迭代，形成一套针对性解决各节点问题的技术手法，且这些技术手法有机结合成稳定运作的项

目模式。以节点问题为主导的培训注重将节点问题、可应对节点问题的手法以及特定节点问题背后的原理体系传递给合作机构，并鼓励他们带着节点问题和起作用的原理体系，自主展开特定技术手法的探索与积累。总体而言，节点问题培训进入项目运作的实质的脉络之中，更能将一个项目的精髓尽可能一比一复制到另一个项目单元中。

实际上，绝大多数公益组织在走规模化道路时，都将重心偏向于以上三种方式中的一种，但过度偏向于某一种会给公益组织带来负担或风险：其一，理念通常是悬浮于空中的，如果不借助载体（如特定的技术或项目模式）加以落地，极易进入"假大空"的推广道路之中；其二，流程步骤是表面的、外在的动作，倘若合作机构不理解动作背后的关键技术体系与原理体系，很容易陷入形式化复制动作的境地；其三，节点问题对创始团队的专业能力提出较高的要求，当未意识到节点问题的存在以及缺乏解决节点问题的专业能力时，复制、推广便会陷入迷茫或混乱的局面。

因而，要想最大程度地综合公益组织选择规模化路径时所面临的实际需求，避免三种常见培训形式所潜藏的风险，一种更有效的方式或许是将三者综合起来，即以流程化内容为底部"地毯"，除了将几条不可逾越的红线作为严格规范以外，其余流程分化成工具供合作机构自主选择使用；以理念为顶部牵引，保证合作机构的探索不违背所坚守的特定理念与行动原则即可；而就项目如何有效落地、达成目标而言，则以节点问题及解决原理为培训的核心内容。这样才更符合复制、推广的本意，即合作机构带着理念展开技术手法的探索，带着节点问题和解决原理有机生长出适合自己的项目模式。

简而言之，假设将公益项目起步时的状态比作 A，相对成熟的状态比作 B，那么对于复制、推广而言，并不是直接拿着 B 去实现一比一复制，而是需要将由 A 通向 B 这一路径中"坚守的理念与行动原则、会遇到的节点问题及解决原理、总结概括出来的流程化工具"这套完整模式的精髓加以复制，而实现复制的关键是给合作机构如创始团队运作时期那般的自主探索空间、有机生长过程。

（二）"活力未来"选择的复制、推广形式

2017 年，"活力未来"对亲子园项目做出调整，其方向为从自主运作到赋能支持更多合作机构来解决流动、留守儿童的早期教育匮乏问题，于 2018 年正式步入规模化复制的道路。截至 2022 年 4 月，"活力未来"已与 94 家伙伴机构达成推广亲子园项目的合作，项目点覆盖全国 16 个省份（42 个地级市）及 4 个直辖市，累计 126 个项目点。目前仍在合作的有 72 个 [①]，其中包括 64 个伙伴机构合作点、8 个"活力未来"自营及外派点。

1. 以流程化兜底

由于合作机构各不相同，尤其是在儿童早期教育及服务领域的经验层次不一，为了促使每家合作机构将亲子园初步运作起来，"活力未来"会率先提供偏流程化的支持内容：第一，启动支持，主要通过物资采买与递送的方式给予新项目点相关的启动物资，以将满足相应标准的物理空间打造出来。"我们的合作伙伴，基本上一个项目点的资金支持在 1 万—3 万元，因为基础的物资配置差不多要 1 万元出头；再根据合作伙伴在当地的资源调配的情况，看给不给一些人员或场地费用的支持。"（活力未来 A）第二，基础教学及运营支持，即通过给予亲子课教案、家长活动手册、项目执行指南等纸质版材料，将课程活动、亲子园运营的完整流程传递给合作机构，以供其直接上手操作。"我们的示范中心会将运营和课程活动的经验整理出来，无论是手册、工具包，还是项目执行指南，都是比较好用的版本。"（活力未来 A）第三，监测评估支持，即为每一家合作机构生成一个线上系统账号，以将项目运作的相关信息定期上传至信息管理平台，同时要求其必须完成家长测评的工作。"信息管理平台对

---

① 有些项目点虽然停止了与"活力未来"的合作，但是仍然在以合适的方式开展 0—3 岁早期亲子教育服务。

'活力未来'而言，是让收集数据更加准确、方便、快捷的一个工具，其实也希望合作伙伴能够更好地用起来，比如自己对数据进行分析和整理等"，"家长测评是合作机构必须要做的事，其实是想看看都有什么人参加、参加了什么类型的活动、参加了多少次、参加了多少时长，以及在单个项目点中家长发生了什么样的变化，等等"。（活力未来A）

不难看出，启动支持、基础教学及运营支持能够对伙伴机构起到"照葫芦画瓢"的作用，即合作伙伴的工作人员按照教案、指导手册上的流程、步骤就能在新的项目点直接上手操作、带领相关活动或课程。"教案的设计是很合理的，且比较容易操作，是根据孩子的注意力特点来设置不同环节，照这样走，孩子基本能够坐得住。"（伙伴机构C）"教案还是很好上手的，很详细地告知了应该怎么做，压力不是很大，比较轻松愉快。"（伙伴机构D）监测评估则是为了把握项目的执行进度及底线。综合之下，亲子园便能在另一个项目单元初步运作起来。

2. 更广大的自主探索及运作空间

尽管"活力未来"以流程化兜底，促使伙伴机构能够在短时间内迅速上手、将亲子园初步运作起来，但这并不是其复制、推广的全部，在兜底之上，伙伴机构有着相对广阔的自主探索及运作空间。

第一，尊重伙伴机构，始终拥有伙伴机构的视角。从培训来看，并不是要求伙伴机构必须完整听完所有的内容，而是让伙伴机构根据自己的短板来选择性地学习和吸纳，"我们现在要对培训做出调整，有些内容，已经有基础的机构就可以不用听了，直接放到网上让老师自主学习就可以"（活力未来A）。从具体运作来看，并未强制要求伙伴机构照本宣科地遵守教案中的条条框框，在前期可依据项目点实际情况以及自身的教学能力对内容或方式做出调整，"活力未来"的督导会对早教老师的想法提供支持，"我之前在音乐律动和乐器探索环节做过一些调整，在每周的督导备课时间与督导一起讨论，有了现在的做法"（伙伴机构C）。而当伙伴机构的能力成长到一定程度时，"活力未来"鼓励和尊重伙伴机构去大胆创新,"逐字稿教案起到拐棍的作用,让纯小白能够直接上手,在他们成长起来之后,完全可以将拐棍甩掉"(活力未来A);且在亲子课是否收费上给伙伴机构完全的自主权,"我们是不管伙伴机构是否收费的,只要他们的服务有人买单、收得上费,那他们就收费"(活力未来A)。从结果监测来看,"活力未来"不再仅仅关注服务数据等量化层面的内容,通过持续优化信息管理平台的设置,在减轻伙伴机构提交服务资料的压力和负担的同时,也逐渐将伙伴机构的视角引导至关注和捕获亲子园服务所带来的实质价值,"从今年开始,伙伴们在年底结项时不再需要自己填写服务数据等信息,系统可以直接导出来,只需要填写所观察的服务对象的成长故事,以及项目开展是否顺利及其原因"(活力未来A);"成长故事的要求是很好的,会促使我们更加关注服务对象,会想跟他们聊聊天,从而与他们建立起更好的连接关系,深度地去观察他们的变化"(伙伴机构D)。

第二,搭建相对系统的人才培养支持体系。亲子园每个项目点的落地及持续运作离不开早教老师,因此"活力未来"格外重视在地项目点早教老师的能力提升与成长。即通过线上平台和线下实地指导两种方式来为早教老师提供基础培训、教学示范、理论学习和一对一督导等支持,其中基础培训和理论学习更多是在线上进行,为早教老师传递儿童早期发展及早期教育的相关理论和注意事项;教学示范则是将服务过程中可能会遇到的教学难题、家长疑惑等实际问题录制成相应的视频,以供早教老师参考,从而直接在相应的问题现场加以应用;一对一督导是一种更加灵活且有针对性的支持,既有每周一同备课与研讨的固定设置,也有遇到问题随时加以咨询的方式,"更多是针对性地帮助伙伴提升能力、解决相应的难点问题"(活力未来B);而线下实地指导是指"活力未来"每年不定期地前往部分项目点进行实地走访,一是了解和把握亲子园的具体运作情况,二是收集与汇总伙伴机构在运作过程中面临的困难或挑战,以当面及时地予以回应。需要说明的是,这一系列培养支持会在合作期间持续提供。

3. 当前形式的优缺点

简而言之，亲子园的复制、推广形式具有上述第二种的成分，但在其基础上增加了给予伙伴机构自主探索及运作空间的部分，故将其概括为"以流程化为基础＋自主探索空间共成长"。

诚然，此般形式有其合理性，原因在于"活力未来"的目标是"让更多的流动儿童能够享受到早期服务、能够因为亲子园的服务内容而受益"，因此"以流程化为基础＋自主探索空间共成长"的规模化路径能够更加快速地将亲子园递送到更多的地方，即体现出快速复制的优势；与此同时，也能够带来一重附加优势，即伙伴机构能够根据自身的资源禀赋创新解决0—3岁儿童早期发展的方式问题（例如"百米爱"亲子园将自闭症儿童融入进来），从而降低纯依靠"活力未来"的推动所需的服务成本。但这一规模化路径也有其劣势，即项目复制很有可能出现"夹生"的情况。

本着让受益家庭"发生真实改变"的原则，"活力未来"在坚定复制、推广的同时，也明确了"不追求速度"的方针。亲子园对伙伴机构有着严格的门槛标准，每年成功成为伙伴的机构的比例并不高。以2022年为例，通过路演、公众号宣传等方式，让超过300家机构对亲子园有了了解，其中200家左右的机构完成了相对复杂的线上申请，而最终通过审核签约合作的机构不足30家（最终签约28个项目点），占比低于15%。这反映出"活力未来"在复制、推广的入口端的高门槛，尽最大努力追求被筛选出来的合作机构是理念最契合的、目标最相符的且最具发展潜力的。这种严格筛选的方式在一定程度上对后期的落地执行有促进作用，同时由于通过高门槛获得的合作伙伴在持续投入0—3岁早期亲子教育项目上更有主动性，目前伙伴自筹的项目运营资金[①]与"活力未

---

① 据活力未来数据库的不完全统计。

来"给伙伴直接拨付的启动物资和资金达到 1 : 1 的水平。

但是，亲子园复制的核心在于对待儿童时的一套理念及其落地技术，而不同机构、不同早教老师（或妈妈老师）对待儿童时的理念和实际落地方法会有很大差异。当"活力未来"自身还未将亲子园项目的精髓梳理清楚就以规模化方式加以复制时，很容易造成在各项目点、在早教老师日常运营与教学中出现无法确保坚持七大原则甚至走样变形等的偏离现象。例如，当亲子课被操作成匆匆忙忙完成各环节、儿童被迫跟着老师赶场、过度关注某一个或几个孩子、忽视或放任或严厉对待儿童时，显然没有将以儿童为中心的根本原则真正落地，所期待的价值产出也无法加工运转出来。

值得肯定的是，当前"活力未来"已然认识到这一复制、推广路径可能出现不够成熟的弊端，因而想要尝试梳理与总结在亲子园落地运作中所必须解决的关键节点问题以及解决节点问题的原理体系（在本项目中其实体现为七大行动原则的落地程度），从而向"理念牵引＋流程化兜底＋以节点问题为核心"的复制、推广方向转型。

（三）复制、推广路径转型所面临的挑战

往"理念牵引＋流程化兜底＋以节点问题为核心"的规模化路径转型，还有很长的路要走，且对"活力未来"本身提出了更高的能力要求，需要在以下三个方面下功夫。

其一，要将亲子园项目的精髓尽可能地梳理清楚，以达到既能做出来又能说出来的状态。尤其是要将关键节点问题及解决问题的原理体系传递出去，前者（节点问题）是让合作机构抓住项目运作的核心要害，进入实质性提升解决问题的能力、追求价值产出的轨道，从而投入更多时间和精力去攻克；后者（原理体系）是让合作机构在把握原理的基础上减少试错成本、展开有效探索。

其二，借助支持性评估来诊断指导，实现陪伴式成长。项目团队长期身处一线，根据一线具体情况对项目设计展开调整，容易陷入"这么做就带来了这样的效果"等理所应当式的逻辑思维之中，至于"做法中的哪些关键技术导致了效果的产生""效果产生的原理是怎样的"则被忽略或无从知晓，因而要借助评估来增强项目团队识别节点问题的能力、增强项目团队提炼技术手法与作用原理的能力，从而提升项目团队整体的专业性水平。

其三，建立起自下而上汇总、自上而下投放的专业发展模式。不同的伙伴机构有着不同程度的专业能力与运作状态，且在自主探索与运作的过程中或多或少会积累出些许成功的经验和优秀的做法，甚至可能是创始团队并未探索出来的；因此，"活力未来"要带着开放和欣赏的视角对伙伴机构的成功经验和优秀做法进行鉴别与汇总，并将其统一传递给其他伙伴机构。这样做的好处在于：对"活力未来"而言，伙伴机构不仅是在帮助"活力未来"落地亲子园项目，而且是"活力未来"自身所拥有的宝贵资源，伙伴机构所捕捉到的儿童及家长的状态、伙伴机构眼中儿童早期服务的价值、伙伴机构在儿童早期发展领域的具体服务手法等都可以反过来补充和汇聚到原有的体系中，以不断提升创始团队本身的专业性水平；与此同时，还能更精准地把握不同合作机构所处的发展阶段与能力现状，从而更有针对性地匹配支持性内容。对伙伴机构而言，此般鉴别、汇总与投放充分尊重了他们自身的生长脉络，且他们能因自身做法被看到、被鉴别而备受鼓舞、继续探索，同时能够借鉴和吸纳不同的工作思路、打开探索的视角，减少形成成熟项目模式的时间周期。

五、附录：亲子课九大环节简介

1. **打招呼环节**：老师引导每一位孩子用语言或肢体动作去和大家打招呼；接着明确提出课堂规则（用手势展示），并通过游戏帮助孩子理解和熟悉规则。

2. **听力锻炼环节**：老师引导孩子耐心倾听对应主题的各种声音（比

如动物的叫音、孩子的笑声、下雨的声音）并模仿，在活动中，要求家长一起参与，做孩子的榜样。

3. **乐器探索环节**：老师为孩子提供各种奥尔夫乐器，引导、鼓励大家进行探索，相互模仿，锻炼孩子的想象力、探索能力、创造力。

4. **乐器律动环节**：乐器探索结束后，老师引导大家拿着乐器，跟随音乐稳定的节拍自由律动，做出不同的动作（可以坐着、站着、走动）。

5. **音乐律动环节**：老师引导家长和孩子跟随着音乐，用肢体来创作动作，自由律动。

6. **绘本阅读环节**：讲故事前，老师先让孩子安静下来，孩子围坐在老师的前面。老师用生动、有趣的语言，丰富的表情，按照绘本的内容去讲故事，与大家进行互动交流。

7. **假装游戏环节**：老师带领孩子和家长发挥想象力，进入游戏情景，假装我们是生活中的各种事物，比如假装我们是小兔子，和大兔子蹦蹦跳跳，一起去找胡萝卜吃。老师要有清晰的示范和对家长明确的要求，进行安全提示以及游戏规则的建立，用有趣的语言和夸张的动作引导游戏活动。

8. **安静环节**：老师引导大家在轻缓的音乐氛围中，放松平静下来。孩子和家长可以坐着、躺着，用自己喜欢的姿势放松，调节自己的情绪。活动中老师要观察大家的反应，及时引导、支持。老师可以示范哼唱歌曲，引导大家去想象和感受稳定的节拍。

9. **再见环节**：老师引导所有人和每一位小朋友、家长说再见，让孩子有一个完整的课堂体验，知道有始有终；并提示家长回家后多做课上的活动，把我们的活动带到家庭中，让家人一起参与。

广东省日慈公益基金会心灵魔法学院
项目模式梳理

戴　影

一、背景

（一）问题瞄准：乡村儿童的心理健康

　　儿童青少年时期是人类心理健康发展的重要时期，该时期产生的一些心理健康问题往往会伴随个体终生。同时，儿童青少年时期个体发育尚未完全、心智尚在发育过程中，故该阶段的个体较容易受到外界环境影响，心理健康问题的发生率较高。中国科学院心理研究所、社会科学文献出版社联合发布的《2022年青少年心理健康状况调查报告》[①] 显示，约14.8%的青少年存在不同程度的抑郁风险，其中4.0%的青少年存在重度抑郁风险。与城镇居民中的青少年相比，西部或农村居民中的青少年心理健康水平总体更低，抑郁、孤独、手机成瘾等方面得分更高，乡村儿童心理健康的现状堪忧、问题突出。

　　目前儿童心理健康问题的发生率高，但心理咨询和治疗资源的缺口巨大，如何有效预防心理疾病的发生，如何提升心理健康水平成为不

---

① https://baijiahao.baidu.com/s?id=1773804140085582767&wfr=spider&for=pc.

容忽视的关键所在。在政策层面，2019 年 12 月，国家卫健委、中宣部等 12 部门联合印发《健康中国行动——儿童青少年心理健康行动方案（2019—2022 年）》，指出各级各类学校要设立心理服务平台（如心理辅导室等），或通过培训校医、引入心理学专业教师、购买专业社工服务等形式开展学生心理健康服务，并加大中小学校（含中等职业学校）专（兼）职心理健康工作人员配置力度；2021 年 9 月，国务院印发《中国儿童发展纲要（2021—2030 年）》，提出要构建儿童心理健康教育、咨询服务、评估治疗、危机干预和心理援助公共服务网络，中小学校配备心理健康教育教师；2023 年 4 月，教育部等十七部门印发了《全面加强和改进新时代学生心理健康工作专项行动计划（2023—2025 年）》，明确指出到 2025 年，配备专（兼）职心理健康教育教师的学校比例要达到 95%，中小学校要加强心理辅导室建设，开展预警和干预工作。

然而，从现实情况来看，从政策的出台到预防和提升服务的到位仍然存在着一段相当长的客观距离，集中体现为普及率较低、专业性不足这两方面：第一，部分农村中小学校对于心理健康的认知不足，重视程度有限，在一定程度上导致了现阶段农村地区心理健康教育课程普及率不高，心理辅导室的覆盖率及使用率较低；第二，很多乡村学校缺少具有专业背景的心理老师，大多由班主任或学科教师兼任心理健康方面的工作，老师自身缺乏专业支持，其能力水平难以满足儿童心理健康的需要。为此，一部分公益组织开始聚焦于乡村学校这一场域，以心理课堂、心理测评、心理咨询以及更广泛的教育公益项目等多种形式来提供心理健康服务、关爱儿童的心理健康和成长发展。

（二）心灵魔法学院的探索与价值

作为一家深耕于儿童青少年心理健康领域的公益组织，广东省日慈公益基金会（以下简称"日慈"）于 2016 年 6 月 1 日启动了心灵魔法学院项目。针对乡村地区缺乏 6—16 岁儿童青少年心理健康教育资源这一问题，几经迭代升级，该项目面向 1—9 年级的学生形成了包含"自我成长""情绪管理""关系发展""社会意识""自主决断""自主学习"六大主题的系列课程包，通过赋能授课老师在学校内开展心智素养课程，来促进学生的心理健康，增强应对困难与挫折的抗逆力，增强心理韧性和社会情感能力，从而起到有效预防的作用。截至 2022 年 12 月，心灵魔法学院项目已经累计为 519 883 名儿童提供心智素养课程，支持 8 434 名授课教师在全国 1 952 所学校中有效开展心理健康教育。[①]

心灵魔法学院的运作核心是心智素养课程。"日慈"研发出课程包，递送给乡村学校及一线老师，老师根据课程包中所提供的教材、工具、材料等开展不同主题的心理健康课程，每个学期包含 9 个课程活动。从表面形式来看，心智素养课程与学校里其他已有的课程并无太大的区别，均是老师依据教材大纲向学生传授知识，让学生掌握知识并且形成能力，只是课堂上传递的知识内容和致力于达成的能力不同而已。那么，"心灵魔法学院"的心智素养课程在实质上也是如此吗？

心灵魔法学院探索的着力点和价值并不仅仅在于以课堂传递心理健康知识，它是一套在乡村学校内传递知识、能力的新型运作体系。这一运作体系从基本的课程包、游戏式或活动式的课堂形式切入，以此为载体建构伙伴关系共同体，进而在伙伴关系共同体的基础之上加载丰富的内容和方式。 伴随着授课老师对课堂的掌握和驾驭能力的提升，活动内容和方式不断升级迭代，从相对简单的趣味游戏到角色扮演、参与戏剧演出等复杂的活动。最终，心灵魔法学院通过一套运作体系来实现促进心理健康、预防心理问题的目标，从而区别于以应试教育、说教或管控的方式向学生强制灌输心理健康知识的方式，让项目目标在游戏、共同体、公共参与和活动结构的综合承载下得以更真实、更有深度地达成。

心灵魔法学院是以怎样的方式来向儿童青少年传递心理健康的知

---

① 数据源于广东省日慈公益基金会《2020 年度报告》。

识，从而有效预防心理健康问题的出现的呢？如何突破传统教学方式的障碍，形成一套新型的运作体系，其中包含着怎样的用意、技术含量或手法？进一步地，经过项目模式的稳定运转加工，从中产生了怎样的价值？

二、以心理课堂为载体建立伙伴关系共同体

（一）基础模式

心灵魔法学院的基础模式是以师生一起上心智素养课程为载体来建构伙伴关系共同体。伙伴关系共同体，核心之一是伙伴关系或同伴关系，人与人之间不是正式的组织成员关系或者冷漠的陌生人关系，而是以平等、友好、亲密为普遍特征的关系；核心之二是共同体，所强调的是至少三个人组成的群体形成了整体上的凝聚感，身处其中的每个人具有归属感和认同感，并且愿意投入。具体而言，在学校内就是指师生建构师生关系、同学之间建构同伴关系以及其一同构成的整体。

而当下学校内一般的课堂在相当程度上并没有建立伙伴关系共同体的空间和机会，原因在于语文、数学、物理、化学等学科知识的学习需要接受考试的检验，师生均面临着考试和学业上的压力；每一次课堂上都有固定的教学任务、教学安排和目标，老师关注的重点是教学任务和教学目标的达成，尽可能多地向学生传递知识，让学生掌握知识；当老师以此为课堂的唯一目标而又采取传统的授课方式时，课堂就仅仅是老师单一讲述或者灌输知识的场所，同时为了保证教学环节的展开，以秩序和纪律来形成严格的氛围。相应的课堂模式是，师生均围绕着学习学科知识、获得更好的考试成绩而展开活动，聚焦点在于学业任务而非对人的关注，总体上自由度低、参与度低，师生之间、同伴之间在学习之外的互动、交流也少，伙伴关系共同体既没有生长的空间，也似乎没有形成的必要。

同样是用上课来传递知识，为什么心灵魔法学院的课堂上具有建立伙伴关系共同体的空间？核心在于，任务性质以及上课方式本身的改变，构成了与学校内原有课堂的实质差异。在课程内容的设置上，心灵魔法学院关于心理健康知识的学习不需要考试，师生们不需要承受学习任务带来的压力；课程包的设计以"自我成长""情绪管理""关系发展""社会意识""自主决断""自主学习"为六大核心主题，每一个课程包、每一节课涉及自我、情绪情感、认知、自我与外界的互动、自我与他人的互动等方面，课程关注人本身的成长、注重人与人之间的关系。在课堂形式的安排上，不再是由老师以机械填鸭的方式灌输知识、学生被动地接受，而是以学生为中心、以学生为主体，学生参与各类有趣味的活动，在体验中感受和学习，活动、参与、体验成为课堂的主导。具体而言，每堂课设定一个主题，由两个主要环节组成：首先，通过故事、视频、游戏等形式引入一个概念、一种态度或者一种技能，让学生对于每节课的主题有简单的了解；其次，针对各个年龄段的学生，运用不同的方式，围绕上一环节的"知识"展开各类活动，帮助学生联系到自己或者自身生活，从而形成体验。"比如他学到成长型思维这样一个概念，在活动中他就要把这个概念运用到自己的生活里面"（研发负责人 A）。①

"以活动为主，让学生在活动中感悟，也比较注重学生的分享。比如，课堂规则就是让学生自己讨论出来的，这样就比老师直接告诉他要好得多。我觉得这个课程设计，特别是修改了之后的课程，比之前更好了"（老师 A）。

心灵魔法学院首先将心理课程的知识学习任务游戏化，即在学习心理健康知识这一本来的任务设定中大量增加游戏的成分，甚至课堂直接变成游戏场，且在游戏前融入启发式提问来引导学生带着问题参与、思

---

① 本文所引用的访谈内容主体统一分类编号为：多位"日慈"一线学校教师，即"老师 A—G"；"日慈"工作人员包含"研发负责人 A、项目负责人 B、研发人员 C"等。

考，在游戏后围绕提问进行分享。因此，此时的游戏不同于让学生沉溺、上瘾、干扰学习的网络游戏、电子游戏，但又保留了游戏让人着迷、孜孜不倦地投入、乐此不疲的属性。在此之上，心理健康课堂变成了人与人之间面对面的线下游戏，在游戏中师生、同伴之间的角色关系是伙伴，更容易打开心扉、去掉隔阂，还原为人和人原初的关系。

心灵魔法学院的基础模式就是以心理健康课堂为载体建立伙伴关系共同体，学习、掌握心理健康知识是课堂的任务和目标，为了实现这一目标而新增了学校里原本没有的知识内容并且在课堂中增加了游戏的成分，师生全身心投入进来，轻松愉快地做游戏，此时学习心理知识这一任务便成了复原和建立关系的载体，师生和同伴之间借助游戏的方式完成任务并开始互动交流、看见彼此。

（二）价值产出：关系复原与人的展开

对于学生而言，师生关系、同伴关系是除亲子关系之外最重要的两大关系。儿童在学校中的两类最重要的人际关系朝着良性的方向发展，这对于儿童的心理健康乃至人格发展至关重要。一方面，处于特定成长阶段的儿童对于伙伴关系的需求是如此强烈，伙伴关系对其的影响程度有时甚至会超过父母；另一方面，良好的伙伴关系让儿童的心理变得更加富有弹性，从而更有能力面对生活中所出现的一些挑战。在心理健康课堂上，当老师和学生轻松愉快、热热闹闹地开展各种形式的游戏活动，在去任务、去压力的状态下真实地互动时，师生之间、同伴之间的关系逐渐复原出来。

之所以称之为关系复原，是因为近年来教育体制内过度强调应试教育、行政化的管控等，当下学校中像以往一样纯真而坦荡、亲密而友好的同伴关系以及师生关系已经日渐稀少，出现了一部分疏离的、紧张的甚至欺凌式的、体罚式的关系。预防老师的体罚行为、减轻老师教学管理的压力、防范欺凌和惩戒霸凌者、学校建立三级监督网络等话题引发了社会各界的普遍讨论。在这一背景下，**心灵魔法学院所产生的第一重**

价值是伙伴关系共同体的建构、师生与同伴关系的改善，这也是最先感受到的、直接为学生们带来的好处。

1. 师生关系的变化

首先，心灵魔法学院有趣的课堂形式和丰富的活动营造了一个轻松、自由、平等的氛围，让学生和老师在课堂之中能够摆脱以往"师授型"的关系，回归人与人之间更为直接且纯粹的连接。"上这门课程的时候没有要求学生学某个东西、背某个单词或者写某个生字，他们完全处于放松的状态"（老师 B）。

其次，心智素养课堂也为师生提供了相互了解、表达和倾听的契机，让老师看见和关注学生更多的方面，"我们走访时有老师反馈，在让学生讨论压力时，学生讲到压力源自家里有了弟弟妹妹，这些内容其实是在传统的课堂中老师了解不到的"（项目负责人 B）。

最后，丰富、有趣的课堂活动也缓解了老师的情绪压力，并且为老师提供了调节情绪的技巧。"我现在也学会了在有压力、不开心的时候深呼吸。"（老师 C）"实际上通过这个课，我觉得我也要保持微笑，这样心情会好一点。以前很容易生气，话都不想说，后来慢慢上课，我觉得自己可以调整一下，生气的时候将情绪放在一边暂时不管，等情绪平静下来了，再去想想这个事情应该怎么处理。"（老师 D）

经过一段时间以后，学生们逐渐在心智素养课堂中开拓出更多的互动空间，相对应地，师生关系也在朝着接纳、友好的方向发展，这不仅不影响老师在学生心目中的权威，学生还更愿意发自内心地跟随老师。

研发负责人 A 说："我们有一位老师本来跟班级同学的关系不是特别好，孩子在青春期，与大人对立状态比较明显，但上完心智素养课之后，他感觉跟孩子之间的关系越来越亲密了。班级有一位女生私下会和老师聊很多家庭话题，可以说这位老师成了那个女生的心理支柱。后来女孩去上高中了，这位老师路过女生所在高中校门口时，两个人都相约隔着栅栏聊会儿天，觉得彼此是对方强有力的精神支持，老师经常去鼓励她。"

老师 E 说："因为我们这个课程比较包容和平和，我发现那些所谓的后进生对我特别亲近。别的老师的话可能不听，但他们会听我的话。我一上课跟他们说'安静下来或者坐好了'，他们都非常配合。别的课都不举手，但在我的课堂上会举手。"

2. 同伴关系的变化

值得关注的是，心灵魔法学院的授课老师中 70% 是班主任，这些老师也负责班级日常事务的管理，师生关系的改变以及老师对待学生的方式也迁移到班级的日常氛围之中，学生们在课堂上的互动、交流和合作增加了，这些因素综合起来促使同伴关系产生了变化。

第一，同伴之间的互助。"当时我们班有一位同学因为某种原因，身上可能有一些气味，受到同学排挤。但是上完我们这个课，我发现班上有一些同学愿意跟他接触了，下课会一起聊天、玩游戏。有一次这个学生留宿在学校，半夜尿床了，他爬起来洗床单时其他同学也一起去帮助他。"（老师 F）

第二，有助于化解同伴冲突。"我选择上人际交往的课程，就是考虑到初中生的一些问题，现在初中女生是公主脾气，男生是哥们义气，很容易冲动。这个课程让我感觉效果挺不错的，同学之间、学生和老师之间，还有跟家人之间的关系都更和谐了。"（老师 G）

3. "人"的凸显

更为深远的价值是"人"的出现、自我人格的萌芽，这又是在与外界的互动中形塑而成的，而且要让"人"出现，最简单、最有效的方式就是打造伙伴关系共同体。心灵魔法学院的课程内容就是对人本身的关注，而当伙伴关系共同体建立之后，师生关系和同伴关系就从打击、困扰、防范变成滋养人格的养分，人们更愿意在其中打开和舒展自己，同时又在交往中获得友好、接纳、尊重的反馈和体验，自我在此时以积极的形式出场，而不是以收缩、压抑或扭曲的形式展现。

经由上述心灵魔法学院基础项目模式，加工出来的价值产出是人的成长中最根本的内容和不可或缺的部分，相当于整个项目的地基。地基牢固以后，在此基础之上可更有效地传递各种知识技能，开展更为复杂的活动，而倘若地基不牢甚至完全缺失，学生没有深度地卷入和认同，就难以由内而外地打开、激发和维系学习的内在动机。直接传递心理预防、心理健康等方面的知识技能时，会因地基不牢而影响效果，甚至会适得其反。

（三）技术手法：如何让课堂兼具吸引力和秩序？

1. 节点问题的提出

以上基础项目模式的加工运转及价值产出大致归总为一个链条：**心理健康课堂→任务游戏化→同伴、师生之间的互动交流→伙伴关系共同体→关系复原与人格展开**。任务游戏化是课堂转变以及后续价值产出的前提条件，要以广义上的游戏活动来开展课程，课堂上师生们要放松、愉快地投入其中，同时人与人之间的身份地位要平等，不能采取管控、评判的方式。那么，如何实现任务游戏化呢？

老师在课堂上和学生们一起开展游戏活动也是需要技术的，一方面，并不是老师让学生们玩就能玩起来的，在没有强制要求或者任务感的情况下，学生们可能游离在外或者是不愿意参与其中；另一方面，即使学生们热热闹闹玩起来了，倘若因过于兴奋而出现各种打闹、碰撞，课堂没有秩序、一片混乱，致使游戏无法继续，则不会形成伙伴关系共同体，遑论有效地传递心理健康知识。这两种常见的情形显然都难以形成上述项目模式，**因此一个关键的节点问题是，如何让心理课堂既具有吸引力又具有秩序**，这一问题如同实现目标的路径上的陷阱或壁垒，运用有针对性的解决方案和技术手法越过之后，才能形成有价值产出的项目模式。

2. 技术手法的探索

针对这一问题，心灵魔法学院经历了一个长期探索的过程，在运作中遇到不同的障碍点，相应地做了优化和调整，遇到问题寻求解决方案，不断迭代。目前，心灵魔法学院已经在问题解决中探索、积累了诸多方法，仍然在不断积累中，这一探索过程本身值得记录、确认。

最初在研发课程包时，心灵魔法学院基本上是从国外引进理念和做法，以积极心理学和社会情感学习为主，但是在落地时遇到了很多困难，老师在一开始上课时普遍遇到学生不愿讲话、不敢讲话，于是项目组尝试探索适应本土的做法。刚开始更偏向于让学生通过语言表达来参与游戏，但发现这并不适用于我国乡村儿童。由于他们不愿意表达、难以参与到游戏中来，后来我们在课程包中增加了很多不同种类的、热闹的活动和游戏，形式多样化且内容更简易，以增加游戏的趣味性、丰富性和吸引力。"后来我们在研发的时候，让所有课程包的形式尽可能丰富多样，尤其是相邻的两个课时最好不一样，不能这节课画画，下节课还画画。可能这一节课用绘画，下一节课用言语表达，再下一节课用手工，再下一节课用舞蹈，将多元的活动方式传递给孩子，以满足孩子的不同特点，让他们都有表达自己的机会，老师也能够发现孩子们的优点并让他们充分展现出来。"（研发人员 D）

目前，心智素养课程根据各年级在运作过程中出现的难题，有针对性地进行了优化。

面对低年级的学生，心灵魔法学院发现以前的课程包概念性太强，对此研发人员设置了让学生积极参与的内容和活动方式，增加了更多游戏化的环节，甚至专门研发了综合活动包。比如，成长型思维课中的"失败没什么大不了"活动，研发人员将一首流行歌曲重新编排，改编成一首简单的歌谣并加入舞步，"一边唱，一边做简单的舞蹈动作，一、二年级的学生是蛮喜欢的，在此过程中还可以强化歌词里面提到的'没关系，我可以再努力'的概念"；又如，"我有一支魔法棒"活动，同样采用音乐舞蹈的形式，"平时比较活泼闹腾的学生本身在肢体动作上就非常有创意，动作质量很高"。（研发负责人 A）

除了是否有吸引力，秩序问题在低年级中也格外突出，低年级学生在游戏时欢腾热闹之后，课堂纪律较难维持，秩序混乱，甚至会出现各种小冲突，而在心理课堂上又不能采用惩罚、打骂的方式来控制秩序。心灵魔法学院的解法是在课程研发时就进行了避免让学生太过放纵或者太过压抑的活动设置，比如1—2年级就有"静下来也很重要"的两个小活动：一是学会呼吸。让学生举起五只手指仿造五指山的外形，呼气的时候爬山、吸气的时候下山，老师以提问来和学生们进行互动。二是感受安静的力量。设置三轮环节让学生传递装满水的纸杯，难度逐轮递增，从简单传递到蒙眼睛再到有调皮的角色的干扰，"孩子虽然觉得难，但又很愿意尝试，真的能感受到安静的力量"（研发负责人A）。另外，制定课堂规则即课堂公约，使用的是安静口令或手势。从2019年开始，心灵魔法学院在所有课程的第一节课上，都首先通过一个游戏或者活动引入主题，接下来老师和学生们一起探讨游戏过程中应该注意的事项，之后全班同学一起制定3—5条课堂公约；安静口令是维持课堂秩序的又一法宝，每次一个游戏结束之后，老师都会喊口令的上句，全班同学一起回答口令的下句，比如老师说"1、2、3"，同学们回答"我看山"。与此同时，项目也鼓励老师根据自己班级学生的意愿和特色确定安静口令，"我记得非常清楚，之前有一个班级的学生非常迷恋神奇宝贝，所以他们的口令就是老师喊'皮卡丘'，学生们喊'皮卡皮卡'"（研发负责人A）。每一节课，老师都会和学生们温习课堂公约和安静口令，让学生们养成既能够享受游戏又能够遵守课堂公约的意识。有趣的是，当学生们慢慢熟悉或者适应这样一种课堂模式后，他们非常清楚地知道"如果他们捣乱的话，反而减少了他们的游戏时间，这对他们来说是一种损失，所以还不如好好遵守课堂公约"（研发负责人A）。

高年级的学生通常不太说话、参与度低，课堂秩序和冲突的问题不再突出，但对游戏是否具有吸引力、是否有趣的要求更高，如果课堂环节没有意思、没有趣味，就会出现一片冷寂的情形。一方面，高年级学生不愿意玩低年级的游戏，需要适应于年龄、表达和兴趣特点的游戏方式，为此研发团队提高了游戏的复杂程度和活动内容的多样化；另一方面，对老师提出了更高的要求，必须将课上得很有意思，学生们才会愿意互动。在一节主题为价值观的课堂上，老师希望学生们通过绘画的方式呈现未来理想生活的图景，"比较优秀的做法就是老师先画一幅，跟学生们讲解一下画里面我是什么样子的、我的女儿是什么样子的，我们两个人在做什么事情，为什么这种生活场景是非常理想的、是我想要追求的"（研发负责人A）。当老师在课堂之中进行自我暴露、自我分享时，学生们感受到老师和自己处于平等、相同的视角和位置，所以学生们逐渐愿意互动，打开自己的心来分享自己的想法，课堂氛围自然而然地活跃起来。

3. 技术要点

心灵魔法学院最初的本土化尝试说明，无论所引进的理念或理论先进与否、系统性如何，都需要一个落地探索、面对和解决节点问题、掌握技术手法、形成项目模式的有机生长过程。心灵魔法学院的基础项目模式是以课堂为载体，建立伙伴关系共同体。为了建立共同体，课堂上就需要引入游戏的成分，而不能是管控或放任。游戏的成分又如何设置呢？那就要求游戏有吸引力，否则师生不进来、不参与、不卷入；同时又要有基本的规则体系，否则现场太乱，无法正常进行。

围绕着如何让课堂既具有吸引力又具有秩序这一节点问题，心灵魔法学院形成了一系列的应对之法，其中蕴含的技术要点包括：

条件一：游戏具有充分的吸引力。 尽管游戏对于儿童天然具有吸引力，但是倘若概念性内容太多、目的性太强，就会破坏掉游戏原有的吸引力，项目团队已经意识到了这一问题并为此不断改进。游戏必须要有足够的吸引力，对每一个年级、每一类群体都要有吸引力，心灵魔法学院已经基本形成了和学生的年级相匹配、对学生具有吸引力的课程包或活动包，低年级避免太概念化，高年级在概念化之后依然不能丢失游戏的成分，针对不同的年级有不同的设计。

　　条件二：以基本的规则体系为铺垫。课堂游戏有吸引力并不意味着具有秩序，在有吸引力的基础之上还需要有规则。规则是广义的，包括制定的课堂公约或规定、老师维持课堂秩序的手法以及参与者整体上形成的共识和氛围，比如，不能胡乱地打扰他人，应该遵守游戏的流程等。

　　条件三：规则与吸引力的深层联动。在心理健康课堂上，有吸引力是第一位的，规则是第二位的，第一个条件优先于第二个条件，规则不能损害吸引力而应支持吸引力。要实现这一点，对老师的要求更高。老师以往习惯于通过教学规则来把控课堂，并且往往是以丢失吸引力为代价的。

　　吸引力与规则之间更深层的关联和变动趋势是，当吸引力越大，大家越能玩进去之后，随着游戏活动有序深化、越来越顺畅，大家对共识性规定、手法和技巧性规则的需求越来越低，游戏过渡到由整体上的共识和氛围来主导，正如前文中小学生的感受，此时大家达成了默契：遵守规则是受益的，破坏规则则会让玩耍的利益直接受损。在更复杂的活动方式中，以角色扮演为例，每个人具有特定的角色，在不同的环节中做着不同的事情，学生们不愿意再去破坏秩序，不是因为担心破坏之后受到惩罚，而是担心破坏之后会影响整个活动的进行。最终形成了多赢的局面，而根源在于游戏本身具有吸引力，让大家愿意全身心地投入其中。

三、直面现实挑战：传统课堂的惯性

　　项目模式一经加工运转便会有特定的价值产出，即使是基础项目模式也会遇到需要技术手法的节点问题，只有解决了这一问题才能形成项目模式，进而产生我们所期待的价值。在模式设计层面，整个逻辑链条是可以走通和实现的，但是正如前文所述，项目进入现实场域中运转时会直接面临一个相当艰巨的挑战——传统课堂的惯性。

心灵魔法学院在启动之初，与其他公益组织合作，由支教老师将心智素养课程递送给乡村孩子，后来发现由支教老师来上课会遇到很多挑战且不可持续，于是调整为由乡村学校的老师来上课。而在乡村学校中以"师授型"为主导的传统课堂里，老师单向性地为学生讲授知识，重灌输轻实践、重知识轻体验，教学形式单一，学生大多处于被动学习状态，老师很难激活学生的兴趣和激情。[①] 由于此前并没有形成对于这一类课堂的掌控能力，老师在理念、手法、技能等方面都存在不足，相应地，学生也没有参与式、体验式课堂的意识和习惯。

因此，要达到项目既定的目标，就必须促使老师转变传统的授课方式，老师首先要**从以教学任务为中心转变为以学生为中心**，在课堂上要调动和吸引学生主动参与，对学生的反馈和互动不是进行评判，而是平等接纳，师生要一起打破传统课堂的惯性，进入新的课堂模式中。如何让老师转变并且具有建构新型课堂的专业能力，是心灵魔法学院必须直面的又一关键节点问题。

(一) 管理三角形：三种课堂方式

心灵魔法学院在项目运作中已经意识到这个至为关键的节点问题，这是常常遇到的一个难点，即老师比较难从"师授型"的角色和授课方式中转变过来。面对课堂管控与方式的转变，项目团队和老师在思考过度自由与过度约束之间怎么平衡，理想的答案似乎就是在过度自由和过度约束之间找到一个最佳的平衡点。的确如此吗？从管理学的视角来看，课堂实际上是一个管理过程，老师通过管理来促使学生在特定的秩序和氛围下学习知识。

心理学家库尔特·勒温（Kurt Lewin）与他的学生李皮特和怀特进行了一系列实验研究，提出了"民主""专制""放任"三种领导风格理论，这一研究成果在儿童教育和管理领域得到了进一步的拓展和应用。

---

① 周华，胡国良.大学生心理健康教育课"分享·体验·内化"教学模式探索与实践［J］.东北农业大学学报（社会科学版），2013，11（03）：120—124.

按照既有的管理学理论，本团队经过多年来在儿童教育^①、社会服务和社会治理领域中的研究和验证，将课堂秩序及其实现方式总结为三种不同的类型，即老师带领学生上课或活动的过程中，实际上存在着三种方式——管控式、放任式、民主参与式，这三者构成一个三角形，又称为"管理三角形理论"。

如下图所示，课堂模式和氛围对应着管控式、放任式和民主参与式三种类型。管控式或高控式，是指老师通过命令、过度控制、过度约束等方式来管控课堂，老师依据教学任务对知识进行分解，在严格的框架和秩序内自上而下地将其传递给学生，学生较少具有参与表达的空间和机会。放任式，是指管控的方式并未奏效之后容易走向的另一种情形，即课堂秩序混乱，学生无法专注于课堂，知识无法有效传递出去，课程目标便无法达成。而在管控和放任之外，还有第三种类型——民主参与式，这是既轻松愉快又庄重有序的状态，是最为理想的情形，学生都在轻松愉快的氛围下积极主动地参与课堂，既能够相对自由地表达自己，自身的学习兴趣和好奇心也得以打开，在拥有充分自主的空间的同时，整个课堂秩序并没有丢失，传递知识的目的同样可以有效实现。

图 1　管理学视角下的三种课堂模式

---

① Jane Nelsen 在其经典著作 *Positive Discipline* 中介绍了成人与儿童之间的三种互动方式：过度控制（管控）、没有限制（放任）、正面管教（和善而坚定的、有权威的），前两种方式都会在不同程度上阻碍儿童心理的健康发展，而和善而坚定、有权威的互动方式则会促进儿童心理的健康发展和亲子关系的发展。

基于管理三角形的理论框架，再来探讨在过度自由与过度约束之间寻求平衡的问题，实际上是在放任和管控的两极对立中寻找平衡。从理论分析中可知，我们所需要的并不是放任和管控两者之间的平衡，放任和管控都是不好的情形，最终方向既不是管控也不是放任，更不是在管控和放任之间寻找一个中间点，而是实现两者之外的第三点——民主参与式的课堂氛围和模式。具体对应到本案例中，则是建构出作为伙伴关系共同体的课堂才是我们的理想追求。

（二）对老师的激活与赋能

当前，心灵魔法学院的运作方式分为两类：一半以上是自发申领，课程包向全国的县、乡镇的老师开放，自主申领即可，具体实行人员包括班主任、心理老师或其他授课老师；另一部分则是县域推广模式，"日慈"主动与县教育局合作，尤其是2020年疫情的暴发使学生的一些心理问题凸显出来，县教育局和学校带着问题主动引入心灵魔法学院项目。

项目实施中遇到的第一个节点问题是如何激活老师的主动参与，使其愿意按照课程包上课。目前，心灵魔法学院的启动和激活已经在相当程度上解决了这一问题。自主申领的老师，其本身对于学生的心理状况比较关注，具有学习心理知识、帮助学生解决问题的内在需求与动机，只是苦于没有办法，心灵魔法学院则为老师提供了解决问题的抓手和工具。在县域推广模式中，有一部分老师是接到任务而开展心理课程的，因而一开始存在抗拒心理，心灵魔法学院的做法是先"打开"对方，在理念层面引导并且帮助老师梳理学生问题行为背后的原因，让老师感受到这套课程是能够帮忙解决问题的，在激发老师上课动力的基础上再培训知识型及技能型的内容。

老师愿意上课之后，紧接着的一大节点问题是老师如何在上课的过程中边运作边提升能力，和学生一起在课堂中玩起来，逐渐实现课堂模式的转轨，从起点处管控式的课堂走向共同体式的课堂。为此心灵魔法学院投入了诸多的资源，尝试了教师社群运营、打造当地教育生态等诸多方法，持续为老师进行培训、赋能和支持，并且根据老师的需求脉络不断调整。具体包括：**第一，增加老师探索的自主性空间**。在课程包投入使用之后，邀请老师反馈，进行"适应性调整"。例如，一开始教材使用的是逐字稿，老师需要根据教材逐字展开，限制了老师在课堂上的自主发挥。后来，对语言和撰写方式去流程化、去模板化，增加备课中的知识板块，由老师按照课程包的指引和素材自主备课。**第二，全程陪伴与互动**。首先在培训中让老师直观体验理念、操作方法。例如，体会被优势视角看待的感受，和老师一起玩游戏并感受游戏怎么玩得好等。运作过程中项目组作为老师的陪伴者，及时回应和帮助老师解决在授课中遇到的问题，每个学期组织两次分享会，邀请老师分享经验。**第三，为老师提供赋能支持**。在传递知识、技能的培训体系之外，"日慈"也逐步建立起老师的赋能体系，设计教师共学工作坊、自我关怀小组等，关注老师自身的成长、关爱老师的心理状态，提升老师自身的心理素养和幸福感，从而使其以更好的状态来服务儿童。此外，对自主申领中涌现出的种子老师进行进阶式培训，培育区域引领者。

同时，心灵魔法学院重视老师授课的增长率和重复申请率。每年课程申领的增长率在持续提升，但是从综合区域合作和自主申请老师的统计结果来看，复申率在40%左右，由于缺少课时、岗位调动等各种因素的影响，真正持续投入的老师还是少数，而且年轻老师的流失率高。从专业发展来看，"日慈"需要深入了解离开和复申的老师之间的差别；老师是如何运作课堂的，是否观察到价值产出以及了解价值是如何产生的、哪些动作有效；老师能否从自己的投入中获得即时性激励和专业能力的发展。

（三）有机生长的过渡阶段

当心灵魔法学院进入各个区域和学校运作时，项目介入的初始状态通常是老师和学生早已习惯的传统课堂模式，以管控为主要的方式和特征，理想方向是民主的课堂氛围和模式，即在课堂上让游戏以轻松愉快又有秩序的方式展开，既不是管控下生硬的、缺乏活力的有秩序，也不是放任下过度自由的无秩序。无论是区域推进，还是老师主动申请课程包，两种进入方式都需要老师从起点处走向理想状态，即使在心灵魔法学院配备教材和工具包、传输新理念之后也需要一个在探索中落地的过程，固有意识、方式和习惯的改变并不是一蹴而就的。

因此，心灵魔法学院需要经历一个有机生长的过程。有机生长过程是指在保持理念和原则的精髓的前提下，朝向特定的目标慢慢探索，技术手法越来越多，项目模式越来越成熟，最后项目运转得越来越流畅，全面而系统地达到既定的目标，同时让悬空的理念和理论真正落地为项目模式，这样才能持续产生价值。正如上文所述，心灵魔法学院项目整体的运作以及技术手法的探索正是有机生长的过程，老师对新型课堂模式和专业能力的掌握有着规律性。

一开始，在老师掌握课堂模式的能力不足时，容易出现放任或混乱、无秩序等情况，在这种情况下，游戏本身的吸引力就无法充分显现出来，师生就不会投入其中，会进入恶性循环。而要打破恶性循环、进入秩序支持吸引力的良性循环，就需要一个在运作中提升和探索的过渡阶段，在过渡阶段可采取两种方式：**一是容忍一定程度的混乱**，只要当前的混乱没有完全破坏掉活动的行进，在临界点之内可以允许一定比例的放任，先让玩耍充分展开，让混乱、有序、玩耍等成分同时存在；**二是保留一定比例的管控**，管控的做法尽管不是最为理想的情形，但至少能维持秩序，在存在管控的情况下玩游戏，即使玩的比例没有达到100%，但是最起码有玩耍、放松和参与的机会了，正如老师所观察的，"首先热热闹闹的活动氛围就跟传统课程不一样，尽管40分钟的课堂，老师有10到20分钟在管控，还有20分钟是孩子在享受、在玩耍，但对学生来说就好开心"（项目负责人B）。而如果此时让老师完全放弃管控，那么整个秩序混乱的情形会更糟糕，反之，管控比例过高，完全进入不了玩耍的轨道也不行。

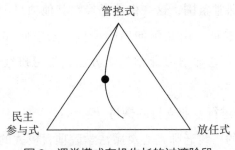

图 2　课堂模式有机生长的过渡阶段

　　因此，在有机生长的过程中，在能力不足的过渡阶段，老师在课堂中有一定比例的管控或放任成分是合理的。实际情形即如上图中实心点的位置所示，心灵魔法学院的项目模式在现实中的运转，总体上处于有机生长的过渡阶段，在从起点处的管控走向理想民主氛围的探索中，存在一定比例的管控、一定比例的放任以及一定比例的有序化，是这三种成分的混杂，而不是完全分离出来的纯净状态。这是符合项目发展和老师成长的规律的，相较于起点处已经是质的改变，但更为重要的是沿着既有的脉络继续探索生长。

　　随着持续的探索积累和对项目的持续支持，目前心灵魔法学院内一部分老师已经成长到具备通过有序游戏建立共同体的能力，掌握了新型的课程模式，随之而来的新问题是，出现了两种不同课堂模式之间的"分裂"和切换，有的一线老师甚至感觉到"自己人格要分裂了，比如在心智素养课上师生是像朋友一样相处的，是平等、民主的关系。但是作为语文老师、任课老师去催孩子写作业的时候，突然又变成了另一种形象，所以有一部分老师觉得自己好像分裂了一样"（研发负责人 A）。这并不是项目所带来的问题，实际上反映出项目有机生长的后续阶段和潜力，也是心灵魔法学院进一步培育或培训老师的方向，衍生出的生长脉络是课堂能力的迁移使用。将在心灵魔法学院中所掌握的课堂精髓、能力乃至一些活动方式迁移到原本的课堂和班级管理中，建立起迁移的通道，改变原有的课堂氛围，这一做法已经在其他项目中显现出可行性并且其效果得到了验证。由此延伸出的项目生长空间和价值在于心灵魔法学院也可以成为老师学习课堂教学方法、学习班级管理的最佳场所之一。

（四）关于对老师进行专业支持的探讨

乡村学校里的一线老师是心灵魔法学院项目模式的加工者，项目目标的实现以及乡村儿童的受益程度，取决于上心智素养课程的老师能否架设起一套能产出价值的项目模式。上文中已经对老师能力的形成、在起点处的状态、中间有机生长的过渡阶段以及未来的努力方向进行了梳理分析，如何让老师不断提升心智素养课程的专业能力是项目运作和未来发展的重中之重。

在老师的能力发展脉络中，除了前期筛选以外，几个关键的原则是提供培训、给予有机生长、自主探索的时间和空间，以及明确底线要求。尽管心灵魔法学院通过教师培训体系均已经做到，但在具体的培训方面仍然有进一步提升的空间。当下培训的内容主要是向老师传递理念、动作、工具、实操技术或者流程步骤，尽管这些内容也很重要并且代表了当下培训体系中传递的主体性知识，但并不是核心所在。培训内容的核心是项目模式和价值加工过程，即一套节点问题及其解法、节点问题与解决手法之间对应的原理、为什么能够解决以及产生了什么效果、效果又是如何表现的、还可以怎么调整改进和优化。当引入这一套思路之后，老师就能在一线实践中带着问题进入自主探索的过程，一方面能够直接从上课—加工过程—价值产出的链条中看到自己的投入、动作所产生的价值，及时获得积极的反馈和激励；另一方面能够逐渐积淀解决问题的能力，增加对心理素养课堂乃至原来的课堂的掌控感和胜任力。换言之，老师们只有在一线场域中持续看到所产生的效果，才能获得更为根本的激励，落地的项目模式与实实在在的价值感最终将会完全取代初期理念和理论。

此时，心灵魔法学院项目团队重点关注的是自下而上的汇聚与自上而下的投放，首先从一线老师的探索中提取经验、汇聚成果、解读原理，再向更多老师分享，并且围绕着项目模式的形成组织培训、进行对话，引领老师探索新的专业方向。

四、伙伴关系共同体之上的加载

以心智素养课程为载体，建立伙伴关系共同体是基础的项目模式，在此之上，心灵魔法学院已经沿着共同体的作用体系往深处演化，向着更高阶的价值产出方式递进，这便是在伙伴关系共同体之上的加载，加载的内容既包括目标或活动的内容，也包括活动的方式。

（一）游戏＋共同体承载课堂的价值物

基础层面的课堂是基本的游戏、活动，持续开展一段时间之后，伙伴关系共同体的成分和氛围出现，新型的课堂模式运转起来。当有了这一层坚实的基础，在此之上，便可加载更为丰富的、直奔目标的内容，即在伙伴关系共同体的底座之上，将心理健康知识、价值观、有益的启发内容等加载在游戏中；或者增加特定的活动结构安排，增加更有难度和更复杂的游戏，增加在社会公共空间中的参与表达等。总之，在伙伴关系共同体的基础上，可以有序增加我们想要实现的诸多目标和内容。

在心理健康课堂运作的高级阶段，加载相当于又回到了课堂本身，此时游戏＋共同体反过来成为载体，以此载体来实现项目本原的目标——帮助青少年、儿童提高社会情感技能和心理抗逆力，培养有助于心智成长的关键能力，促进其心理弹性建设和积极全面发展。 加载的价值产出就是课程包中所设计的心理健康方面的知识，能够让学生以更容易接受、更自主、更内化的方式学习到；同时根据加载的活动结构安排活动，让学生能够获得特定的感受，接受特定的影响，包括在班级和课堂中的公共参与、拍情景剧、课后汇演、角色扮演等，当学生进入不同的行动结构中扮演不同的角色，面对不同的结果以及他人对这一结果的不同解读时，便会获得不同的成长感受或触动。

这一模式中关键的技术要点是在加载各类内容的过程中，一定不能损害游戏本身的吸引力和有趣性。

（二）活动内容与方式的丰富

心灵魔法学院为每个年级配备一套心智素养课程（八、九年级共用一套课程），分为上下两册，每个年级的课程均以"自我成长""情绪管理""关系发展""社会意识""自主决断""自主学习"为核心主题。随着学生年级的升高，将不断扩展和加深心理健康方面的知识。在同一年级中，随着共同体活动氛围越来越热闹，也会加载复杂、有难度的活动结构安排。一开始大家心扉没有打开、彼此没有建立起信任关系而不愿意投入其中，觉得没有兴趣、玩不进去或者合作不起来，但到了加载阶段，活动则可以成功开展。

历经多次迭代升级，心灵魔法学院针对每个年级学生的发展特点分别研发了适合该年级学生身心发展的课程包，每个学年的活动手册的内容会随着学生年级的上升而增加难度，注重学生成长的连续性和发展的阶段性。通过课程包的持续研发和迭代升级，"日慈"在共同体的载体上增加了各类活动内容和方式，下面以三个活动为例。

1. 价值观拍卖会

价值观拍卖会是为初中七年级学生设计的一项活动，通过游戏的形式将友谊、诚信、金钱等 12 条价值观作为拍卖物，让全体学生参与竞拍。规则是每名学生拥有 10 万元的可支配资金，每个人最多竞拍 3 条，规定每次加价最多不能超过 1 万元。

活动中，学生的活跃程度和参与性非常高，基本全班都参与。老师会在中间进行启发式提问，最后，老师先让学生做几次深呼吸，等大多数学生平静下来后，抛出"对你自己来说什么是最重要的"的问题引发学生思考，并让其在同学面前分享感受。大多数学生最后会拿很多的钱竞拍与家庭相关的东西，一位学生在纠结了很久后鼓起勇气发言，想把钱都用来竞拍与家庭相关的东西，因为在讨论的过程中，他逐渐意识到家庭相比金钱对自己更重要，尽管平时觉得父母的关心是缺乏的，但此刻更想获得来自家庭的温暖体验。老师看到拍卖会的形式能够引发学生对家庭观、金钱观等的思考，而不仅是热闹地玩一节课游戏，教学也变得更有意思、富有意义了。

2. 拥抱不一样

"拥抱不一样"是四年级心智素养课程中的一项活动，通过绘画、绘本故事的形式，让学生画小怪物，老师和学生就小怪物的故事展开讨论。

首先，在学生画好小怪物后，老师问大家愿不愿意和这样形象的小怪物做朋友，学生普遍认为怪物很丑，不愿意与其做朋友；其次，老师站在学生的角度，允许学生对长得像怪物的事物产生排斥反应，放弃原本想要进行的说教，感受学生的感受；最后，老师带着学生一同了解小怪物背后的更多故事，展现出小怪物的丰满个性，学生逐渐接受了外貌奇特的事物。

这个故事恰好对应本班级一名不受欢迎的学生，同学们后来才向老师反馈，不是因为他的外貌不接纳他，而是因为这名学生经常主动与他人产生纠纷。在这个课程持续开展后，班里的学生能够积极地、乐观地、友善地对待这位同学了。

3. 能力岛

"能力岛"是五年级心智素养课程中的一堂课，主要目标是帮助学生增强对于自我的认知，发现自己的优势，增强自己的自尊和自信。老师希望学生能够正确认识自己的能力优势，不仅语数外学习得好是优势，其他如擅长音乐、体育、美术，具有空间想象力、人际交往能力也都是优势。

于是在课程包中将不同的能力形象化地比作不同的岛屿，人文岛、迷宫岛、艺术岛、思想岛、友谊岛、自然岛和运动岛分别代表着不同的能力，让学生首先根据自己的兴趣去选择想要去的岛屿。在每个岛屿上设置对应的问题和任务，让学生探索自己在这方面的能力，并展现自己的能力。通过这样的一个活动让学生了解并发现自己的优势，从而能够更立体地看到自己和认识自己。

归总心灵魔法学院项目模式从基础到高阶的整个脉络，可以看到，以在课程中增加游戏成分的方式形成伙伴关系共同体，以共同体为核心辅助知识传递和复盘讨论，让学生在这一过程中感受不一样被对待的方式，感性地体验相关的知识，学生对心理健康知识的理解就更快、更深。更为根本的是，学生在共同体中被接纳，人格得以展开，又在所加载的各类活动中面向大家表达自己，因具有特定的角色而获得基本的存在感，并在参与中获得内在能量感的提升。

五、附录

（一）规模化推广

心灵魔法学院项目于 2016 年启动，2019 年加入好公益平台。截至 2022 年年末，心灵魔法学院项目基于好公益平台的复制、推广，已覆盖 30 个省级单位，674 个区县。复制、推广的合作方包括 5 个地方政府部门、8 家教育类公益组织、25 家社工机构。此外，具体执行的项目点学校有 1 952 所，产品直接受益人数达 519 883 人，受益儿童超过三百万人次。

（二）申请类型及流程

心灵魔法学院针对有申请需求的教师个体和地方教育局、学校等团体分别开放了不同的申请模式和流程。对于教师个体以主动申请为主，对于地方教育局、学校以合作推广为主，具体情况如下：

➤ 自主申请：在线学习及测评——提交申请表——申请审核——通过名单公示——发放课程资料——开展课程——授课跟进——完成课程——兑换奖励

➤ 区域推广：与地方教育局、学校达成合作意向——共同确定服务学校及教师名单——发送课程资料——线下培训——开展课程——实地评估——完成课程——反馈评估报告

截至 2022 年年末，长期合作的县域有陕西省咸阳市泾阳县、湖南省永州市江华瑶族自治县、河南省濮阳市濮阳县、广西壮族自治区桂林市龙胜县等。另外，在湖南省、河南省亦有大量申领课程资源的学校和老师。

(三) 心智素养活动手册

"日慈"心智素养活动手册是以"积极心理学"(positive psychology) 为理论基础，以"社会情感学习"(social emotional learning) 为方法框架，以《中小学心理健康教育指导纲要（2012 年修订）》为指导，秉持"以学生为中心"的课堂理念，自主研发的适合乡村儿童、本土化的社会情感能力培养系列活动手册。

心智素养活动手册（见图 3）服务于 1—9 年级的乡村儿童、青少年，从预防视角出发，以优势视角看待学生，通过游戏、手工、绘画、角色扮演、小组讨论等形式寓教于乐，重在发展学生的心智能力，培育乡村儿童、青少年在自我成长、情绪管理、关系发展、社会意识、自主学习、自主决断六大方面的 19 个心智成长关键能力，最终助力其未来的积极发展。

图3　1—9年级中小学生心智素养活动手册

北京一个母亲心理健康服务中心
袋鼠妈妈有办法
——独抚母亲支持计划项目模式梳理

戴蕉嶷

一、聚焦服务人群：独抚母亲

独抚母亲，即因离异、丧偶、未婚生子等原因而选择独自抚养未成年子女的妈妈，其中离异是导致这一群体出现的主要原因。[①] 据《中国家庭发展报告（2014）》，2010 年我国共有 2 396 万户单亲家庭，其中 70%—80% 为单亲妈妈家庭。结合近年来不断攀升的离婚率，保守推测我国现有独抚母亲已超 2 000 万人。[②] "母亲"的身份加上"独抚"的前缀，这意味着妈妈们的生活从原先的家庭模式或从本应进入家庭模式的状态转变为一人独自抚养孩子的状态，而原本应由夫妻双方共同承担的生活重担和养育责任则转嫁到了妈妈一人身上，这一转变所产生的落差让绝大多数独抚母亲陷入了低能量之中，"无论经济水平和受教育程度如何，独抚母亲在遭遇离异、丧偶等事件之后会面临很多

---

① 引自中国婚姻家庭研究会等发布的《十城市单亲妈妈生活状况及需求调研报告》，报告显示"离婚是造成单亲的主要原因，占 67.3%，其次为丧偶，占 16.4%"。
② 数据引自中国婚姻家庭研究会等发布的《十城市单亲妈妈生活状况及需求调研报告》。

方面的压力……这些相对复杂的困难因素影响着她们的心理和生活状态"（负责人 A）[①]。

（一）生活困境重重

第一，独抚母亲往往面临着巨大的经济压力。众所周知，在儿童成长过程中，学费、生活费、医疗保健费等本就构成了一笔不小的开销，而在独抚家庭中，妈妈们更是希望通过提高养育支出，来弥补因家庭破裂而对子女造成的伤害，"生活在离异单亲母亲家庭的孩子往往获得的教育支出更高……76.9% 的妈妈每月育儿支出占总支出的一半以上"[②]。面对较高的养育支出，一些独抚母亲会觉得捉襟见肘。独自养育意味着妈妈们需要在孩子的生活和成长中付出更多的时间精力，这在一定程度上限制了妈妈们的职业选择，使得大部分独抚母亲在求职和工作中处于劣势地位，甚至部分妈妈为了照顾子女，最终放弃工作，从而失去收入来源。而丧偶妈妈与婆家争夺遗产和赔偿的新闻时有发生，部分离异家庭的父亲或因与孩子母亲关系僵化，或因经济困难而拖欠子女的抚养费用，导致妈妈们在获得法律规定的遗产、抚养费、赔偿金方面困难重重。"88% 的妈妈认为自己在育儿支出方面存在困难，25.6% 生活在一线城市的独抚母亲的家庭收入处于低保水平以下。"[③]

第二，父亲缺位带来亲子教育的挑战。在过半数的独抚家庭中，亲生父亲在孩子的生活中较少出现甚至完全退出[④]，故如何向孩子解释并帮助其正确认知"爸爸去哪儿了"，是很多独抚母亲在亲子互动中不愿面对，但又不得不回答的问题。尤其对于丧偶和未婚生子的家庭来说，孩子接受"父亲缺位"的背后，更蕴含着对死亡的认知和对父亲形象的建

---

① 本文所引用的访谈内容主体统一分类编号为：北京一个母亲心理服务健康中心（以下简称"一个母亲"）负责人 A、机构工作人员 B、发起人 C 等。

② 引自《中国民生发展报告（2018—2019）》。

③ 数据引自中国婚姻家庭研究会等发布的《十城市单亲妈妈生活状况及需求调研报告》。

④ 《十城市单亲妈妈生活状况及需求调研报告》显示，除了经济上没有或未能足额给予支持外，59.9% 的亲生父亲未曾参与孩子的教育过程。

构。同时，父爱的缺失、男性榜样的缺位加剧了独抚母亲对孩子成长的担忧，担心破碎的家庭会给孩子带来一定的消极影响，"她们对独自养育孩子是非常缺乏安全感的，会担心没有父爱、没有男性榜样，是不是还能够过正常的家庭生活"（负责人 A）。更重要的是，这种担忧情绪又会映射到亲子互动中。一方面出于补偿心理，妈妈们可能存在过度放纵、溺爱孩子的情况；另一方面妈妈们的担忧转化为焦虑，继而过度控制、干预孩子的成长，最终形成了"父亲缺位—母亲愧疚/焦虑—溺爱/过度干预"的亲子教育困局。

第三，如何解决因婚姻关系或亲密关系的改变而衍生出的法律问题，是大部分独抚母亲在现实生活中面临的又一大挑战。尤其对于离异的妈妈来说，与前夫关系的僵化使其在大部分情况下，只能诉诸法律解决离婚后的各项事宜，如抚养权的变更，抚养费的争夺，财产、债务的分割等。近年来，关于丧偶妈妈与婆家存在纠纷的新闻更是在互联网上时有报道，层出不穷的法律问题和高昂的律师费用，使得独抚母亲在法律纠纷面前孤立无援。

当然，现实生活中，独抚母亲所面临的困境远不止如此，社会歧视、债务纠纷、家人的不理解等都充斥在妈妈们的生活中，使得独抚母亲在离异、丧偶等亲密关系的突变产生后的一段时间内生活举步维艰。"在独抚生活开始后的2—3年内，尤其是丧偶后的半年内，妈妈们是非常需要干预的，当度过了这个阶段，妈妈们未来是有能力把自己的生活过得更好的"（负责人 A）。

（二）较低的心理能量

现实的困境加剧了独抚生活的难度，而妈妈们有限的能力和外界支持的缺位增加了独抚生活的不确定性，使得妈妈们对于未来生活充满了自卑、焦虑和不安。"以后的日子要怎么过？我一个人能养好孩子吗？"**这种对于未来生活的不安全感给独抚母亲带来了极大的心理压力。**除此之外，在社会舆论和落后观念的影响下，**很多妈妈也无法理性认知自己**

成为独抚母亲这件事情。

首先，就关系的改变来说，独抚母亲在其中承受着不容小觑的伤害。对于或因性格不合，或因情感背叛，或因家庭暴力等而离异的独抚母亲来说，婚姻所带来的创伤使其对亲密关系充满了愤怒、恐惧或失望，婚姻的结束虽然切断了其与前夫之间的法律关系，但无法抹平独抚母亲在亲密关系中所受到的伤害。而对于经历了丧偶之痛的妈妈来说，哀伤充斥在另一半离世后的生活中。和离异所带来的仇恨不同，哀伤是一种因失去美好而产生的痛感，是原本的平静生活和家庭关系的终结所带来的虚无，是因永远抓不住"他"的手、永远看不见"他"的笑而产生的不甘。所以不论是离异带来的"恨"，还是丧偶带来的"痛"，抑或未婚先育带来的伤害，都使得独抚母亲在很长一段时间内对亲密关系的改变难以释怀。

其次，在社会舆论的影响下，独抚母亲大多对自己的身份产生了排斥情绪甚至羞耻感。在主流的社会评价体系中，家庭美满、婚姻幸福可被视为个体成功的标志之一。反之，离异、丧偶、未婚生子等与主流价值相悖的状态则或多或少会受到社会舆论的歧视，如未婚先育的女孩感情生活不检点，丧偶的妈妈克夫……更有部分群体给独抚家庭的孩子贴上"性格孤僻""人格不健全"等负面标签，"有 25.5% 的受访妈妈认为社会对单亲家庭孩子的态度不友好"[①]。在这种单一的社会认知的影响下，当独抚母亲对婚姻关系的改变不能释怀时，通常会对自己的独抚身份抱有羞耻感，将婚姻的结束视为一种失败，同时将这种失败投射进自己的人生。"妈妈们会觉得婚姻的失败是个人的失败，甚至对于丈夫去世这样一个客观事实，妈妈们仍然会有羞耻感，但其实这只是婚姻的结束而已。"（负责人 A）

生活的困境导致独抚母亲对未来充满了焦虑，加之自身对独抚身

---

① 数据引自中国婚姻家庭研究会等发布的《十城市单亲妈妈生活状况及需求调研报告》。

份的排斥，妈妈们不断消耗着自己的心理能量，而较低的心理能量使得独抚母亲未能有足够的心力支撑起自我，去面对生活的困难。所以在开始独抚生活后的一段时间内，妈妈们进入了"生活困境—心理低能—无力应对困境"的恶性循环。当然需要强调的是，每一位独抚母亲所经历的困境和压力的程度不尽相同，也并非所有亲密关系的改变和独抚妈妈所处的困境都应归咎到孩子父亲身上。**本章节只是想客观描述"独抚"这一生活状态普遍带来的困境和压力。那么，面对生活的困境和心理的压力，独抚母亲如何才能拥有面对生活的勇气和跃出人生低谷的能力呢？**

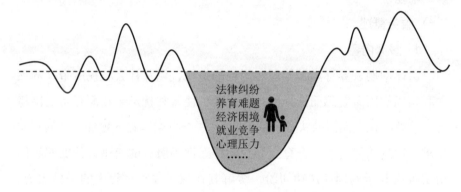

图 1　独抚母亲"生命动线"示意图

二、"一个母亲"：以社群为主要载体的服务探索

"一个母亲"的发起人长久以来对心理学抱有热忱，"雪漫最早就想和身边搞心理学的朋友找一个项目来做"（负责人 A）。作为音乐人的雪漫长期身处文艺圈，接触了较多独自抚养孩子的妈妈，这些妈妈在身陷困境的同时展示出了巨大的能量，"雪漫觉得虽然这些妈妈面对很多的困难和挑战，但同时也有很大的能量，所以她希望能有一个组织支持她们"（负责人 A）。于是在 2015 年，雪漫开始在荔枝（音频分享平台）开

设了母亲电台并录制绘本音频上传，希望妈妈们能利用孩子听绘本的间隙去做一些自己的事情。随着听众的增多，独抚母亲的需求不断浮现，2016年，"一个母亲"正式注册成立。经过近七年的探索，服务内容也从单纯的录制音频绘本逐渐发展为"袋鼠妈妈有办法——独抚母亲支持计划"（以下简称"支持计划"），并于2021年上线好公益平台进行复制、推广。作为国内较早关注独抚群体的社会组织，"一个母亲"希望帮助独抚母亲获得悦纳和应对困境的能力，使得每一个独抚家庭都有能力创造真实有爱的幸福生活，让独抚不再是难事。**那么，"一个母亲"具体提供了哪些服务，这些服务是如何探索出来的，是否能够真正帮助独抚母亲解决难题？**

（一）服务概述

1. 服务内容

法律问题、养育难题等现实困境的挤压，以及社会歧视所带来的孤立和妈妈们因羞耻感而选择的自我隐蔽，使得独抚母亲在面对生活困境时几乎处于孤立无援的状态。基于此，"一个母亲"瞄准独抚母亲的真实需求，通过法律咨询、养育指导、同伴互助等服务的提供，帮助妈妈们切实解决其所遇到的法律纠纷，缓解其在孩子成长过程中的无措焦虑，增加妈妈们的社会支持，为其解决现实困境提供助力。

面对心理能量较低的独抚母亲，"一个母亲"更希望在事务性的帮助之外，将"开始独抚"视为一个契机，从而帮助妈妈们获得内在的成长，使其找到内心的能力。"我们希望女性能有力量并且能够生发力量。因为她们是母亲，也是自己，要养好孩子，也希望她们能过好自己的日子"（负责人A）。所以"一个母亲"瞄准独抚母亲在心理重建和价值感获得等方面的需要，一方面为妈妈们的心理重建提供帮助，另一方面在妈妈们回归生活的正轨后，帮助其找寻自我的价值感、获得内在的能量。**瞄准了"心理赋能"和"生活助力"两大服务内容之后，"一个母亲"的具体服务形态逐渐显现出来。**

2. 服务形态

"支持计划"的服务形态表现为两个方面。首先是以自媒体为平台的自助服务。"一个母亲"围绕独抚母亲关注的法律、心理、养育等议题，以图文、音视频、直播等形式在微信公众号、抖音官方号、荔枝、哔哩哔哩、喜马拉雅等网络平台分享原创的法律指南、育儿指南、独抚故事等内容，帮助独抚母亲自助学习、自主赋能，部分有需求的妈妈也可以通过公众号链接，自主报名参与小组活动。"有的妈妈和'一个母亲'的链接就仅仅停留于关注公众号或者抖音，虽然她们没有进入社群，但也能通过推文、视频等内容获得支持。"（负责人 A）

而对于接触自媒体平台后选择进入社群的妈妈们来说，网络社群是其获得支持的主要载体。目前"一个母亲"共有 10 类不同功能的社群，包括法律群、赋能群、冥想群、自由群、同城群、0—3 岁幼儿独抚群、丧偶妈妈复原力小组、线下种子群、朗读组、心理重建小组。社群的建立为独抚母亲提供了交流互助的平台，同时在各个社群中叠加的服务也在一定程度上满足了妈妈们的需求，具体包含以下几个方面。

链接专家资源，提供咨询服务。在不同类型的社群中，"一个母亲"根据社群特性为独抚母亲链接专家资源，提供答疑服务。如在法律群提供定期的律师咨询，在赋能群、0—3 岁幼儿独抚群进行养育答疑。"我们在这些社群链接了专业的心理咨询师、律师、育儿专家等，在群里为妈妈们提供长期、稳定的咨询工作。"（负责人 A）同时，群管理员也会实时推送自媒体平台的相关推文、视频，帮助妈妈们自主学习。

开设团体心理小组以及一对一干预。面对妈妈们心理层面的需求，"一个母亲"尝试通过团体心理课程和一对一心理干预的方式给予妈妈们支持。团体心理小组包括增强妈妈们内在力量的心理重建小组，帮助妈妈们正确认识和理解哀伤、学习应对哀伤的方法的复原力小组和提供养育手法支持的单亲家庭正面管教工作坊。而对于需求更为强烈的独抚母亲，"一个母亲"尝试提供一对一心理干预或帮其链接心理咨询师资源。

支持妈妈们自我组织、自助互助。除了主动提供帮助，"一个母亲"也支持独抚母亲依靠自己的力量相互支持、自助互助。自由群的创建为妈妈们提供了发泄、倾诉、相互鼓励的机会，"即使一个妈妈凌晨三点在群里发言，也会有人回应，会分享自己相似的经历或看法"（负责人 A）。分布在 40 多个城市的妈妈们汇聚在种子群，在"一个母亲"的支持下，定期在自己所在的城市线下开展心理减压、独自养育、男性榜样等主题活动，"我们会帮助她们公开招募，每次活动也会提供一些物资、志愿者的支持"（负责人 A）。而同城群的出现则弥补了妈妈们在生活助力上的需求，妈妈们彼此之间会分享信息、提供生活帮助、相约开展线下活动，"各个区域的招生政策她们都会分享，甚至孩子没有人照顾的时候，彼此之间也会相互帮忙"（负责人 A）。当妈妈们从现实的困顿中逐渐解脱出来后，部分妈妈选择成为"一个母亲"的志愿者，以此帮助更多独抚母亲。她们有的成了"一个母亲"社群管理员，有的加入朗读组录制绘本音频，有的选择将自己的独抚故事发布在公众号上，给予同伴力量和鼓励。

总的来说，"支持计划"瞄准独抚母亲的实际需求，通过自媒体传播触达—自助音视频学习—社群互助专家答疑—深度心理支持—线下活动的方式，由浅入深地为独抚母亲提供生活助力、心理支持、自我成长等有针对性的、多方面的支持。

（二）服务探索路径

从最初单纯的绘本音频录制发展到现如今一套相对完整的独抚母亲"支持计划"，"一个母亲"的服务并非一蹴而就，而是沿着独抚母亲的需求，在实践中不断拓展、深化。

1. 横向发展：从法律咨询到多样化社群

法律需求是"一个母亲"初识这个群体时捕捉到的第一个需求，"最早我们只有一个 10 人的社群，当时对这个群也没有特别明确的定位，在群里发现大家的法律需求之后，我们就找了一个律师进群答疑"

（负责人 A）。随着独抚母亲的法律需求不断涌现，"一个母亲"单独创建了专门进行法律服务的法律群，由律师志愿者每周在固定的时间在群内为群成员进行一对一答疑。然而法律问题的咨询势必会牵扯出充满负能量的经历，部分妈妈们反馈"法律群负能量太多了，我们不想一直接受这种信息，我们想更积极、更有力量一些"。于是，赋能群应运而生。

每个季度，赋能群的妈妈们会共读一本好书，每两周会有一次育儿专家的群内答疑，也会在固定的时间内就某一议题进行自由讨论，"比如怎么和孩子沟通离异这件事、男性榜样缺位怎么办等，在讨论这些话题的时候我们都会做一些专业的引导，给妈妈们力量"（负责人 A）。为了保证社群运营、维持社群秩序，"一个母亲"规定在法律群、赋能群等功能性社群内，妈妈们不可以闲聊攀谈，然而妈妈们倾诉、"吐槽"的需求一直存在，为此"一个母亲"创设了自由群，"自由群里只要不违法乱纪，什么都可以说、什么都可以聊，妈妈们的各种情绪在这里都会被接纳、被允许……她们在这里可以骂，也可以悲伤"（负责人 A）。

除了法律、养育等共性需求之外，离异、丧偶、未婚先孕等不同婚姻状态下的妈妈们的情绪诉求存在一定的差异性，"有丧偶的妈妈说，我不想待在自由群里，里面都是骂前夫的，我对我老公并没有恨"，为此"一个母亲"对丧偶妈妈们的需求进行了评估，并在疫情第一年开设了丧偶群。群内每周开展一次线上学习，通过课前阅读、日记写作、专家小组等形式，帮助妈妈们正确认识哀伤、理解哀伤、走出哀伤。随着群规模的不断扩大，妈妈们新的需求又涌现了出来。"目前丧偶妈妈一群已经超过了 250 人，所以又建了复原力的二群，我们希望把群人数控制在 250人以下，因为刚进入哀伤阶段的妈妈们，对于其他（已经接受过疗愈的）妈妈是有冲击的。"（负责人 A）面对这一群体的特性，"一个母亲"正在筹划将丧偶妈妈进行细分，为丧偶三个月以内的妈妈开辟单独的社群并链接专业的哀伤辅导专家，给予正在经历丧偶应急阶段的妈妈支持。"一个母亲"以法律咨询为原点，遵循妈妈们不断涌现的需求进行横向拓展，截至 2022 年年底形成了十大类共计五十多个大大小小的社群。

2. 纵向发展：低成本运作 vs 满足真实需求

在社群服务横向发展、社群类型不断丰富的同时，这种沿着独抚母亲的实际需求拓展服务的探索方式，同样出现在同类型社群的纵向发展之中。法律群为妈妈们解决法律问题提供了帮助，但通常情况下妈妈们的法律需求出现在离异、丧偶后的一段时间内，换言之，对于部分法律咨询需求已经得到满足的妈妈来说，法律群在功能性方面对其帮助不大。然而，"一个母亲"发现，即使是过了刚需阶段，妈妈们也会选择继续留在群里，这无疑对"一个母亲"的律师资源提出了挑战。"其实好多妈妈已经离完婚了、过了刚需阶段，但她们也不退群，法律一群一直满员，没办法，就得建二群、三群、四群，这就需要更多的律师进来。"（负责人 A）

面对不断增加的群成员和有限的律师资源，"一个母亲"也曾犹豫过是否要用更低成本的运营来满足妈妈们的需求，"我们在法律资源比较吃力的时候，也设想过开设小程序，律师只要在有空的时候回答妈妈们提交的问题就好，这样从成本来讲也是最低的"（负责人 A）。然而渐渐地，"一个母亲"发现，妈妈们选择继续留在法律群，不仅仅是为了将来可能出现的法律需求，更是因为与法律群及志愿律师之间的信任关系，以及与群友就同一问题进行讨论所营造出来的归属感和安全感，妈妈们知道自己不论在何种情况下都能获得法律帮助。"妈妈们一旦有问题就能得到解决，前两天有一个 2015 年加入的妈妈，突然在群里向最开始给她提供帮助的律师咨询立遗嘱的问题……虽然我们每一次只能答疑 4 个妈妈，但是一个小时答疑结束以后，好多妈妈就开始发言。虽然她们没有提问，但是她们一直在看，她们会关注律师为这个妈妈进行的答疑。"（负责人 A）与小程序中单纯地就法律问题进行问答不同，法律群为妈妈们提供了一个解决法律问题的鲜活场景，这个场景中有让人信赖的律师志愿者，有面对同样问题、能与自己感同身受的群友，而这些要素所构成的法律群让群里的每一个独抚母亲感到安心和温暖。所以在捕捉到妈妈们对于法律群的更深层次的需求之后，"一个母亲"选择继续以创建新的法律群的方式来提供服务，"其实我们在做的是一个让妈妈有安全感的事情，这不是靠一问一答能解决的……我们还是选择了继续创建新的法律群"（负责人 A）。

从单一的绘本音频录制到"支持计划"，日趋丰富和完善的服务背后蕴含着"一个母亲"对于妈妈们的实际需求的不断挖掘和捕捉。换言之，"支持计划"的每一步探索都立足于新需求的出现，而对需求的回应促进了新的服务内容的出现。这种沿着服务对象的需求不断生长的模式，让"一个母亲"的服务实打实地踩在了妈妈们的痛点、难点之上，从而支持身处困境的独抚母亲重新获得面对生活、充实自我的勇气和能力。

（三）服务成效

从生活助力到心理支持，到自我成长，"一个母亲"的服务给不同阶段和需求的独抚母亲以支持。首先，对于尚处于独抚应急期、面对生活困境孤立无援的妈妈们来说，"一个母亲"提供的法律咨询、养育咨询等服务加强了妈妈们的社会支持，使其面临的事务性难题得到缓解，让妈妈们在混沌的生活中暂时找到了喘息的空间。其次，"一个母亲"以社群为载体的服务为妈妈们营造了长期陪伴式、滋养式的环境，使得长期浸润其中的妈妈们有可能从崩溃、无助、自闭的状态中走出来，找回生活的平衡和内心的能量，而在深度的心理支持小组或一对一长程的心理咨询的支持下，有特别干预需求的妈妈们也获得了重新认知伤痛的可能。需要说明的是，"一个母亲"的服务并非能使所有的妈妈都获得立竿见影的帮助，但在其长期的支持下，大部分独抚母亲度过了生命中的至暗时刻，跃出了生活的低谷。

以一位丧偶妈妈的转变为例。通常情况下，在丧偶之后的一段时间内，独抚母亲很容易沉溺在悲伤的情绪中不能自拔，并且因为害怕外界的舆论而选择封闭自己，"我们有一个妈妈在丧偶之后的半年没有出过门，就是害怕邻居的指指点点……这种情况下，妈妈是没有任何社会支持的，她们也不会主动向外界寻求帮助"（工作人员 B）。同时，这种极度压抑且负面的情绪也会转移到养育孩子的过程中，"一个丧偶一年多的妈妈一直没走出来，孩子也辍学了，并且妈妈一年内胖了五十多斤"（负责人 A）。这位丧偶妈妈在参加复原力小组之前，也因害怕再一次揭开伤疤而一直不敢去公安局给丈夫销户，但是在参加了复原力小组之后，她很平静地去公安局办完了销户，还跟其他成员分享自己的经历，她当时说："有大家在，人间值得。"而随着"一个母亲"触达服务对象的途径越来越多样化，有的独抚母亲在其丧偶 9 天后，就很快找到了"一个母亲"寻求帮助，"她进群之后，一股脑地就把前因后果都倾诉了一遍"，以最快的速度得到了外界的支持。

从丧偶之后长时间自我沉溺、自我消耗，生活逐渐走向黯淡甚至失控，到丧偶 9 天后就直接获得了帮助，"一个母亲"的服务在一定程度上缓解了丧偶给妈妈们的生活带来的冲击。而这些受益于"一个母亲"的服务的妈妈也选择在自己能力范围内将这份力量继续传递出去。"我们有一半以上的志愿者都是独抚母亲……每次心理重建小组结束，至少有 1—2 位妈妈要申请成为志愿者。"（负责人 A）"妈妈们觉得在自己特别难的时候，'一个母亲'给了她们情感、养育上的帮助，支撑她们度过了一段特别黑暗的时光，所以非常感恩，很多妈妈想要加入，想支持我们。"（工作人员 B）

三、价值体系勾勒

对于"一个母亲"以社群为载体的服务价值体系勾勒，从一个小的切入点来看，即**"一个母亲"以社群为载体的服务模式是如何满足独抚母亲的需求的**。同时，我们还可以将之放置于更大的社会背景下来分析，即**独抚母亲社群的存在对于良性社会的建构会产生怎样的影响**。在分析具体的价值产出之前，笔者尝试剖析"一个母亲"以社群为载体的服务的本质，即"支持计划"产出价值的核心模式。

（一）服务本质：共同体的建立

1. 共同体的形成过程

"一个母亲"以社群为载体开展服务，**社群从表面上看是独抚母亲交流互助的平台，但其实质是独抚母亲共同体的建立。**所谓"共同体"是指以生活中某种共同的特性为纽带连接起来的稳定的人群集合体，每一个身处其中的个体都对集合体拥有归属感和认同感，能从中汲取能量并愿意为之付出。共同体的发展主要分为以下两个阶段：首先，由于共同的经历、情感、属性相聚，形成一种自然式的初级共同体；其次，在初级共同体的基础上升级为一般化的共同体，即抛开共同的属性和标志，个体因彼此之间的认同、对群体的归属感和价值感而形成共同体。需要说明的是，从初级共同体到一般化共同体的发展并非自然产生，而是需要特定的社会服务技术和理念的支持。换言之，若缺少特定的技术和理念的投入，那么初级共同体有可能发展成江湖式、抗争性的共同体。而"一个母亲"共同体的发展也经历了从初级形态向一般化共同体转变的过程。

起初，独抚母亲因共同的伤痛、情绪、需求汇聚到一起，彼此之间抱团取暖，形成了共同体的初级形态。此时，"独抚身份"是妈妈们彼此链接、自我组织的核心纽带，她们因为伤痕相拥，在社群之中倾诉自己的遭遇，寻求解决生活困境的方法。渐渐地，妈妈们在社群之中释放了压抑已久的负面情绪，并在"一个母亲"的支持下逐渐找回生活的平衡和内心的能量，此时因"独抚身份"而带来的伤痕逐渐愈合，妈妈们彼此之间的伙伴关系逐渐建立，共同体关系也进一步升级，形成更为纯粹的一般化共同体。**不同于初级共同体因伤痕而抱团取暖，一般化共同体是基于彼此之间的认同感、对群体的归属感和对自我的价值感而形成的。**换言之，即使妈妈们没有独抚身份、没有相似的经历和共同的需求作为链接，但在长久互动中所产生的温情也让妈妈们愿意在度过了人生的昏暗时刻后依旧选择留在社群之中。

共同体在独抚母亲原本的生活之外，构建了一个新的"生命微空间"，为其提供情绪倾诉、自我展开、放松包容的环境，独抚母亲在其中可以汲取自我发展所需要的养分，让其有能量沿着自己的节奏有序生长。那么共同体究竟产生了怎样的价值？为了更好地阐述共同体的作用潜力，我们需要将其放置于更大的政策背景和社会文化背景下进行解读。

2. 共同体形成的背景

诚如第一部分所言，独抚母亲是一个在生活和心理方面都存在急迫需求的群体，然而无论是从现有政策福利体系，还是从社会文化体系来看，该群体的需求都未得到充分满足。具体来说，第一，我国现有公共服务、公共政策尚未能将独抚母亲列为一个单独关注的群体，给予其相应的政策补助，只是在符合低保标准等其他政策条件时可以申请补助；第二，在现有社会文化体系中，独抚母亲以独立个体的形式弥散化地分布在社会之中，成为原子状相对孤立的存在。不仅没有相应的社会文化加以支持，甚至在传统文化惯性中，独抚母亲会受到污名化、被社会排斥的伤害。

在上述政策、文化背景下，独抚母亲急迫的需求显然无法得到满足，只能孤身一人穿梭于重重困境。独抚母亲这一群体对社会服务、彼此之间相互支持和自身发展的需求的水平远高于一般的社会公众，因而在独抚群体中共同体的建立具有必要性和稀缺性。

(二) 基于共同体产生的两重价值

1. 基础性的社会支持

共同体的形成为独抚母亲提供了基础性的社会支持，这一份支持主要来自两个方面：第一，"一个母亲"的第三方支持。在共同体之上，"一个母亲"连接资源、开展相关服务，以第三方角色为妈妈们提供支持与助力。第二，妈妈们彼此之间的交流互助。在共同体之中，独抚母亲的实际需求、关注的话题、内心的情绪在一定程度上具有同质性，因此妈妈们可以就彼此获得的信息相互交流，如同城群中的妈妈们在孩子择校的信息上互通有无；可以就解决问题的方法相互借鉴，如在法律答疑环节后，妈妈们会就律师给出的方案进行讨论交流；也可以通过对某一话题的讨论或自身情绪的暴露而获得同伴的安慰，如在自由群中，妈妈们不论何时提出自己的困惑或者释放自己的情绪，都会有其他妈妈与之呼应、疏导情绪。

因而在共同体之中，"一个母亲"的第三方支持和独抚母亲彼此之间的陪伴，共同组成了相对庞大的社会支持网络，为妈妈们提供包括但不限于信息交流、实际问题的解决、心理慰藉等方面的帮助，从而填补了独抚母亲社会支持的空缺。同时，这一基础性的社会支持的产生也反向促进了妈妈们对共同体的维系和认同。

2. 一般化个体需求的满足

随着时间的推移，在基础性的社会支持的作用下，"独抚身份"所带来的需求逐渐得到满足，妈妈们的生活回归到正轨。此时，独抚母亲**隐藏在母亲身份之下的一般化的个体需求逐渐出现，即个体对于群体归属的需求，个体希望在其所属的群体中获得接纳、认同，实现自我价值。这一需求无关个体是否是独抚母亲，而是一份根植于生命本源的需求，只是当独抚的身份所带来的困境充斥在生活的各个角落时，妈妈们无暇顾及自己作为一个独立个体所具有的天然的需求，而独抚母亲的这一份需求的满足程度是随着妈妈们与社群链接程度的不断加深而变化的。**

初入社群的独抚母亲大多处于既不排斥也不主动参与社群活动的状态，对于日常隐蔽、分散在社会各个角落的独抚母亲来说，专属于独抚母亲的网络社群让其感到好奇，甚至有一些妈妈会在进入社群时发出疑问："群里几百个人都是单亲妈妈吗？"然而，长久以来的社会歧视和自我封闭使得新加入的独抚母亲对社群尚未形成信任、认同和归属，"很多妈妈刚进来也不说话，可能一两个月的时间都在潜水，她就是看别的妈妈互动，自己也不参与"（负责人 A）。对此，"一个母亲"给了独抚母亲足够的空间，使之能够找到自己舒适的方式存在于社群之中，即既不强制要求妈妈们参与社群活动，也不完全忽视新入群的妈妈们。**于是，对于因独抚身份而受到社会的关注甚至指责的妈妈们来说，"一个母亲"社群给予了她基本但极为稀缺、珍贵的接纳和尊重，在这里，妈妈不再是异于常人的个体，而是同千百个妈妈一样，是一名独自养育孩子的母亲。**

在包容、轻松的底色之上，"一个母亲"基于社群提供的服务，切实帮助独抚母亲解决了问题，因而此时妈妈们对于社群功能的认同逐渐出现，并开始参与社群的互动，"妈妈们会在社群里慢慢感受这个群是怎么运作的，她先去观察和学习，在了解了规则之后就会开始参与"（负责人 A）。随着参与次数的增加，独抚母亲对于社群的熟悉程度不断加深，与其他独抚母亲之间的伙伴关系逐渐建立，此时独抚母亲对社群的信任感、归属感逐步显现，"这是一个潜移默化的过程，妈妈们一开始是肯定不敢参加答疑接龙的，但慢慢地，就会发现她们在提问的过程中把自己很多的经历都说出来了，比如前夫是怎么对自己的，甚至家暴等都敢在社群里面讲"（负责人 A）。自我的披露代表着独抚母亲正式融入社群中，成为共同体中的一员。当那些在日常生活中难以启齿的经历被分享在社群中时，独抚母亲不仅没有受到歧视，甚至得到了其他妈妈的安慰和帮助，此时对于社群的认同感和归属感进一步增强。

不仅如此，社群运营中的一些环节设置，让独抚母亲在满足归属感之外，还能被关注、被看到、被欣赏，其对于自我价值实现的需求在一定程度上得到满足，"我们会通过'小确幸'、肯定妈妈们的发言等细微的事情，让她们找到自己的价值感"（负责人 A）。因而，独抚母亲与社群的连接经历了"陌生—试探—深入—沉浸其中"的过程，而这一过程的发生也伴随着妈妈们的归属感、自我价值感等一般化的个体需求的满足。当然除了精神层面的需求，共同体在生活化活动、群体社交方面也存在巨大的潜力。例如，线上共同体形成后，妈妈们可以将其转移到线下互动之中，聊聊天、吃吃饭，满足作为普通个体对于日常生活互动的需求。当然，现阶段在"一个母亲"的共同体之中，个体对于日常互动的需求尚未充分得到满足，可被视为未来发展的方向。

(三) 对社会治理的启示：建构性的自我组织

上述两重价值可被视为"一个母亲"的社群建立给个体需求带来的满足，而在本小节，笔者尝试将分析的视野放置于整个社会背景之中，以此分析特定群体社群建立的价值潜力，具体关注特定的群体在社会公共空间中的参与或利益表达情况，包括是否在社会整体中有存在感，群体与外部空间的利益关系、权力关系，以及群体对利益、权利诉求的表达的机会与方式。这本身是一个权利与社会建构上的关键点，但为了避免话语体系存在分歧，也为了将其引领至良性的社会建构方向，在阐述本案例的具体价值之前，笔者尝试先勾勒价值分析的理论框架。

1. 价值分析的理论框架

在理论体系中，可以把一类特定群体表达自身权益的方式划分为三种不同的类型，且三者之间存在一定的互斥性。

第一种，抗争性的权益表达方式，即通过特定群体的自我组织，以抗争的方式面对社会，表达自己所遭受的不公正待遇。虽然这种抗衡是利益表达的方式之一，但若它在社会中所占比重过高，势必会给社会的正常运转带来一定的压力和负担，因而抗争性的权益表达通常也是较为敏感的方式。

第二种，建构封闭式、排他性的小群体，即特定群体自成一体，组合成一种相对封闭的小圈子，在社会空间中与其他群体处于相对绝缘的状态。表面上看，这一类的特定群体以孤岛状态存在于社会环境之中，但当涉及与其他群体的关系时，特定群体就会表现出对自身利益的强烈维护，甚至在某些时候，会将自身利益放置于全社会的利益之上。这一类群体具有封闭性而非开放性、排他性而非接纳性的特点，它通常会利用特定的符号或者标签将群体标注出来。如此不仅仅是为了给群体成员归属感和认同感，同时也带有更多的政治和泛政治化的目的。多元主义则是这种社会格局的表现形式，竞争性是多元主义的核心要素，因而在这种社会格局下，各群体之间的融合具有一定难度。

第三种，理性权益维护的模式，即特定群体将视野放置于整个社会格局之中，以维护自身权益为目标，自我组织起来。在这种模式下，特定群体的自身需求与整个社会的关系建构相联系，特定群体尝试通过公共政策的改善来维护自身的权益，于是该类群体的出现和发展并不会影响其与其他群体、与整个社会之间的利益关系，反而在一定程度上会促进彼此间关系的发展，形成积极性建构。究其原因，当社会中的每一类特定群体都通过理性权益维护的模式表达自己的利益诉求，那么该类群体在维护自身权益的同时，也兼顾了与整个社会的共同建构，而这种共同建构既能保护少数人的利益，也会促使更多的利益群体之间实现共赢。换言之，各群体之间以及其与社会之间并非挤压、争夺、竞争的关系，而是合作、协商的关系。若社会中的每一类群体都进入理性权益维护的轨道，那么社会便形成了积极建构的格局，进入了合作主义①的范式之下。

2. 基于框架的价值勾勒

基于上述理论框架，本案例中独抚母亲的社群组织进入了哪一条发展轨道呢？在其进入之后又产生了哪些群体权益维护和社会建构上的价值？需要强调的是，本案例目前尚未能充分回答上述问题，但其探索历程及发展成果对我们认知理想化的社会治理体系具有一定的启发意义。

第一，瞄准实际问题并加以解决。"一个母亲"在服务中，始终关注的是真实存在的需求和女性内在能力的成长，希望通过服务的提供和妈妈们自我的成长，使妈妈们回归正常生活轨迹并不断发展，"从2016年开始，我们就一直在探索这个群体需要什么以及我们能提供什么……

---

① 与多元主义相对应的另一种理论观点，强调群体之间的协商合作。

单纯的情绪宣泄解决不了任何问题，我们还是希望女性有自己的力量，这样她们才能依靠自己，真正养好孩子"（负责人 A）。

第二，基于陪伴者的角色定位，理性客观地面对现状。"一个母亲"始终将自己定位为陪伴者、服务者而非引领者、管控者的角色，"'一个母亲'就像另一个女性，站在这些独抚母亲身后，让她们不再感觉到孤单"（发起人 C）。在这样的角色定位下，"一个母亲"充分接纳、包容妈妈们的各种状态，尊重妈妈们的各种选择，让妈妈们沿着自己的生长脉络不断发展。然而对妈妈们的充分支持并非意味着"一个母亲"非理性地看待妈妈们的状态，或一股脑地将妈妈们的所有遭遇归结到男性身上，进而形成两性之间的对立冲突，"我们不认为婚姻的失败就没有女性的问题，我们要关注的是帮助大家找到原因之后，弥补之前的问题或者避免这样的问题再次发生"（负责人 A）。

第三，秉持价值中立原则，而非进入抗争性引导。在"一个母亲"与独抚母亲互动的过程中，尤其是在自媒体平台发布一些推送、文章的时候，"一个母亲"强调价值中立，不引导妈妈们的情绪。以 2021 年某明星离婚案为例，在女方发布了一篇千字文控诉文后，全网遍布着对男方的谩骂。面对这一爆点新闻，"一个母亲"团队内部也遵循自媒体追求热点的运作原则，发布了一篇相关推送，但很快这一行为遭到内部管理团队的否定和严厉批评，并要求快速删除文章，"首先，我们不清楚事实情况是什么样的；其次，这样一篇推送没有任何意义，只会引发对当事人的谩骂，加深有相关经历的妈妈的负面情绪"（发起人 C）。除此以外，"一个母亲"在接纳独抚母亲的情绪发泄后，不利用情绪进行抗争性引导，"我们希望建构一个对独抚母亲友好的社会环境，允许更多这方面的议题被讨论，而不是进行社会运动或者抗争"（工作人员 B）。

基于上述三点，不难发现，"一个母亲"始终寻求用理性、科学、专业的方法解决实际问题，且坚决杜绝任何形式的情绪引导和利用，因而可以认为本案例中独抚母亲的社群组织是追寻着第三种即理性权益维护的模式发展的。当然，现阶段"一个母亲"尚未能完全通过寻求与外界的建构性关系，来实现自身权益的维护，但在这种理性权益维护的模式之下，独抚母亲的需求能够更切实有效地得到解决，其生活能够更快回归正轨并不断发展。同时，对于社会发展来说，独抚母亲实际需求的满足，在一定程度上减轻了政策福利体制的压力，也避免了独抚母亲群体进入抗争性权益表达或形成封闭、排他的小团体的可能，这在一定程度上降低了社会风险，使得社会在一个更加健康的状态下运转。

四、节点问题分析

通过上文的描述可知，社群的建立，对独抚母亲甚至社会的运作都产生了积极的影响，然而这些看似简单的社群组织并非简简单单就能建立起来。换言之，虽然社群是共同体的一种外化形式，但这并不意味着每一个社群都能形成共同体。社群要发生实质作用，构建真正的共同体，就需要依靠深层次的专业技术解决一些关键的节点问题，尤其是如果最终要实现一份建构性的权益保护，则需要更高的解决节点问题的能力。以下将基于"一个母亲"的实践，对让社群组织发挥实质作用的节点进行分析，并从中勾勒各个节点问题的答案。当然随着"一个母亲"服务探索的持续，其建构的社群所发挥的作用也在变化，因而对于节点问题的分析和回应是一个需要迭代和更新的过程。

（一）如何搭建完整的服务链条？

社群实质作用的发挥是在共同体形成的基础上实现的，因而在"一个母亲"的服务探索中，能否搭建"**触达原子化个体—卷入社群，形成初级共同体—建构一般化共同体**"的服务链条是第一个关键节点。需要强调的是，"触达原子化个体—卷入社群，形成初级共同体—建构一般化共同体"的服务链条并非"一个母亲"或本研究团队设想出来的，而是依据"一个母亲"真实的服务探索生长出来的，因而对这一节点问题的讨论，本质上是对服务发展逻辑的探究。

当前公益领域存在"目标分解"和"有机生长"这两种服务路径和现象。前者是将公益项目要完成的指标分解成无数个小目标，并根据目标预设一套服务内容，将服务拆解为无数个活动和动作。依据这一路径探索出的服务往往不能切实回应服务对象的需求，从表面上看，热热闹闹的活动无法深层次触达服务对象的痛点，同时预设的服务内容也不能充分满足服务对象新出现的需求。以家长养育需求为例，在"目标分解"的服务形式下，机构往往会通过一次次养育课程来满足家长的需求，换言之，机构认为课程的提供便能解决妈妈们的养育难题，而可能忽视了养育困境的出现在一定程度上也反映了妈妈们心理状态的失衡。而"一个母亲"的服务遵循着有机生长的发展脉络，无论是在从法律咨询到多样化社群网络的横向发展中，还是在同类社群的纵向发展中，"一个母亲"都以妈妈们的需求为服务发展的方向。换言之，"一个母亲"不是预设一套服务模式，而是在实践中发现妈妈们的需求和困难，并寻找解决问题的方法，进而形成系统化的服务。在有机生长的探索路径中，服务内容是依据需求的出现而不断迭代升级的，因而最大程度地保证了服务链条的完整性。

（二）如何保证独抚母亲能够进入社群并深度参与？

依据独抚母亲的真实需求，"一个母亲"搭建了较为完整的服务链条。那么在现有服务体系之下，如何保证新入场的独抚母亲也能够顺利进入社群并深度卷入共同体之中，从而获得帮助、实现自我成长呢？

1. 多媒体平台触达引入

因社会舆论的压力和对自身身份的羞耻感，大多数独抚母亲不愿对外公开自己的身份，她们隐蔽、分散在社会的各个角落，故触达服务对象，是"一个母亲"提供服务的第一步。为此，"一个母亲"通过微信公众号、抖音官方号、荔枝、哔哩哔哩、知乎、微博、喜马拉雅、小红书等网络平台，以图文、音频、视频、直播的形式，上传独抚母亲关注的养育方法分享、法律问题解答等内容，借助网络传播和大数据推送的力量触达独抚群体。"她可能刷了一条视频或者看了一篇转发文章就能找到我们……之前'一条'发了一篇'一个母亲'的文章，有10万多的阅读量，那篇文章给我们公众号带来了2 000多人的关注，有800多名独抚母亲联系小助手进群……2022年开始，我们尝试在抖音开始直播，目前已稳定播出近200场，每场至少会触达20名左右的独抚母亲。"（负责人A）触达服务对象后，部分独抚母亲会通过网络平台留下的小助手的联系方式找到"一个母亲"，并根据自己的需求加入不同的社群，"小助手会发社群介绍和服务介绍，可能深圳的妈妈就会选择深圳本地群，有法律需求的妈妈就会进入法律群"（负责人A）。当然需要承认，已经被触达但未进入社群，以及有进入社群的需求但不了解"一个母亲"的这两类独抚母亲应该如何加入，依旧是"一个母亲"需要探索的问题。

2. 包容且有温度的社群氛围

进入社群之后，除了少部分愿意主动参与社群活动的妈妈外，大部分独抚母亲都会经历一个破冰并逐步升温的过程，即从潜水、观望的状态到开始参与社群活动，再到积极发言，甚至最终成为社群志愿者。在此过程中，"一个母亲"始终理性地看待妈妈们的状态并予以尊重，相信女性的内生力量并坚持妈妈们自我发展的主体地位，尝试为妈妈们营造一个包容且有温度的社群氛围，让每一阶段的妈妈们都能找到适合自己存在于社群之中的方式。

首先，"一个母亲"给予独抚母亲足够的包容和空间，不强制要求其参与社群活动，"很多妈妈可能进群一两个月都在潜水、不说话，这些我们都是允许的"（负责人A）。如此包容、接纳式的社群氛围使得妈妈们处于一种松弛的状态，既不用担心自己的独抚身份是否会受到歧视，也不用担心自己是否会因长时间的不参与而被逐出群聊。在这种松弛的状态下，独抚母亲能够依据自己的兴趣和需求观察社群，了解"一个母亲"的服务体系，并找到和自己的需求最为契合的服务板块，"比如，有的妈妈最开始进入的是同城群，刚来时也摸不透我们的服务，所以当她在同城群里提一些法律问题的时候，热心的妈妈或者管理员就会告诉她怎么加入法律群"（负责人 A）。而相对固定的社群活动，也能让新入群的妈妈们能够快速了解社群运作方式和相关服务，"比如，我们每周一、三、五会发公众号推文，每周在固定的时间会有律师答疑、专家咨询……新进群的妈妈们会在其中慢慢感受这个社群是怎么运作的，久而久之就会知道有哪些活动、怎么报名"（负责人 A）。

其次，有温度、有活力的社群氛围持续点燃新入群的独抚母亲的参与意愿，而这种社群氛围的形成主要源于两个方面：一是社群运营技巧。"一个母亲"会在社群中设置"小确幸"接龙、早安语、晚安语等简单的活动，降低妈妈们参与社群活动的门槛。而当妈妈们开始发言，有了一些初步的参与之后，"一个母亲"再对妈妈们的参与给予肯定，"每天的晚安语是从'小确幸'中选定，我们会通过这种细微的小事帮助妈妈们找到自己的价值"（负责人 A）。同时，对于妈妈们提出的需求，"一个母亲"也及时回应，提供适时的帮助，"我们会在观察到需求之后，很快就提供一些支持……前段时间，赋能群有个妈妈说孩子已经拒学三个月了，后来有几位妈妈也分享了自己孩子厌学的情况，我们正好有专门研究拒学的专家资源，后面就专门做了一次关于拒学的咨询"（负责人 A）。当社群的存在能给妈妈们带来在其他环境中感受不到的价值感和支持力时，社群温暖的氛围就逐渐形成，妈妈们对于社群的感情逐渐加深。**二是老成员的参与和彼此之间的互动，提升了社群的温度和活力**。比如，一些热心的妈妈会依照群规协助进行社群管理，也会在其他妈妈提出疑问、寻求帮助的时候分享自己的经历和建议，实现群体之间的互帮互助。"可能新进群的妈妈是第 300 个，但是那时候前 200 个妈妈的生活已经回归正轨了，对社群内容也比较熟悉了。所以，这个时候新进群的妈妈就可以感受到整个社群的运营方式和氛围。"（负责人 A）

综上所述，进入社群、卷入共同体的过程，就是独抚母亲在一个相对舒服的环境中，因社群已有的"底火"而不断升温的过程。妈妈们与社群之间的陌生感、距离感，在社群一次又一次的活动和老成员彼此之间的互动中逐渐被消除，进而开始参与社群活动并逐渐深度卷入。而当新进群的妈妈们被充分点燃后，她们同样会将这份"热能"传递给后来进入的妈妈们。

（三）如何保证互动的恰当性？

服务链条搭建完善，新触达的独抚母亲开始进入社群并深度参与社群活动，此时又应该如何保证独抚母亲在社群中的互动的恰当性呢？换言之，如何保证独抚母亲能在社群之中汲取能量，而不至于受到伤害？

对于有着强烈倾诉需求的独抚母亲来说，因在社群中发言而受到他人的指责是较容易出现的伤害。尤其是心理能量较低、内心比较脆弱敏感的妈妈，若在发言或者参与活动时受到别人的抨击，那么社群的存在不仅不会给独抚母亲提供支持和帮助，反而会加深她的心理创伤。对此，"一个母亲"通过"制定群规＋适时引导＋社群氛围"的方式解决了这一问题。首先，在每一个新成员进群后都会收到小助手推送的群规，其中特别强调在社群内要"尊重他人，不评判"。并且社群管理员会按照群规严格执行，"我们的群规执行得还是很严格的，当真的触犯了规定之后是会被移出社群的"（工作人员 B）。其次，当社群之中发生冲突时，社群管理员会重新发送一遍群规以作提醒，或推送一篇与冲突话题相关的推文转移大家的关注点，进行适时引导。最后，在社群发展较为成熟的情况下，当群成员之间产生矛盾时，社群内的其他妈妈会出来调节彼此之间的矛盾，"其他妈妈就像劝架一样，会把这两个人给劝开，现在经常见一些老成员在群里引导……很多时候矛盾已经被其他妈妈调节好了，群管理员才关注到"（负责人 A）。

然而，能够最大程度避免伤害的发生，并不代表独抚母亲能够在服务之中汲取能量，因而独抚母亲在社群互动中的恰当性的实现还需要满足以下三点：第一，解决问题的技术环节是合理且符合要求的；第二，解决问题的资源体系是充分的；第三，理想情况下，服务的提供者需要具备一套完整的专业技术体系。就"一个母亲"的服务体系来说，依据独抚母亲的真实需求生长出来的服务在一定程度上保证了环节的合理性。在资源体系方面，"一个母亲"不仅充分链接外部专家资源，同时也帮助部分独抚母亲实现了从受助人向志愿者的转变，"我们一半以上的志愿者都是曾经接受过服务的妈妈们，所有的社群管理、线上线下活动的组织都是妈妈们来做的……所以在我们看来，'一个母亲'是一个彼此成就的项目，去驱动更多的妈妈们成为志愿者，稳定地为其他独抚母亲提供服务"（负责人A）。现阶段，"一个母亲"通过多年实践，探索出"自媒体传播触达—社群互助—深度心理支持—线下活动"的由浅入深、由面到点的递进式服务手法，为独抚母亲提供有针对性、较为全面的支持和陪伴，这套以社群为主要载体的支持体系具有一定的复制、推广性，力求覆盖每个环节的关键节点。面对社群中的一些紧急求助和需求，例如，家暴、居无定所等，"一个母亲"在未来的发展中，可以链接领域内相关专家、社工力量和社会资源，以推动社会问题的系统化解决。

（四）如何保证社群进入建构性的自我组织？

上述三大节点问题可被视为"一个母亲"在满足个体需求中需要解决的难点，而依据独抚群体的需求满足社会需求、形成建构性的自我组织则需要更高的专业能力，这一问题需要"一个母亲"的努力，同时也需要合适的外部环境的支持。

首先，独抚母亲具有天然的群体性优势，能够进入建构性的权益保护通道。究其原因，在起点处，独抚母亲个体情感上的伤害和羞耻感较为强烈，情感伤害大多表现为个体与个体之间关系的破裂，较少转变为对社会的愤怒和不满，而对于独抚身份的羞耻感也让妈妈们对自我身份产生了排斥，因而进入抗争性的权益表达或进入建构封闭的小圈子的可能性较小。其次，"一个母亲"关注独抚母亲的真实情绪，致力于运用科学、专业的方法帮助妈妈们解决困境和难题（具体内容详见上一部分），因而在"一个母亲"的服务过程中，独抚母亲在一定程度上实现了建构性的自我组织。而建构性的自我组织，其形成的关键在于组织在提供服务的过程中对价值中立原则的坚守，对服务对象真实需求的关注，而非利用群体的身份特征煽动情绪，引导其走入非理性的自我组织。更重要的是，要保证独抚母亲的权益诉求表达渠道畅通，只有在建构性的自我组织中让妈妈们的需求得到满足，才能避免妈妈们尝试通过抗争或进入自我封闭的小圈子的形式来争取自身权益。

同时，实现建构性的自我组织不仅需要组织内部的建构，也要保证组织与社会环境、政策空间、其他自我组织等外部环境之间的建构，因而从政策环境上需要给予第三类组织的形成、发展以支持，提供一定的政策空间让群体能够通过理性权益维护的方式影响公共政策制定、维护自身的权益。同时，建构性的自我组织的一大特点是与社会环境、其他群体之间形成了合作、协商、共赢，而非排挤、争夺、竞争的关系。因而，在必要的情况下，可以引入专业的社工技术，这不仅可以帮助组织进行内部建设（例如，支持新成员更好地融入社群），也能帮助其建构与其他社群及社会的合作协商关系，实现更多利益群体之间的共赢。

五、关于共建健康社会的启发

在本文有限的篇幅中，我们看见了社会组织为一类特定人群服务时所产生的价值，同时"一个母亲"对独抚母亲的组织与服务也给予我们更多的思考，即一个健康的社会应该是什么形态的。

第一，一类特定人群自我帮助、相互支持的组织形式所产生的价值很难通过公共政策和社会福利的制定来满足。因而，应该鼓励人们通过自我组织的方式满足自身需求，而不仅仅是通过自上而下的服务或温情递送来解决问题。

第二，特定群体的自我组织除了可以满足群体内成员的需求之外，还可以在更大的范围内与其他群体乃至整个社会形成建构性的关系，这是使社会实现良性治理的必要因素之一。因此，我们需要激活无数的群体成员，以建构性的方式进行自我组织，最终形成社会治理体系，而这一良性的社会治理格局是无法通过自上而下的行政体系或任务分配来实现的。

第三，在社会层面，特殊群体的自我组织分为抗争性、封闭性小团体和建构性这三种模式。前两种组织形式给社会运转带来了巨大的风险，因而一个健全的社会，需要将这三者加以区分，并通过公共政策的推动，让自我组织快速进入第三条通道。其中群体成员的归属感与封闭的小团体之间有明显的边界区分，前者是指自我组织为成员提供了温暖、接纳和群体认同，是个体实现精神满足时所必须具备的内容，也是一个健康社会所必备的成分。但如果由此而进入与外部群体的对抗状态，或进入与整个社会的隔离状态，则会超过自我组织合理存在的边界。

第四，要通过在群体自我组织之上叠加专业社工体系的方式实现对特殊群体更高层级的服务。专业社工体系能够看到每一个个体的价值，会立足于每一个个体的视角帮助其解决问题，并为整个社会提供温暖。同样，在社会治理体系中亦可叠加提供专业社会服务的队伍。比如，在特定人群自我组织体系的建设中，可以通过社工队伍的专业化运作避免该人群进入抗争性、封闭性小群体的体系之中，而是引导其进入建构性的体系中并不断发展。需要强调的是，社会群体的自我组织一定是基于基础性和主体性部分，即以满足群体需求、注重群体自身的行动力和主体性地位为前提条件。当然，在群体自我组织能力不足时，可以通过社工队伍的介入来完成前期的基础性服务和群体自我组织的动员工作。

福建省教育援助协会穿墙引线

——服刑人员未成年子女帮扶计划项目模式梳理

戴　影

一、为什么要帮助服刑人员未成年子女

福建省教育援助协会（以下称"红苹果公益"）于 2014 年 6 月在福建省民政厅注册，是一家致力于为服刑人员未成年子女等特殊困境群体提供帮扶援助的社团组织，"穿墙引线"① 是其中重要的服务组成部分之一。截至 2023 年 9 月底，"红苹果公益"援助的服刑人员未成年子女达 40 000 多人次，服务对象覆盖全国 28 个省市 451 个县市，长期帮扶的 4 512 名孩子均没有辍学和犯罪，帮扶的服刑人员刑满释放后未再犯罪的有 1 120 多人，打破服刑人员二次犯罪及其子女二代犯罪的恶性循环。

从外在看，"红苹果公益"的行动如同众多的针对困境儿童的服务一般，根据困境儿童的各类需求、围绕儿童的各项权利开展帮扶。但是，由于所关注的是困境儿童中更为特殊的一类群体——服刑人员未成年子

---

① 广义上，"穿墙引线"是指为服刑人员未成年子女帮扶的整个服务体系；狭义上，"穿墙引线"是指帮扶的孩子、家庭与监狱服刑人员进行亲情拓展、互动和关系修复的项目，作为组成部分之一与 PC 计划、蝴蝶梦想一起构成完整的服务体系。为了全面呈现项目的价值特性，本文的梳理分析同时涉及两个层面，文中"穿墙引线"一词则指代狭义上的项目。

女,"红苹果公益"的服务又有其特殊之处。服刑,意味着触犯了法律的底线,意味着曾经对他人或社会造成了不同程度的伤害,因而服刑人员是令人望而生畏并产生社会排斥的群体,社会公众对于他们的子女也往往带有歧视和偏见。正如项目团队时常被诘问:"有那么多人需要帮助,为什么要去帮助罪犯的小孩?他们真的有那么困难吗?"更为常见的质疑是:"我们很不理解为什么会有公益组织去帮助服刑人员,服刑人员做错事情才会被关起来,既然被关起来,为什么还要去帮助他们的家庭?"

从"为什么要帮助服刑人员未成年子女"这一基本提问切入,引出本文的核心主题。探寻"红苹果公益"的答案以及分析其背后的原因,或许正是"穿墙引线"及整个服务体系的价值所在。回顾"红苹果公益"的源起和发展脉络,它是如何从无到有地建构出一个服刑人员未成年子女服务体系的?"红苹果公益"自身关于这一服务的定位是怎样的?面对制度、社会认知和现实中的重重阻碍,为什么要帮助服刑人员未成年子女?换言之,在他们自己的视野中,出于怎样的理念和初衷帮助这一群体?围绕这一定位而探索出的体系产生了怎样的价值,释放了怎样的潜力?面向服刑人员未成年子女这一特殊群体的服务及其所面临的挑战,启发我们深度思考"人是被怎样对待的"这一根本问题。

二、发展脉络与格局

(一)源起于困境儿童帮扶

2009年到2012年间,福建省监狱管理局司法警察训练总队的民警负责人A(以下简称"负责人A")与几位朋友在业余时间以志愿服务的形式帮扶山区困境儿童,在走访的过程中,越来越多的服刑人员未成年子女进入了他们的视野。服刑人员未成年子女因父母服刑而陷入困境,除了困境儿童普遍面临的经济、生活与成长问题之外,还面临着社会排斥、污名化、偏见与歧视,以至于他们或是主动回避和社会接触,或是刻意隐瞒信息，不主动申请补助。而当时的福利与救助体系中尚未专门关注到这一类群体，没有相应的专项救助办法，政府和社会对其的帮扶关爱处于缺失的状态。根据司法部预防犯罪研究所 2005 年发布的《监狱服刑人员未成年子女基本情况调研报告》[①]，全国服刑人员未成年子女总数超过 60 万人，94.8% 没有受到过任何形式的社会救助，他们的犯罪率远远高于全国未成年人的犯罪率。

　　自身职业属性以及日常工作中长时间与服刑人员的接触，进一步触发了负责人 A 对服刑人员未成年子女的关注。他从感性上的经验上升至理性的探究，通过收集数据信息、与狱警们沟通、和服刑人员接触，以及参阅相关政策与研究相关文献等途径，深入了解服刑人员的孩子的生存现状。通过调研，他们的现状令他深感震撼，他更是为他们的未来感到深深的忧虑。此时，"帮助这些孩子"的想法在他心中愈发清晰和坚定，"一开始，我接触到了女子监狱的服刑人员家庭，当我走进她的家庭，我的感触就愈发强烈"（负责人 A）。[②] 他开始感受到孩子们在家庭和社区中所面临的挑战以及他们的无助。他随后走访了约上百个家庭，发现"我们面前展现出各式各样的家庭，它们各自有着独特的故事和挑战，让我们越来越感到难以应对"（负责人 A）。这些家庭所展现出的多样性以及他们所面临的挑战让负责人 A 意识到，只有专门的服务才能有效回应服刑人员未成年子女的需求。因此，他决定将志愿服务的范围收缩，从帮助山区困境儿童转向专注于为服刑人员未成年子女提供帮助，探索如何以系统化的服务回应服刑人员未成年子女及其纷繁复杂的需求。

　　2012 年 12 月，负责人 A 正式发起了"红苹果公益"，这是一个专

---

① http://www.hpggy.com/h-nd-336.html.

② 本文所引用的访谈内容主体统一分类编号为："红苹果公益"负责人为"负责人 A"；多位"红苹果公益"工作人员为"工作人员 A—C"；狱警 A；服刑人员 A；服务对象 A 等。

门致力于为服刑人员未成年子女提供帮扶援助的草根组织，组织的名字源于他"孩子们的笑脸能像红苹果一样可爱"的朴素期望。2014 年 6 月，因组织规范注册的要求，登记命名为"福建省教育援助协会"，一家专门致力于为服刑人员未成年子女提供帮扶援助的社团组织自此诞生。

（二）聚焦于服刑人员未成年子女服务探索

自成立以来，"红苹果公益"专注于服务服刑人员未成年子女，对此展开了漫长的服务探索。调研显示①，全国范围内有未成年子女的服刑人员有近 46 万人，服刑人员入狱后家庭解体的为 39.7%，其未成年子女的辍学率为 26.9%，生活得不到保障的为 59.3%，更为严峻的是犯罪行为的代际传递现象，即服刑人员未成年子女有触法行为、走上与父母相同犯罪道路的为 21.2%。无论是阻断犯罪的代际传递以维系社会的稳定，还是让儿童回归健康的成长轨道，针对服刑人员未成年子女的帮扶显得既必要又紧迫。然而帮扶的难度也显而易见，"当初很多人不支持，有异议"，在实践中也缺乏可借鉴的经验。

在行动的起点处，"红苹果公益"沿用了此前帮扶困境儿童的做法，从经济帮扶入手，"把资金作为接触孩子和家庭的敲门砖，进入以后再慢慢引导，从心理开始到家庭，再向社会服务"（负责人 A）。与一般困境儿童帮扶不同，"红苹果公益"80%—90% 的儿童信息来自监狱内，包括服刑人员主动提出帮扶需求、监狱管理人员的推荐、监狱系统呈报名单，少部分来自民政部门的推荐。沿此脉络展开的探索，构成了"红苹果公益"一端坐落于家庭和社会中、一端坐落于监狱之内的服务体系。

一是沿着服刑人员未成年子女的需求，从经济帮扶到心理、家庭和社会关系，逐渐生长。最初在服务形式的选择上，考虑到标签化严重的问题而未采取将服刑人员未成年子女聚在一起的集体生活模式，而是在儿童既有的生活环境中给予必要的支持。随着在帮扶过程中孩子们逐渐

---

① 数据源于福建省教育援助协会公开发表的《福建省在押服刑人员及其未成年子女基本状况调查研究报告》，2018 年 10 月。

暴露出的困难或需求，"红苹果公益"尽可能在现有资源条件下找到满足需求的方案，不断拓展服务的内容和形式。目前形成了覆盖三个层面的服务体系：直接面向个人层面的 PC 计划 ①，面向社会层面的"蝴蝶梦想"② 以及针对家庭层面进行赋能支持的"穿墙引线"③。

二是逐步嵌入监狱运作体系中，并形成相对稳定的合作机制。组织注册后，负责人 A 运用自身监狱民警的身份，时常在各种场合分享服刑人员未成年子女的生活现状、服务中的所见所闻所感并阐述自己的公益理念，引起了监狱管理部门的关注。这些务实的服务对监狱服刑人员的教育改造起到了明显的促进作用，降低了服刑人员再犯罪率和服刑人员未成年子女犯罪率，进一步引起了监狱管理部门的重视。2016 年，福建省监狱管理局加入行政的力量推动这项服务常态化、系统化，动员全省各监狱行动起来，并正式发文倡议局属 20 所监狱和一家医院作为会员单位加入"红苹果公益"，鼓励民警成为志愿者，同时在监狱内成立教育援助中心，专门对接"红苹果公益"组织开展活动，与监狱内的教育改造工作结合起来。随后，又将与"红苹果公益"的配合、"穿墙引线"亲情拓展营等纳入监狱管理考核的内容之一。

"红苹果公益"一面在监外拓展服务、一面在监内深度嵌入，一条关爱服刑人员未成年子女的服务纽带在监狱内外连接起来，双向发力为新的服务探索——"穿墙引线"亲情拓展营项目提供了可能性和运作空间。该服务的诞生同样是为了回应服刑人员未成年子女的现实需求，"服刑人员常常表达出强烈的愿望，希望见到自己的孩子。在他们的家中，

---

① PC 为 prisoners' children，PC 计划即服刑人员未成年子女帮扶计划。PC 计划关注儿童的生存权、发展权、受保护权、参与权，服务内容包括入户陪伴、分散助养、益保工程、梦想礼盒、益起飞翔（组织主题游学成长训练营）、益职体验、心理辅导、亲职教育、线学行动（整合资源，提供免费线上课程辅导）。

② "蝴蝶梦想"的努力方向在于社会倡导、社会再融入及推动政策出台，服务内容包括梦想画室、E 依行动、街头义卖、红苹果跑团、政策研究、阳光桥计划。

③ "穿墙引线"的服务内容包括亲情拓展、关系修复、鸿雁传情、温馨户口、法律援助、职业培训（服刑人员就业创业）。

孩子们也同样热切地盼望着见到自己的父母。我们走访了100多个孩子的家庭，收集到的信息是，这是他们的共同需求，也是他们最深切的渴望"（负责人A）。

为了满足这一情感需求，"红苹果公益"专门启动了"穿墙引线"，围绕"亲情身心拓展→家庭关系修复"，通过对服刑人员未成年子女、监护人、服刑人员的情感梳理，促进家庭成员的情感链接，以亲情为线，穿越心墙、唤醒爱。自2014年第一期"穿墙引线"亲情拓展营开营以来，至今已经与省内的17所监狱合作成功举办了三十六期，共有469个家庭1 480名服刑人员未成年子女及其家属在温暖的氛围中实现零距离的亲情互动。

"红苹果公益"仍在努力向前探索，与既有服务一脉相承又有所突破的新方向是**驻监社工**，即培育并派专门的社会工作者驻扎在监狱内，一方面作为桥梁联动监狱内外，更好地开展既有的项目，包括帮扶名单的确定、需求的表达和服务信息的反馈，更细致地为当地困境儿童及其家庭提供综合化的支持；另一方面在监狱内建立一个固定的服务点，承担起当前服务模式中由狱警志愿者负责的相关工作，服务对象从服刑人员未成年子女进一步延伸到服刑人员、公职人员等，创新教育改造的模式。目前已与福建省内三所监狱开展驻监社工试点工作。

（三）定位：以儿童为中心

尽管"红苹果公益"已经形成了服务体系并产生了效果，但是十多年来关于这项服务的争议和质疑声始终未绝，有些人直言不讳地提出"他们都犯罪了，为什么要去帮助他们"；有些人则好言相劝，"林老师，我们非常敬佩您个人，坚持了十几年，但帮扶服刑人员还是让人想不通"；更有人根深蒂固地持有"龙生龙凤生凤，老鼠的儿子会打洞"的观念，认为帮助这类群体是毫无意义的，再怎么努力也不会改变什么。尤其是"穿墙引线"的服务不仅涉及儿童，而且要与服刑人员产生关联并为其提供服务，这无疑引发了更大的质疑：对于犯罪的人还有帮助的必要吗?

那么,面对如此之多的反对声音,"红苹果公益"为何还要坚持下去,为何仍在长期投入这项服务?从表层来看,是因为他们发现了一些令人信服的效果。这些效果既体现为成功切断了犯罪的代际传递、促进了儿童的健康成长,还体现为促进了服刑人员更好地改造。那么,为什么这么做是有效的呢?为了解答这一疑问,研究团队逐层深入探索"红苹果公益"的理念及其服务的根本定位。

第一,明确划定服务范围。 如同大多数人认为的那样,服刑人员都是坏人,被法律剥夺了自由,限制了权利,受到了严格的监管,他们的主要任务就是接受惩罚和改造。倘若只关注于此,相应的做法是在社会和家庭环境中尽可能为儿童提供帮助,明确划定服务的范围,避免接触监狱系统和狱内的服刑人员。然而,"穿墙引线"项目的产生与持续,已经充分表明"红苹果公益"并没有选择这样的定位。

第二,以功能为本的工具性目标。 即为服刑人员及其未成年子女提供服务、使其重建亲子关系,以亲情帮扶为有力工具来实现教育改造的功能。出于工具性的目的,"红苹果公益"将服刑人员视为"好人",着重于支持其作为父亲或母亲的角色和情感,从而让服刑人员安心地接受改造。从字面上的描述以及得到监狱管理系统的认可来看,这似乎正是"红苹果公益"的定位所在。负责人 A 回应上述质疑时谈道:"如果我们对服刑人员不给予帮助,他们很可能会自暴自弃,犯罪率会持续居高不下,那将是一个严重的问题","教育改造要讲方式方法,传统的方式对罪犯来说是比较被动的,而亲情情感触动可以激发很多人从被动变为主动","我们在回访服刑人员时,问他们谁最重要,得到的答案既不是朋友,也不是民警,而是他们的孩子。一聊到孩子时,他们的心就立即柔软下来"。相应地,"红苹果公益"的亲情帮助在监狱内教育改造上取得了显著效果,甚至成为最有效的手段之一。曾经令监狱管理者感到棘手的"顽危犯"①和"抗改分子"都发生了改变。例如，2017 年在榕城监狱，通过亲情帮教服务，成功让 80% 的"抗改分子"回头是岸；在永安监狱，受到帮扶的服刑人员积极主动改造、严格遵守监规纪律。一些服刑人员不同程度地受到各种奖励，其中 13 名获得了减刑奖励。②

然而，当我们再往深处探索"红苹果公益"的世界时，发现其目标并非仅仅是实现教育改造的功能、满足工具性的需求，其有着最深层次的答案。

第三，以儿童为中心的实质性目的。继续追问，最深层的想法浮出了水面："我从内心深处，迫切地想要帮助这些孩子。虽然我是一名监狱民警，但我始终以孩子们为工作的核心。任何时候，我和团队伙伴都会坚定这个信念，我们的初心就是关爱孩子，否则也不会做公益，教育改造是后期延伸出来的效果。"（负责人 A）可见，"红苹果公益"并不只是为了达成教育改造的效果，而是以帮助孩子为实质目的，将之作为所有行动的出发点和根本目标，而非仅仅作为工具或手段。在"红苹果公益"看来，服刑人员未成年子女和其他所有儿童是一样的，都应得到尊重和平等对待，因此，其定位于以儿童为中心，凸显出人的本位价值。

"红苹果公益"始终坚持人本的理念，无论对方是怎样的孩子，他们始终将以儿童为中心的理念放在首位。每个人都值得被平等对待，人本身优先于当下的状态、所处的境遇、所属的群体或社会身份、地位，先在地具有一份人本价值。以儿童为中心是无条件的，是"红苹果公益"根深蒂固的价值认可，不管对方是怎样的孩子，以此出发的支持和帮助不是工具和功能导向的。

他们根据以儿童为中心的定位行动，无条件地帮助孩子和孩子的父母，这不仅触动了他们，还产生了有助于服刑人员改造、有助于社会稳定与降低再犯罪率等的积极的效果，使他们实现了第二个功能性的目标。

---

① 顽危犯，即顽固危险分子。
② https://www.sohu.com/a/248629486_100117845.

"红苹果公益"以实践生动地说明，当定位到人本时，人本的到位演绎出工具，工具演绎出有用，有用进而印证了整个服务行动是有道理的、自洽的，即人本→工具→有用 / 实现功能。再往前推一步，只有真心为了孩子，工具意义上的效果才能达到最佳。以儿童为中心真正落地到位，在服务过程中，对待对方的方式由内而外地体现出来，人与人之间的互动友好、尊重，服务者继续在互动中引领着对方成长改变。正如负责人A 所坚信的，"你的态度一旦转变，他们也随之改变。如果你坚信他们能够改变，那么他们一定能够改变"。

综上所述，以上呈现了三种定位：第一个是服刑人员是要被惩罚的坏人；第二个定位是出于工具性目的，帮助他们的孩子和家庭是为了促进服刑人员的改造；第三个则是，为服刑人员提供帮助是对待人本身时的要求。第三个定位比第二个更为根本，涵盖并超越了第二个定位的作用。值得深思的是，"红苹果公益"的初衷是站在第三个定位层面上，以儿童为中心、以具体化的人为中心，然而在现实中，大多数情况下只能以第二个定位的内容来与外部进行交流，直接拿出本源则往往行不通，这反映出以功能为本的思维方式在当今社会中仍然占据着主导地位。

长久以来，我们的社会一直以权力为中心，以是否有用为中心，现在越来越需要将重心转移到人本身之上，构建以人为中心的社会。从这一角度来看，"红苹果公益"的服务不仅在改变制度，也在改变人们的观念和文化。与此同时，这也意味着他们将会面临来自现有制度、传统社会文化观念的巨大障碍。

三、服务的合理性分析

在我们与人交往时，我们常常习惯于迅速判断对方的善恶，爱憎分明地给予反应，因而涉及监禁惩罚的服刑人员乃至其子女，往往被划归为坏人，于是我们理所当然地认为无须对他们展示善意。然而，"红苹果公益"却以十年如一日的服务，坚持对服刑人员及其未成年子女表达善意，始终坚持以人为本，聚焦于人的本质，定位到人本身来展开行动。这一定位的高度令人眼前一亮，但也使人疑惑：对服刑人员及其未成年子女友善是否真的可行？特别是，"穿墙引线"的服务项目涉及监狱内部，为其提供帮助和服务是否会干扰或妨碍服刑人员的改造？这或许正是"红苹果公益"经常受到质疑的原因。

因而，首先需要探讨的是，在严密的监狱系统中是否存在服务的空间？"红苹果公益"在其间开展"穿墙引线"服务是否合理？同时，在服务过程中接触到服刑人员时，"红苹果公益"如何看待他们的改造，又是以怎样的方式对待他们的？

（一）事件梳理：有无服务的空间？

回答上述问题的第一步是梳理服刑改造这一事件本身，深入了解服刑改造这一制度的核心，具体包括服刑人员在监狱内的改造目标是什么、希望被改造成怎样的状态，以及如何采取合理、合法的方式来达到目标。要在了解目标的基础上，明确服刑人员在改造过程中必须完成的任务和必须遵守的行为规范，并清楚了解其权利义务。尤其是严格规定的要求和限制，属于服刑人员绝对不能触犯的红线。只有厘清这些边界，才能进一步探讨是否有可能为服刑人员提供服务，或者是否有可能让他们更好地回归社会、融入社会。

综合《中华人民共和国监狱法》[①]、《监狱服刑人员行为规范》[②]、《福建监狱罪犯会见通信管理办法》[③]、《监狱计分考核罪犯工作规定》[④]及《福建省监狱狱务公开手册》等法律法规中的相关内容来看，第一，要依法

[①] https://flk.npc.gov.cn/detail2.html?MmM5MDlmZGQ2NzhiZjE3OTAxNjc4YmY3NDU4NzA2Nzc.

[②] https://www.gov.cn/zhengce/2004-03/19/content_5713711.htm.

[③] http://jyj.sft.fujian.gov.cn/xxgk/.

[④] http://jyj.sft.fujian.gov.cn/xxgk/flfg/202202/t202202105832218.htm.

在监狱内执行刑罚，实行惩罚和改造相结合、教育和劳动相结合的原则，将罪犯改造成守法公民。其中，惩罚重在强制，改造重在转化。根据改造罪犯的需要，组织罪犯从事生产劳动，并对其进行思想、文化、职业技术教育，教育改造与劳动改造相结合。第二，法律保护罪犯的人格不受侮辱，其人身安全、合法财产和辩护、申诉、控告、检举以及其他未被依法剥夺或未被限制的权利不受侵犯。第三，服刑人员须遵守基本规范、生活规范、学习规范、劳动规范、文明礼貌规范。第四，罪犯在服刑期间可以按规定与会见范围内的人员会见、与他人通信。第五，罪犯教育和文化改造表现的考核标准中，包含参加监狱组织的亲情帮教、警示教育等社会化活动。[①]

从中可以看到，惩罚和改造并非最终目标，而是为了将服刑人员改造成守法公民。除了强调围绕惩罚改造的事项、要求和行为规范以外，法律强调了保护和尊重服刑人员的人格和合法权利。法律剥夺了服刑人员的自由，且严格限制了他们的生活，但这并不意味着作为一个人的所有权利都被剥夺了，例如，人的兴趣、情感交流、人格的存在与自我的出场、精神追求、价值感、尊严感以及其他社会角色的展现和表达等没有被剥夺。更重要的是，按照规定，服刑人员作为父母，与子女见面、书信往来等亲情互动属于教育改造的方式之一，不仅是被允许的，而且受到鼓励和支持。

这表明在监狱环境中，尽管服刑期间的生活被严格限制，但仍然存在一个相对自由的空间。这一空间主要涉及除服刑事件之外的关于人本身的方方面面，**关于"人"的部分会被怎样对待，实际上处于未被确定的状态**。例如，服刑人员的身份与其父母的角色并不冲突，这两者可以明确区分开来。人的诸多侧面不属于明确规定的范畴，这就意味着存在巨大的可塑性空间，既有好的可能，也有坏的可能；既可能得到关注，

---

① 《监狱计分考核罪犯工作规定》，http://jyj.sft.fujian.gov.cn/xxgk/flfg/202202/t20220
210_5832218.htm。

也可能被忽视；既可能有形式上的帮助，也可能有深入的人文关怀。

对比现实情况，一种情形是，只关注"人在服刑中"，而忽略了"服刑中的人"，只看到围绕服刑展开的规定和要求，而忽视了人的其他方面；另一种更常见的情形是，以犯罪和服刑事件来完全否定一个人，以"事"来定"人"，依据犯罪服刑这一事件，而认定对方已经是"彻头彻尾的坏人"，以怀疑、防范、约束或排斥、隔离来对待对方。以此为视角的做法和色彩蔓延到对人对事的方方面面，完全不加以区分。然而，如果我们回归到将服刑人员改造为守法公民的目标上，上述两种情形显然都无益于目标的实现。相反，甚至可能将对方固定在坏人的位置，导致服刑人员最终被边缘化，彻底沦落至无法被改造的境况。

综上所述，面向服刑人员，不仅有公益组织行动、开展社工服务的空间，而且有关于其人本身的心理、情感、人格、家庭与社会关系等方面的精细化服务，这对于帮助服刑人员改造为守法公民的终极目标至关重要。一位监狱管理局领导曾经说过[①]："改造罪犯不仅仅只是把罪犯关起来，而是一项涉及全社会的系统工程。'大墙思维'难以取得改造的效果，还可能导致'二代犯罪或二次犯罪'的恶性循环。"

通过梳理服刑事件，厘清了服刑的目标及相关要求。从制度层面的入监服刑安排到改造服刑人员的现实需求，一个可以有所作为的潜力空间浮现出来，这便为"红苹果公益"的行动创设了机会。

(二) 行动基调：人和事的分离

源起于对困境儿童的帮扶，"红苹果公益"的服务完全从儿童的视角出发，以儿童的成长发展为出发点，而不是为了服刑人员。随着儿童服务的展开，以儿童为中心的理念在落地过程中，自然延伸到了服刑人员群体上。无论是在监外对服刑人员未成年子女及其家庭的帮助，还是进入监狱内开展的"穿墙引线"，都间接或直接地涉及服刑人员，包括

---

① https://m.thepaper.cn/baijiahao12679077.

主动提出申请、表达需要帮助的诉求，获得关于孩子的信息反馈，直接接受亲情拓展和互动等多种形式的服务。那么，"红苹果公益"是如何看待服刑人员改造的？其服务在怎样的边界内展开，是否会干扰或妨碍改造？

"红苹果公益"面对服刑人员改造，确立了**人事分离**的基调，这一基调贯穿到服务中，成了指引行动的总体原则，架设起了整个服务体系的行动框架。人事分离，从字义上理解，即把人和事分离开来分别对待。"事"，即服刑人员因触犯法律而接受惩罚这一事件，服刑人员必须按照相关法律制度的规定合理合法地接受惩罚、完成改造；"人"，强调的是可以从犯罪这一事件中分离开来的人本身，每个人的存在本身就有一份先在的价值，是值得尊重的。尽管人和事时刻密切交织在一起，但区别在于，人在一生中经历的事件是无限的，涉及无数局部和模块，亦会演化出无数的形式，而每个人都是独一无二的存在，是根本和唯一。

具体而言，"红苹果公益"将"人"从事情中分离出来单独对待，事是事，人是人，将服刑人员犯罪的事件与其子女分开，将服刑人员的身份与其作为父母的角色分开。

从"人"的角度来说，在"红苹果公益"心目中，服刑人员及其子女都是有价值的，不因对方做错事情接受惩罚而彻底否定对方，给他们贴上标签，应看到对方具有生而为人的基本权利[①]、情感和尊严，看到他们生活境遇里的困苦以及亲子之间的情感需要，并为此付出努力、提供帮助。"他们犯了错就应该接受法律的惩罚，法律剥夺了他们的自由，但并没有剥夺他们作为父母的权利和对孩子的情感表达。"（负责人 A）"如果强调服刑人员的家属身份，就会给对方贴上标签，我们在入户、帮助过程中会不断弱化这个标签。"（工作人员 A）

从"事"的角度来说，则是划分出清晰的边界。首先，服刑人员做

---

① 罪大恶极被依法剥夺生命权的罪犯除外。

错了事情，犯了错误，理应按照法律接受惩罚和改造，必须遵守服刑期的规定。在此之上，"红苹果公益"对服刑人员罪行判定等涉及服刑改造的方面从不触及，绝不在帮助"人"的过程中干扰和妨碍改造。"有时候，我们到一些家庭中，看到老人满眼泪水地诉说着自己的孩子是多么冤枉。此时，我们会立即表明罪行方面我们不会介入，罪行是依据法律审判的，我们只能帮忙改善您家庭中的未成年孩子的生活境况。"（工作人员 B）"我曾在监狱中告诉他们，你唯一能做的就是好好表现、好好改造，没有人可以通过任何渠道提供任何方便，我们只能为你的家庭做点力所能及的事情，其他的我们都做不了"（负责人 A）。

在清理出服刑人员所需要遵守的规定之外，"红苹果公益"在允许的空间内引入软性服务，对"人"予以关注，回应其情感需求。

（三）分离之后：引入对人的关注

在人事分离后的空白地带，"红苹果公益"的社工和志愿者介入服务，首先将儿童自身与父母服刑的事情完全剥离开来；其次将接受惩罚与父亲母亲的角色分开来，在合理合法的边界之内，给予其作为父亲母亲与孩子的互动这一侧面以极大程度的关注。随着儿童服务的持续发展、服务内容的深入以及服务形式的多样化，从人文关怀的视角，把对服刑人员的关注逐渐引入监狱环境系统之中，让长期被监管、被防范的服刑人员感受到被关注、被支持。

"红苹果公益"使儿童服务从经济帮扶深入到心理、家庭关系层面，从个体帮助发展到家庭整体的赋能提升，从在监狱之外的 PC 计划发展到进入高墙之内的"穿墙引线"。"红苹果公益"对"人"的关注逐步由远及近、由浅入深。

1. 监狱外：持续帮助子女

"红苹果公益"最初出现在服刑人员的视野里时，令他们感到震惊的是，原来在监狱之外，还有这样一个专门关注他们的焦虑、担忧、关切的公益组织，他们的孩子和家庭的许多困难得到了这个组织的回应和解决。

被关押在监狱内的服刑人员最关心家人的生活状况及孩子的成长状况，他们害怕家庭破裂，更害怕孩子走上同样的犯罪道路。"当被问到服刑过程中最大的挫折时，许多罪犯提到的不是他们在监狱的情况，而是对在监狱外面的孩子的担心。"（狱警 A）在这种情况下，"红苹果公益"的出现为他们带来了一份希望。有未成年子女的服刑人员，可以随时申请"红苹果公益"的帮助。经过监狱方面的审核后，这些信息会直接传递给"红苹果公益"。"红苹果公益"随即启动电话访谈，了解服刑人员提出的帮扶需求是否符合其家庭的实际情况，以及监狱外的家属是否愿意接受帮助。一经确定，这些信息就被纳入"红苹果公益"的信息库，并通过入户探访评估具体需求，进而开展一系列的帮扶工作，包括：为孩子购买抵御大病风险的保险；节假日赠送梦想礼盒；如果家里的经济状况低于当地低保标准，则为其申请助学帮扶并尽可能协助家庭找到生计来源；如果孩子的学业和心理存在问题，则对接相应的志愿者，为他们提供学业帮扶及心理考察。"红苹果公益"对孩子的陪伴贯穿帮扶的全过程。

总体上，监狱外面向儿童提供的帮助，从经济帮扶到心理、家庭和社会关系层面的帮扶，服务的供给不是统一的，而是根据对方的具体情形和需求而定，具有个性化的特点。同时，"红苹果公益"也不断努力与学校、民政部门等建立联系，为孩子们提供更友好的成长支持。

对服刑人员未成年子女而言，"红苹果公益"使他们在学习、生活和成长过程中所面临的困难得到了有效的缓解。更为重要的是，相比他们被周围嘲笑、排斥、标签化的情形，"红苹果公益"提供针对性的帮扶，以平等的姿态和友好的方式向孩子传递"你们是值得的""你们自己的成长非常重要"的积极信念，总体上为孩子和家庭提供了一个相对稳定的支持力量。

【双重帮助】

PC 计划之所以与益保工程①紧密相连，是因为一次令人心痛的偶然事件。一位服刑人员未成年子女身患重病，在走投无路之际寻求"红苹果公益"的帮助。"红苹果公益"立即行动起来，协助孩子得到了及时有效的医疗救治。经过一段时间的关心与照料，孩子的病情得到了极大的改善，生命得以重新焕发生机。

这个过程并不仅仅是帮助一个孩子战胜疾病，更深层次是让原本在监狱内被视为顽固分子、属于高危人群的父亲看到了希望，感受到了社会的温暖和关怀。他意识到"红苹果公益"不仅给予他的孩子重新生活下去的机会，也带给自己在监狱内重新改造、改变命运的可能。自此之后，益保工程便成为 PC 计划中不可或缺的一部分，为更多的服刑人员未成年子女提供了健康保障的基础，也为他们家庭的未来提供了一份支撑。

更触动服刑人员的是，对孩子的实际帮助不是昙花一现，而是长期持续的。近期走访的一位服刑人员谈道："当初看到你们，觉得跟其他人一样，可能就帮一下，没想到这一帮助就是七年。在第三年就被打动了，你们是真心在帮我们，是我的精神力量。"（服刑人员 A）"红苹果公益"停止服务的条件只有两个：一是儿童年满 18 岁，超出了未成年的帮扶范围；二是服刑人员父母一方出狱，出狱后"红苹果公益"将继续追踪观察一年，观察期满后孩子的父母已经回归社会，家庭恢复正常。"不在这两个条件之内的，我们会始终帮助。所以我们从协会成立到现在，一直在帮助，一直在持续。"（工作人员 A）

帮扶行动会通过家属探监或者狱警反馈给服刑人员，除了减缓

---

① 益保工程：该项目是为满足服刑人员未成年子女健康保障的需要，为服务对象购买大病医保，增强其家庭承担风险的能力，避免使其陷入因病致贫的困境，为孩子健康成长提供基础保障。

其对孩子状况的担心以外，其随之而来的感受是自己不仅没有被社会彻底放弃，而且得到了社会的关注和关爱。"监狱了解情况后也会及时跟服刑人员反馈，'红苹果公益'对他进行了哪些帮助、家里的情况是什么样子，他了解到家庭和外面的人的情况，也知道社会没有放弃他，他在监狱内的改造才比较安心。"（工作人员 A）"红苹果公益"每一次对儿童的帮助以及信息的反馈，都是在与父母亲的角色和情感相呼应，"人"的这一侧面也因此得到强化。

2. 监狱内：促进亲情互动

"红苹果公益"的服务从 PC 计划拓展到"穿墙引线"，致力于重建服刑人员与孩子之间的关系连接，满足双方的情感需求，并推动儿童、服刑人员及监外家属的自我成长。显然，"红苹果公益"对服刑人员的关注进入更深层次的地带，既包括情感、家庭关系的修复，又激活了他们自身的尊严感、希望感和向善向好的动机。

与 PC 计划在监狱外持续关爱儿童的模式不同，"穿墙引线"①从高墙外走进高墙内，提供的服务与监狱密切相关，主要包括为期三四天的亲情拓展营和家庭关系修复活动。在拓展营中，通过精心创设的环境、氛围和活动环节，为服刑人员和他们的子女、家属分别提供心理疏通、情感酝酿和表达的机会，并在最后一个半天安排服刑人员和子女、家属直接见面，一起活动、相互拥抱、面对面沟通，真实地触碰到彼此。此外，"红苹果公益"还协助亲子以"会飞的本子"为载体进行书信往来，入户时将本子带给孩子，记录生活里的点点滴滴，三个月后从孩子处收回来寄到监狱里，再交由服刑人员写日记，以此促进双方的交流。

"穿墙引线"的服务对象并不完全与 PC 计划重合，它涵盖了一部分由监狱主动提出以及"红苹果公益"提出需要改善的建议名单。经过监

---

① "穿墙引线"和 PC 计划的服务对象不完全重合。"穿墙引线"：一部分是监狱主动提供名单，一部分是"红苹果公益"提出需要改善的建议名单。监狱综合考量并进行审批。

狱的综合考量及审批，这些服务得以顺利展开。这些服务不仅帮助孩子办理户口、提供法律援助等，也涉及监狱内取证鉴定，以确定亲缘关系、准备落户所需的材料等。

在"穿墙引线"的一系列服务中，亲情拓展营带给服刑人员的体验最为强烈、深刻，从原先的间接、被动地了解孩子的相关信息到现在直接的肢体接触、近距离的互动、情感上的链接，这种转变带给服刑人员震撼般的冲击。一家人紧紧拥抱、痛哭流涕、道歉忏悔、向孩子承诺好好改造争取早日团聚的场景，几乎出现在每一场拓展营中。相比日常探监时隔着冰冷的玻璃或在电话中生硬地交流，在这种充满温度和温情的氛围里会面，无疑让服刑人员内心深受触动。忏悔、自责、感动、渴望团圆等各种情感和思绪在此刻达到了高峰，人性中柔软和善良的一面被强烈激发出来，双方之间的融合度及沟通的紧密度也随之提高，所产生的深远影响往往难以用言语来表达。

此外，尽管参加拓展营的人的数量有限，但是通过服刑人员口口相传以及监狱定期播放会面视频，监狱内其他服刑人员也知晓有一个公益组织在主动帮助他们。遇到困难时，服刑人员会写信或者主动向狱内教育援助中心寻求帮助，只要提出的需求合理真实，"红苹果公益"都会及时跟进介入。

【一张照片的力量】

在 2015 年的一期"穿墙引线"中，一名服刑人员和他自己的孩子、家人终于有了一张久违的合影。即将出狱之际，这位服刑人员小心翼翼地提出留下那张照片。几年后，在最近一次对其的回访中，他说道："那张相片我一直带在身边，陪我度过了许多难忘的时刻。"听到这里，负责人 A 好奇地问道："你现在还做那些违反规定的事情吗？"他回答道："林老师，这张相片就是我一直坚持改造、努力做更好的自己的动力。"

【能不能背一下我的孩子】

福建省泉州监狱在一期亲情拓展营活动中设置了一个活动环节：蒙着眼睛的父亲背着3—6岁的孩子，由孩子用语言引导父亲走过一条设置了不同障碍的道路。

活动快结束时，突然有一位服刑人员举起手，问："警官，能不能也让我背背我的孩子？"这位服刑人员的孩子15岁，个子比他还高、比他还重，怎么背？在他的坚持下，现场的志愿者们还是满足了他的要求。当他气喘吁吁地将儿子背到终点时，已是泪流满面，他哽咽地告诉我们，在孩子3岁的时候，他就进了监狱，12年间一次也没有见过孩子，今天能在这里背背孩子，让他感到非常幸福，自己也有了改造的动力，想为孩子努力，争取早点回家。

再去监狱回访时，狱警反馈这名服刑人员在参加这次活动后改变很大，已经减刑。

从儿童的视角和体验来看，亲情会面同样重要。事实上，无论孩子自己如何看待父母的服刑，只要外界认为爸爸妈妈是坏人，对孩子而言就是天塌下来了，会认为自己是一个坏人的孩子。消除负面认知最直接的办法便是亲子见面，见面氛围是亲情浓厚且平和的，社工和志愿者没有将对方当作坏人来对待，对待的方式会落入孩子眼中，使其形成新的感受。由此对儿童有两重作用。

一是引领儿童学会人事分离，通过志愿者的正向引导、群体氛围的营造、群体对事件的界定，尤其是亲子见面等一系列环节（具体服务内容详见本文附录），孩子们在真实的体验中逐渐认识到应将人和事分离开来看待。一方面，孩子意识到父母的犯错不是自己的罪过，将自己与犯罪剥离开，不给自己贴上自我否定的标签，消除耻辱感或负罪感；另一方面，入监参访直面服刑期间父母的生活和改造的真实场景，孩子们认识到自己的父母之所以被关押在监狱，是因为确实做错了事情，做错事情就要承担相应的后果，付出相应的代价。

二是经过"红苹果公益"有意设计的环节和氛围的营造，双方在短时间内达到亲情浓度极高的情感链接状态，孩子对父母的感情的负面感知或无感知被破除，父母的犯错不影响他们的存在以及对自己的爱和感情，"小木木很小的时候没有见过父母，根本没有父母的概念，参加完亲情拓展营之后，他突然发现自己跟其他孩子没什么不一样，原来自己也是有爸爸的"（服务对象 A）。

3. 互动中的平等尊重

上述服务过程中，除了服刑人员和子女、家属的互动，"红苹果公益"的社工、志愿者与服务对象之间的互动也在自然地发生着，并且朝向积极的人际关系的建构。这一人际关系的出现对服刑人员而言是质变性的，他们不再只体会到监管与被监管、管教与被管教，或者被歧视、被排斥的关系。

"红苹果公益"从以儿童为中心的纯粹公益理念出发，通过身体力行，将志愿者的招募与培训、整体氛围的营造、制度安排等浸润到服务之中，潜移默化地一并递送给对方，让服刑人员感受到自己即使做错了事情，依然是一个有价值的人，有改过自新、重新做人的机会；也让孩子们感受到被呵护、被关注而不是受父母服刑的事件牵连，从而在真实的人际互动中撕掉"罪犯的孩子"这一标签。

从"红苹果公益"创始人到一线的工作人员、志愿者，都在尽力以平等、友好、尊重的方式对待服刑人员和孩子。

"有些服刑人员看到我跟看到亲人一样，眼泪止不住地流淌，这是最真实、最真挚的情感，没有办法装出来；还有一些人一看到我就会走过来，想要跪下向我表示感激。我当然会立刻扶他们起来，而这一切仅仅是因为我们帮助了他的孩子，建立起了他们的亲情的对接"（负责人A）。创始人始终没有因为给予他人帮助而觉得自己高人一等，有的服刑人员以不太友好的语气提出帮助的诉求时，周围的人听了感觉不舒服，他还是会一视同仁地想办法来给服刑人员提供帮助。

招募志愿者时，最内核性的要求是"一定要能够接受我们'红苹果公益'的服务理念，要能够平等看待每个人"；志愿者培训中，首先强调的也是公益理念，强调将服刑人员犯罪的事件和人本身分开，分享帮助服刑人员未成年子女的用意，"因为他们的孩子是无辜的，不能因为父母有过错，就牵连到孩子身上"；在入户探访时不能表现出高于对方的帮扶者姿态，"我们要求在入户时，不要穿有醒目标识的衣服，比如红马甲等。这样就不会明显体现出我们是来帮扶他们的，更多地是说我们来自'红苹果公益'，想要关注孩子的成长情况"（工作人员 B）；亲情拓展营为每个家庭一对一匹配志愿者，志愿者在接受同理、接纳等服务理念与手法的相关培训之后融入群体中，全程参与所有的环节，持续三四天陪伴结对家庭，不断给予关怀、关注，"跟小孩子同吃同住，一起玩耍、一起破冰、一起学习，所有过程都参与进来"（工作人员 A）。

（四）效果：降低两类高犯罪率

每一期的"穿墙引线"亲情拓展营，其直接效果最先会被监狱管理系统感知。监狱对服刑人员在监狱内的表现进行评估测试，数据显示参加拓展营三个月后与参加拓展营前的数据相比，服刑人员的情绪稳定性、改造积极性以及整体状态都得到了显著提升。尤其是一些顽固危险或表现不良的罪犯开始主动积极地配合狱警进行改造，改善效果明显。

长期帮扶的效果则主要显现为两类高犯罪率的下降：一是服刑人员的再犯罪率，接受过红苹果公益帮扶的服刑人员刑满释放后一般没有再次犯罪；二是服刑人员未成年子女的犯罪率，有效切断了犯罪行为的代际传递。这两类高犯罪率的下降对于整个社会的稳定和减少对社会、对他人的伤害而言，其作用是不言自明的。需要强调的是，这两类数据由司法部门及监狱管理部门进行统计和证实，目前暂不能公开。根据"红苹果公益"的追踪记录，长期帮扶的有 4 512 名孩子，均没有辍学和犯罪，帮扶的服刑人员刑满释放后未再犯罪的有 1 120 多人，有效切断了二次犯罪和二代犯罪的恶性循环。尽管没有辍学和犯罪已是极其难得，但是对标儿童发展的高远目标追求，这只是基础性的成果，如何回应儿童成长中更多深层次的需求，尤其是解决人格发展上的困境并使儿童发展的潜能最大化，则仍有待于"红苹果公益"持续深入的探索。

除了数据方面的效果以外，服刑人员状态的提升还体现为向善的一面及善意的行动。在接受过"红苹果公益"帮助的服刑人员中，有 90% 在出狱时主动提出将在监狱所得的劳动报酬全部捐赠出来，并表示出狱后想做志愿者。这些善举充分体现了他们内心的转变和积极向上的人生态度。

（五）原理解析：人事分离的价值潜力

上述几重效果表明"红苹果公益"的服务不仅没有干扰和妨碍服刑，而且充分体现了对服刑人员教育改造的作用，更有助于实现"将罪犯改造成守法公民"的根本目标，这意味着服务体系的产生和持续运转为服刑人员自身的回归、监狱内管理目标的实现以及社会的稳定发展创造了一份价值。那么，为什么这样的服务会带来价值？价值潜力究竟从何而来？

价值产出的原理在于现代意义上的人事分离。在没有被严格规定的空白地带，"人是如何被对待的"、价值和尊严是否被看重、在服刑之外的人的更多侧面是否被关注，实际上是未定的。此时人们倾向进入的轨道是人事不分离，以事定牢一个人，对事的看法和态度蔓延到人的身上，忽略了人的部分，对服刑人员的怀疑、防范和约束过度延伸，将对方时刻置于被怀疑的位置之上。其带来的结果是服刑人员或是在狱内因为担心孩子而无法安心改造、抵抗改造，或是出狱后面临破碎的家庭，甚至是已经堕入犯罪的孩子，缺乏希望和未来，更容易再次走入犯罪的道路。

更可怕地是，将父母犯罪的问题延伸到无辜的孩子身上，以防范、怀疑、排斥的方式将孩子确定在坏人的位置上，而忽视了未成年人本身也只是一个要成长发展的普通孩子，比如，某村委会以家人犯罪为由，拒绝通过家庭的低保申请。按照美国临床心理学家约翰·威尔伍德的观点①，人类关系中最具有毁灭性的元素，是给别人戴上"坏"或"错"的帽子，然后评判、拒绝、处罚他们。

"红苹果公益"正是将服务投入未定的空白地带，社工、志愿者介入服务，对"人"关注，与监狱内针对犯罪行为的严格管教，一并形成了"人"和"事"分离对待的双轴管理结构。在事的方面，服刑人员按照要求进行改造，服从监狱的管教，因做错事情而承受刑罚；在人的方面，"红苹果公益"的服务填充在空白地带，关注满足对方的情感需求，服刑人员由被怀疑、防范、忽视变成被信任、被支持，这就呼应和激发了人内在积极向好的成分。事是被惩罚和被改造，人是被支持、被信任，两者加到一起构成了最佳的改造模式，逐渐将服刑人员带入积极改造与发展的轨道，所以再犯罪率降到最低，效果自然而然地出现。"当他们感受到自己并未被外界抛弃，背后的家庭也比较安定，他们就会意识到自己曾经犯下的错误，从而在狱中安心地进行改造。"（工作人员 B）

简化为两条轨道，对比不同的改造模式及其带来的结果：

第一条轨道：人事不分离→**服刑人员被定于坏人的位置 + 忽略其孩子**→抵抗改造或出狱后无法回归社会→再次犯罪

第二条轨道：人事分离→**事：惩罚改造 + 人：信任支持（双向帮助）**→安心改造后顺利回归社会→切断再次犯罪

从以儿童为中心的定位出发，以亲子之间的关系和情感为纽带，"红苹果公益"间接建构形成了改变服刑人员的第二条轨道，在服刑人员原有的改造模式中增加了新的成分，由此释放出一份新的价值潜力。从人本到教育改造的工具，从工具到助力改造目标，充分证明了为服刑人员及其子女提供的服务不仅是合理的，而且是必要的。

---

① 约翰·威尔伍德，雷叔云.完美的爱，不完美的关系［M］.深圳报业集团出版社，2009.

反过来，从价值产生的原理勾勒再回到具体的服务，在实践中为了让这一价值潜力真正释放出来，必须具备相应的环境、条件和技术，其中两大节点问题是，能否嵌入监狱系统内，使监狱管理部门接受并配合行动，两者形成稳定的合作机制；人事分离之后，社工和志愿者怎么对待对方，能否真正做到以人为中心，真正体现出对人的信任和支持。这是"红苹果公益"在优化既有的服务体系以及复制、推广时必须要突破的关键制约点。以下对两个部分依次展开讨论。

四、服务体系的创新与挑战

让我们回到"红苹果公益"帮助服刑人员未成年子女的主脉络，从整体上呈现这一服务体系的构成以及在机制、制度层面上的创新，进而分析其中最核心的挑战——如何嵌入监狱的运作体系之中？在人事分离、边界清楚的基础之上，又如何与监狱内部的管理相互融合，形成深度稳定的合作？

（一）纺锤形服务体系的构成

从上一部分关于服务的详细阐述中可见，不同于把服刑人员未成年子女集中起来一起养育的模式，也不同于在社会空间中单向为事实孤儿（包含服刑人员未成年子女）提供服务的模式，"红苹果公益"的服务体系是一个纺锤形结构，以孩子和父母两端之间的互动为纽带，一端支持身为父母的服刑人员，一端促进孩子的发展、给予呵护。纺锤形服务体系一经形成并且在服务技术到位的条件下稳定运转，所产生的效果是双向的，一端对父母亲的改造有帮助，一端对儿童的发展有帮助。

相应地，服务的场所也分别位于两端，一端坐落在孩子的家庭和学校等社会场域之中，另一端坐落在监狱之内。家庭和社会一端的服务沿着对方的需求展开，根据现实情况予以回应，这一端在一定程度上不存在嵌入运作环境的难题。为了精准地触达服务群体，"红苹果公益"的名单主要来自监狱内，数据摸排、首次入户、找到并叩开家庭的门、帮扶的信息反馈等工作均需监狱民警的配合与支持。当关注双方之间的互动和情感链接时，双方必须见面，而且还要在特定的氛围之下见面，此时的核心便直接坐落在监狱这一端，必须跟监狱内部的管理运作打交道，获得监狱的允许。

从成立以来到各项服务的展开，福建省监狱管理系统给予"红苹果公益"极大的支持和政策空间，这是形成纺锤形服务体系的必不可少的条件。

在政策层面，早在2016年，福建省监狱管理局就下发了《关于扶持省教育援助协会（"红苹果公益"）的意见》，鼓励局属单位以法人身份加入协会，鼓励民警以普通公民的身份加入协会，工作之余参加志愿者服务，并且将"红苹果公益"的活动列入局党委年度重点项目，实现长期目标管理考核。2017年，时任福建省委政法委书记、现任中央政法委副秘书长的王洪祥做了批示，肯定了"红苹果公益"工作和福建监狱系统的做法；2019年，共青团福建省委、福建省监狱管理局联合印发《关于开展服刑人员未成年子女帮扶行动暨晨曦关爱行动的实施意见》。

在制度安排层面，随后全省各个监狱全部加入协会成为会员单位，并在各监狱成立了监狱教育援助中心，专门对接"红苹果公益"开展的项目活动，包括数据摸排、儿童的信息来源确定、入户走访、帮扶的信息反馈、拓展营的名单审核确定和协同组织"穿墙引线"、新服务的探索等，目前在全省监狱系统中最为积极的四五个监狱和"红苹果公益"达成了深度联动与合作，"我们今年计划开展驻监社工试点项目，自监狱援助中心收到相关文件以来，他们已经展开了多项配合工作，整个合作过程挺顺畅的"（工作人员C）。

由此可见，嵌入封闭、森严的监狱管理系统中并与内部的教育改造工作相互融合是"红苹果公益"在机制上的重大创新和突破，接下来需要探究这是如何做成的。

（二）如何嵌入监狱系统？

关于如何嵌入监狱管理运作系统，如何动员监狱力量的一整套做法是"红苹果公益"的核心实施体系，亦是在机制上的创新。

"红苹果公益"成立的背景很容易让我们认为嵌入监狱系统并非一件难事，是特殊的条件使然，并认为其他不具备同等条件的公益组织、社工机构是无法开展类似服务的。的确，在成立之初，创始人 A 的身份起到了一定的作用，但这并不意味着此后的道路一马平川，只能说身份是一个启动点或者充分条件。"红苹果公益"在嵌入监狱系统时经历了一个艰难的探索过程，其嵌入的路径和机制值得梳理分析，从中可提炼出实现嵌入的必要条件。

以公益理念的纯粹与坚守赢得政策空间。

在正式注册之前，负责人 A 已经开始默默地帮助一些服刑人员未成年子女，当他亲眼看到这些孩子的生存困境后，内心深处涌动着强烈的意愿，想要伸出援手。尽管行动初期举步维艰，但他从未放弃过。面对体制内的种种困扰，他坚定决心，充分利用各种场合和机会向领导和监狱民警阐述他的公益慈善理念，分享孩子们的生存状况和他的走访体验。例如，每次监狱民警到总队培训时，他都会把握住机会邀请对方一起喝茶交流。

突破的曙光首先出现在福建省女子监狱。2013 年 12 月，一位理解并认同他的理念的民警，为他提供了第一批服刑人员家属的信息。[①] 负责人 A 以此为契机，开始摸索着进入这些家庭，尝试为孩子们提供帮助。2015 年，负责人 A 应邀在面向省直机关单位和监狱管理局局属单位的道德讲堂上分享他的行动历程和理念，"我分享了我们帮扶工作的经历，在场的听众中有省直机关工委书记和监狱管理局的领导们，他们听了我的讲述，当场就落泪了"。一个星期以后，监狱管理局主要领导找到负责人 A，让他当面来做具体情况汇报，"领导认为这个事情做得很好，

---

① https://www.163.com/dy/article/HG71314T05129QAF.html.

既能帮助孩子，又能促进罪犯改造，还能提升我们民警的正能量。但是，不能像现在这样只限于我们几个人做，这个好事需要发动整个系统参与进来，每个监狱都应该积极动员，将它常态化地进行下去"（负责人 A）。于是有了上述政策文件的出台和相关的制度安排，这看似是一个偶然的机会，实则蕴含着必然，赢得政策空间的关键在于理念与行动的坚定以及向外传递时自己的状态和感染力。

以服务现场打动人心，激发实际的行动。

赢得政策空间，只是破除壁垒的第一步，政策的出台并不意味着自上而下的执行的到位，接下来的挑战是，在难得的政策空间内"红苹果公益"能否在监狱内扎下根来，各监狱内管理层以及一线民警能否在实际行动上予以配合支持。

真正打动监狱领导和民警的是服务现场：最触动人的现场是"穿墙引线"，在场的很多狱警看到孩子和服刑人员的会面沟通，都会感动，"在这个情境中，每个人都全情投入场景之中。这种情感的流动，在场的每一个人都能深深地体会到"（工作人员 B）；另一项活动是入户探访，人们被孩子困难的处境打动。某位时任监狱管理局领导、现任省委政法委领导的同志每年都会跟着负责人 A 深入服刑人员的家中，作为志愿者参与其中。他们深刻感受到这些家庭生活的艰辛与不易，每当看到贫困家庭的孩子，都会毫不犹豫地捐款，给予帮助。更有一些监狱领导、教育改造科的科长和民警舍弃自己的休息时间入户走访，感受到服刑人员家庭的困难，进而生出帮助的意愿。他们不仅认同"红苹果公益"行动的价值和意义，更是主动链接社会资源来提供帮助。

只要深度投入帮助孩子的服务现场，基本上内心都会被触动，进而激发实际的行动，成为志愿者或积极配合，一部分领导和民警由此被卷入"红苹果公益"的服务体系中。"在过去，许多民警并不理解也不支持我们开展的这些工作，现在越来越多的民警理解并支持我们的工作。过去，监狱里的领导很少来现场观看我们的活动，但现在我们去搞活动，领导都很支持，越来越重视和关注我们。"（负责人 A）当然，目前各监狱内仍有部分管理人员因没有接触和参与到现场中，没有直观的感受而未被卷入，后续如何以现场感、亲身体验感打动更多监狱系统内的人员，仍需"红苹果公益"持续发力，下一步关于驻监社工的构想中包含了相应的解决方案。

以实际的服务效果纳入监狱的工作体系。

过去的五六年间，福建省监狱管理局一直致力于追踪每年的帮扶情况、评估监测数据，一系列的数据成果让他们看到了实实在在的服务成效，帮扶对监狱内服刑人员的改造起到了显著的积极效果。因此，福建省监狱管理局决定将配合"红苹果公益"的工作纳入考核体系中，使其成为监狱内教育改造的重要组成部分。诸多领导纷纷表示："穿越高墙两端传达真情，满足孩子及服刑人员的情感需求，促进服刑人员积极改造，早日回归社会。这种效果，比在监狱长时间教育引导的效果都好。"监狱运作体系中的相关管理人员被服务现场打动之后，再回到自己的工作场景中，明显感受到服刑人员更加配合管教、更积极地接受改造，并看到了犯罪的代际传递和二次犯罪的减少。这些积极的变化让他们从中获得了自己工作的价值感，也激发了他们更持续地投入服务，最终达到一种稳定的状态。

综合来看，这一嵌入路径具有自洽的特点，即监狱管理者和民警被现场感染后看到了人性的另一面，愿意帮助他人，其志愿服务的一面被激发出来，认为自己投入是有价值和意义的；再加上人事分离带来的服刑人员改造效果，一经卷入便会越做越想做，最终更多人嵌入其中，形成了深度自洽的机制。当前，"红苹果公益"基本上达到了这一状态，并且仍处于朝此努力的进程之中。

（三）规模化推广中需遵循同一路径

相应地，"穿墙引线"在规模化推广中最大的挑战是如何成功地嵌入监狱体系中。此前，已有的许多复制、推广工作刚尝试就遇到了巨大阻力，由于无法打通监狱这一环节，帮扶名单不提供、亲情会面不允许，服务无从着手。公益理念、以儿童为中心的定位、社工和志愿者的服务要想介入空白地带中，既要实现人事分离、边界清晰，又要相互融合，这并非公益组织或社工机构可以独立完成的，而是需要将行动嵌入整个监狱运作体系中。换言之，无论是志愿者还是社工，要么从监狱的运作体系中产生出来，要么从外部深入这一体系中。

在对"红苹果公益"的嵌入路径和机制进行梳理分析之后，实际上已经明白后续的复制、推广必须遵循同一路径，即通过现场感激发出人们帮助他人的意愿，让人们愿意付出行动并从中感受到个人的价值，把实际的改造效果作为积极反馈，把个人对意义和价值的追求与实际效果相结合，最终形成深度自洽的机制。虽然这一过程充满艰辛，但是完成之后能够产生实效，嵌入之后也能保持相对稳定。即使后期出现更换领导等外部环境的冲击，只要种子得以在土壤中生根、发芽，希望就一直存在。因此当前行动的关键在于，一旦有政策空间的开口，我们就要充分利用难得的时机和空间来扎根生长，进入"越做越想做"的稳定状态。

而这对于"红苹果公益"以及合作的伙伴机构都是一项颇为艰巨的挑战，因而各组织必须准确找到推广策略，明确现有资源、社会和政策环境约束下的最佳成长路径及最快发展速度，否则可能会事倍功半。具体而言，一方面，"红苹果公益"自身既有的服务体系要继续保持高质量并不断丰富，以人为本的根基要越来越坚实，嵌入的深度和稳定程度要不断提高；另一方面，要采取选择性推广的策略，寻找并重点培养具有潜力的伙伴机构，与最可能向公益组织打开大门的监狱进行对接，避免普遍化推广。

五、理念分析：人是被怎样对待的

本部分进入最深层和最核心的地带进行分析，聚焦的问题是，人事分离之后，人是被怎样对待的？当机制理顺、边界厘清后，社工和志愿者介入空白地带，如何将人从事情中分离出来单独对待，以怎样的视角看待服刑人员及其未成年子女？以何种理念和视角在空间里做事？不同的理念对应着不同的做法，进而产生相应的效果。

（一）四种理念及其内涵

回到本文开篇导入的问题，即外界对"红苹果公益"的质疑和不解——为什么要帮助服刑人员未成年子女？这足以说明面对服刑人员时，大家会有完全不一样的感受。对此，研究团队组织了两次讨论会，分享"红苹果公益"的服务内容，随后进行了微型的思想实验，开放地讨论"当你面对服刑人员时有怎样的感受"，每个人依据自己的价值偏好分别陈述观点。参与问题讨论的四十多位伙伴，其答案涉及以下 A、B、C、D 四种理念，一部分明确地选择了其中一种，另一部分则选择 B 和 D、B 和 C、A 和 C、A 和 C 和 D 等不同类型的混合。

首先区分清楚四种理念的内涵，再分析选择不同的理念所带来的效果。

A：特别能感受到对方是一个父亲或母亲，他们在担心、想念家里的孩子。对父母的角色和情感、对孩子的生存处境产生了同情或共情，将父母的身份与罪犯的身份剥离开来，愿意帮助对方。

B：把对方当作一般化的人，将人的价值从身份、类别、群体和事件中抽离出来，无论是什么人都是有价值的。虽然现在是罪犯，但既已服刑，说明所做的坏事已经得到了应有的惩罚，在受到应有的惩罚之外，并不排斥他们依然有对尊严、人生价值的追求，渴望洗刷犯罪的耻辱，也想要找到出路，而不是永久地被贴上标签，一生只能是罪犯。

C：憎恨犯罪分子，或者是想到对方时会生出愤怒、害怕、可恨的感受，希望对方在监狱内接受教育改造。

D：罪犯就是根深蒂固的"坏家伙"，已经坏透了，要以冷峻、不带任何感情色彩的面孔来对待对方。情感上完全站在对立面，对其深恶痛绝，价值判断上彻底将罪犯划归到坏人的类别，面对坏人，处罚、排斥和拒绝即可。

实际上，四种理念及其混合状态全部对应到空白地带，即人事分离开来之后，他们在我们眼中是怎样的？我们怎么对待他们？需要强调的是，由于空白地带不涉及事，对人的感受、看法和感情属于每个人自由选择的空间，因此在人事分离之后，选择 A、B、C、D 中的任何一种都不会违背对服刑人员既定的刑罚和改造，不会违反法律规范。同时，选择 A 和 B 不代表是非不分、姑息服刑人员，或者说同情、善待罪犯不代表伤害好人。

每个人面对服刑人员时都有着自己的感受和感情，没有对错之分，各有其缘由和想法，但是当公益组织、社工要介入空白地带进行服务时，便需要主动明晰和觉察自己所选择的理念和价值主张是哪一种，原因在于 A、B、C、D 这四种理念在效果上有优劣之分，不同的理念对应不同的效果，**其效果按照 B → A → C → D 的顺序逐级下降，B 最优、A 次之，D 最糟糕。**

（二）不同理念在效果上的优劣之分

关于效果的分析要进入事件当中，正如前文所述，人和事既要边界清楚又要相互融合。嵌入监狱的环境，融入改造的事件之中，选择不同的理念对待服刑人员，分别对应着怎样的效果？

从"红苹果公益"服务的源起，到动员监狱系统中的力量参与，总体上选择的是 A。志愿者们在服刑人员的家庭和亲子会面的现场被感动了，生发了同情之心、设身处地地体会到对方的难处，于是愿意帮助对方。当选择这一理念互动时，服刑人员感觉到的自然不是被怀疑，也不是仇恨，而是惩罚归惩罚、改造归改造，自己则有了不放弃、想被挽救和接受帮助的心态，改造的效果自然而然地出现，所以 A 的效果已经得到了证明。

负责人 A 以儿童为中心的定位相当于选择 B，内心对儿童有着无条件的价值认可，不论怎样的情形、不论父母是否犯罪，其本身是有价值的，服刑人员未成年子女同样值得尊重、值得呵护。目前在现实中选择B的人不多，B包含并超越了A，将服刑人员看作有价值的人而尊重对方，愿意对服刑人员和其孩子好，并且相信对方本身具有成长的能力和潜质。B不像A那样感性，对对方友好、尊重且又有让对方自我负责、自我决定的清晰边界，其效果是认为人本身就有价值，不需要场景感动也不需要同情，除了有助于服刑人员好好改造的效果之外，当真正做到以人为中心，把理念带到服务现场，就会进一步提升现场感和感染力，从而卷入更多的监狱管理人员。

分析A、B之后，再来看D。D的看法中，服刑人员是彻彻底底的坏人，是被防范、被怀疑、被排斥的对象，根本不值得帮助，也不应该被帮助。这一观念无助于让服刑人员好好接受改造，容易引发对抗，而他们的子女则是最大的受害者。对其子女的伤害体现为两个侧面：一是他人认为孩子的父亲或者母亲是一个坏透了的人（即D），这对于孩子而言无疑是天塌下来了——自己是一个坏人的孩子。此时消除的办法就是亲子双方见面。见面的过程要有官方背景的引入，并且让孩子从各个方面感受到父母为了改造变得更好，正在努力重新做人，这正是"穿墙引线"亲情拓展营的价值所在。二是孩子在学校里和老师、同伴的关系也由D来主导，被当作坏人的孩子而遭受歧视和污名化，显然不利于孩子的成长。这一部分可以由"红苹果公益"来帮助，也可以由学校中的社工或老师来解决。

C涉及憎恨、仇恨罪犯，这是来自受害者的感受和体验，非当事人没有解读的资格，要给予充分尊重；而害怕、愤怒，希望对方好好改造，则出于对服刑人员一般化的认知和朴素的期望。关于C没有太多的分析空间，重点不是效果的好坏之分，而是要平衡受害者和罪犯之间的矛盾，把对受害者的帮助也积极地纳入进来，避免仇恨发作而使两者陷入报复的恶性循环。"红苹果公益"在2019年探索性地开展了"阳光桥——受害人计划"，致力于帮助涉讼困境未成年人或家庭，尝试连接服刑人员，在侵害方和受害方中间架设一座桥梁。

综上所述，A的效果是好的，B比A更优，D是不好的，"红苹果公益"多年来一直在消除D，弘扬A和B，其人事分离以及关于在分离之后如何对待服刑人员及其子女的实践，对于人的观念、人对人的看法相当具有启发性，对社会中人文精神的建构富有意义。试想，被我们习惯性当作坏人的服刑人员都能够做到人事分离，能够看到人的价值，我们又应当如何对待自己身边的人呢？

（三）驻监社工的理念与运作构想

任何一个帮助某类人群的公益项目或社会服务，相当程度上都已经进入A或B的理念通道，而且公益领域中近年来已经出现了从A到B的发展趋势，即从志愿者到社工的质变，大致经历了三个阶段：最初出于同情的志愿者服务→"人是有价值的"社工化理念→有助于实现这一理念的专业技术体系。

目前，总体上，"红苹果公益"的服务以A为理念主导，局部带有B的成分和色彩，正在生长的方向：驻监社工服务来自服务体系的积累，更来自更高的目标追求，当下已经正式提出并确立了合作试点的监狱。驻监社工服务的尝试是"红苹果公益"又一次大的突破，具有战略意义，社工队伍将会释放出新的潜力空间，未来值得期待。关键在于，驻监社工服务如何运作？

上述部分依次分析了服务的合理性、运作机制和理念，为我们沿着"红苹果公益"的发展脉络，构想未来驻监社工的运作奠定了基础，这其中至少包含三个要点：第一，人事分离。社工的服务与服刑改造首先是分离的，绝不干扰或妨碍改造。第二，在分离中的空白地带投放服务，社会工作者嵌入监狱运作系统中，与之相互融合。第三，社工的核心理念是提倡A和B，消除D，其定位于B的理念高度并且务实地实践出来，引领整个服务体系从当下的A走向B，打开更高的潜力空间。

理想的情形是社工眼中他人是有价值的，任何人都是可爱的、愉悦的、有尊严的。驻扎在监狱内，社工先把人和事分开、把人和罪犯身份分开，在绝不触碰法律底线的基础之上服务，接下来的任何互动接触都基于对方是有价值的人，在互动中引导其有尊严地成长。一方面，直接服务于服刑人员及其未成年子女；另一方面，则是影响和服务监狱内的管理人员，感染和打动的方式从悲惨、感人上升到基于"人是有价值的"的理念来对待服务对象。接下来的挑战在于能否找到真正做到这些的社工，或是能否朝着理想的方向进行培育。

六、附录

本文聚焦"穿墙引线"中亲情拓展营的模式进行分析，随后呈现独立的小案例，包括服刑人员从对抗到积极配合改造的转变历程、"红苹果公益"的服务在其中发挥的作用，从中可以清晰看到人是被怎样对待的以及相应的效果；看到志愿者们从一开始的不理解、不认同、质疑，到逐渐被现场打动而深度卷入进来参与行动的历程。

（一）亲情拓展营的模式分析

作为"穿墙引线"中最主要的组成部分，亲情拓展营中的亲情会面对服刑人员及其未成年子女的作用已经在前文中有所呈现，理念分析中对孩子伤害最大的观念 D 也需要通过会面来消除。但是，通过亲情会面，究竟如何消除 D 和解决问题？只要将双方拉到一起见上面，就能产生价值吗？亲子双方的见面，又如何能感染和打动在场的其他人？这三个节点问题的解答结果构成亲情拓展营的项目模式，固定的项目模式一经运转加工便会产出价值。

最初，亲情拓展营的设置很简单，在 2014 年第一场"穿墙引线"中，"我们设置的游戏非常简单，主要是两个人抱着气球等，除此之外没有其他特别的想法。这些游戏只是为了解决见面时的需求，当时考虑得并不多，主要的考虑是不希望这些活动像探监接见一样太单调"（负责人A）；"第一期比较草率，没有进行具体分工，最开始也没有想过一对一的志愿者服务"（工作人员A）。自此以后一期一期做下来，根据孩子和服刑人员的性格特点、状态，不断调整和升级迭代，历经三年，直到第十期才慢慢沉淀下来，形成了相对固定的"穿墙引线"模式。基本设置是拓展营为期三至四天，每期20个左右的家庭参加，前几天社工和志愿者带领孩子及监外家属做活动、参与课程，最后半天亲子会面，各个环节密切关联，构成一个系统。

为了渲染和营造出特定的会面氛围，让人感受到温暖和接纳，在入监会面之前设计了诸多环节。 首先，把一场集体生日会作为破冰，将大家从一个个小家庭凝聚为一个大家庭，彼此熟悉、互相关心，融入包括各个家庭、志愿者、社工、课程老师在内的集体之中。很多家庭因为各种原因很少庆祝生日，集体生日给予孩子和家属一种特殊的仪式感，还穿插了相互喂蛋糕的小环节，让监外的家属和孩子体验到亲密感和情感的流动。为了让服务对象更好地放松心情，邀请了专业老师带领大家进行团体心理辅导，通过对生命起源课程的探索，让他们更深入地了解自己，明白自己为什么会面对现在的事情，以及如何更好地接纳自己等。此外，还邀请每个家庭录制一段寄语服刑人员的亲情VCR，表达感情和期望。最后，才进入正式的见面沟通环节。在这一环节中，鼓励服刑人员与家人深入交流和互动，感受彼此的关心和理解。通过这些铺垫和引导环节，成功地营造出了一种温馨、充满接纳和爱意的氛围，让会面的意义更加深远。

生命起源课程的引入，给予孩子平和的心境。 为什么引入这一课程？"红苹果公益"发现很多孩子和家属，没有办法接受家人犯罪的事实，本身会有耻辱感或者负罪感，但是，"我们从生命的起源说起，每个生命在诞生之初都是平等的。从生命的起点开始，每个人都以平等的身份来到这个世界上。通过探究生命的起源，我们可以帮助他们更好地接纳自己。此外，我们还将服刑人员的一些问题也引入课程里"（工作人员A）。具体到课程设计方面，老师以情景导入的方式让孩子了解生命的起源，导入后，由孩子及家属面对面对话沟通，化解心结，老师在过程中给予心理上的支持。

亲情拓展营相当于在短期内构建的一个新的生活场景或空间，各个家庭和孩子汇聚到一起，在其中被志愿者、公益组织和监狱管理部门以平等、尊重和接纳的方式对待，孩子们也直接感受到了外界是如何对待父母的，从而重新对服刑进行评价，不再认为其是彻底昏暗的。"他们逐渐接纳自己当下的状况——我跟其他孩子其实是一样的，只是我的父母暂时没办法陪在我身边……虽然我是服刑人员的子女，但这并不是我的错……我只是暂时缺少父母这一部分的爱，但还有其他人对我的爱。"经过一段时间的持续互动，孩子们带着这样的状态再和父母见面，变得平和、坦然，愿意表达感情。

见面环节的重心在于，引导双方在庄重又情感浓郁的氛围中抒发情感，确保交流过程不受干扰。首先，领导以官方身份致辞，证实此次见面的合法性和合规性，同时传达出庄重感，并对好好服刑改造的行为给予鼓励，还向孩子们传递一个信息，即父母虽然犯了错，但会改造好，这有助于孩子们对父母有更为客观的认识。之后，通过视频，回顾近几天孩子们的活动历程，总结孩子们参与的课程和活动，以及在活动中的愉快心情。引导双方用一些小举动进行肢体接触，例如，背一下孩子或者相互拥抱，在亲密接触中逐渐融化双方之间的隔阂。在双方的抵触情绪得到缓解后，才开始进行一对一交流，最后沟通结束，双方都意犹未尽，缓解了思念之情，也进行了有效的沟通互动。

贯穿在所有流程环节之上的是营造出会面氛围：整体上更像一个温馨的家庭集体聚会，而不是严加看守的探监环境。监狱管理人员会站在外圈，确保交流过程不受干扰；志愿者则在一对一陪伴家庭的过程中，给予关怀和情感支持，"志愿者本身就是活跃氛围的人，他们会把所对接的家庭带入氛围里，所以给每个家庭安排一个志愿者的意义就在这里"（工作人员 A）。所有家庭逐渐进入关注感情的状态，相互影响和感染，构成了一个情感流动交织的集体场域。

随着每一期的举办，"穿墙引线"不断地探索与优化，包括每次结束后听取志愿者们的反馈，并观察孩子们的状态来进行改善，包括疫情期间尝试了线上视频会面的方式，以确保活动能够持续进行。

（二）服刑人员：从对抗到安心改造

"红苹果公益"的工作人员突然收到一条来自监狱民警的信息，信息中提到，一名即将出狱的服刑人员打算将自己在监狱内靠劳动获得的 7 000 元捐给"红苹果公益"。社工感到非常惊讶，因为这名服刑人员的孩子并不在"红苹果公益"的帮扶对象之列。带着满腹疑问，他拨了民警的电话进一步了解情况。

经过与民警的通话，社工大致了解到这名服刑人员的曲折经历。他曾在外省监狱服刑多年，之后转到现在的监狱。他一直是难以管教的重刑犯，表现不良，监狱方面一直密切关注他，尝试了各种管教方式，收效甚微。有一次，他跟家里人通电话时得知小儿子在玩耍时受伤了，具体情况不详，那段时间他的情绪非常不稳定。尽管民警做了一些疏导，但效果并不理想。后来，民警又向他介绍了"红苹果公益"的帮扶项目，尝试帮助他申请亲情通话。在监狱和"红苹果公益"的共同努力下，他使用 iPad 与孩子进行了一次线上视频会面。在这次会面中，他了解到孩子是在玩乐当中受伤的，现在已经得到了有效的治疗并处于康复阶段。

经此一事，民警发现一切仿佛都不一样了，"那次的会面起到的效果太大了，他当时了解到事情的来龙去脉之后，就安下心来。对我们也特别感激，愿意配合积极改造了"。自那时起，他的确开始积极配合改造。在 95 公益日时，他通过监狱内播放的视频，了解到"红苹果公益"专门帮扶服刑人员未成年子女，看完视频后他非常触动，并决定直接捐款。于是，他出狱时主动提出将在监狱中赚取的全部劳动收入捐赠给

"红苹果公益"。

这一事件也令这位民警特别触动，他开始思索自己的工作方式。"其实我们只是帮他做了这么一件事情，对他在服刑时的情绪有一定的调节作用，他也更好地接受监狱民警的管教。原来管教不一定要通过拼命说教，或者通过一些非常严厉的手段来进行，其实可以通过这种比较软性的方式来进行干预，反而对于服刑人员能够起到更好的管教作用。"

（三）志愿者：从质疑到理解

"为什么会有公益组织帮助这些服刑人员？""他们做了错事才会进监狱，他们值得我们去帮助吗？""我不懂，对于这些犯了错的人，为什么还要帮助他们的家人？"面对前来参与志愿者培训的一些人的质疑，"红苹果公益"的工作人员向这些志愿者分享了公益理念："犯罪的其实是服刑人员，'红苹果公益'帮扶的是他们的孩子。我们为什么要做这件事情？因为他们的孩子是无辜的，不能因为父母有过错，就牵连到孩子身上。"对于工作人员说的话，这些志愿者并没完全被说服，一些人还是将信将疑。工作人员又补充道："大家可以先去看看孩子们的生活环境，看看他们的成长环境、心理状态是什么样的。咱们不着急下结论，先去看一看他们家，再了解我们为什么要去做这件事情。"

站在服刑人员的家的门口，还没有敲门，志愿者们的脑海中已经幻想到一些场景：要么根本敲不开这些人的家门；要么即使进了家门，这些孩子也会对我们恶语相向，质问我们是不是故意来家里看他们的笑话。而当真正敲开门之后，志愿者们发现眼前的孩子其实与别的孩子并无二致，志愿者们的顾虑在探访中被打消，小朋友们都很热情地欢迎志愿者们的到来，不仅很快和志愿者们打成一片，并且在离别时他们表达了感谢与不舍。经历过入户之后，很多志愿者开始切身体会和理解"红苹果公益"所说的"孩子是无辜的"，也有了做志愿服务帮助对方的意愿。

而当志愿者们走入监狱内，真正面对面接触到服刑人员时，其感触更为深刻，与此前自己想象中的情形完全不同。铁窗内，接受过服务的服刑人员，很多都在一边流着泪忏悔自己犯下的过错，一边下决心要好好改造，早日出狱承担家庭的责任。

参加完 PC 计划的入户走访，再参加"穿墙引线"，跟监狱的服刑人员有了一些接触，志愿者们脑中以往的偏见、歧视烟消云散，他们认为这些服刑人员确实做了错事，他们也已经受到了应有的惩罚，但是这个惩罚不应该波及他们的子女。一部分志愿者从自己的体会出发，深刻地理解了"红苹果公益""不只是帮扶孩子一端，还能够激发服刑人员善的一面，让他们知道原来他们还有家庭责任在，这能增加他们服刑改造的动力，让他们知道他们出来后是有盼头的"。也有年轻的志愿者坦言道："我现在终于知道你们为什么要做这件事情，这不是作秀。实际上你们做的事情是在监狱的墙内和墙外建一座桥，用亲情的力量、温情的力量助力服刑人员的改造，让孩子知道社会是有温情的，社会没有抛弃他们，他们其实有很多的路可以选择、有很多的方向可以走，不要去走他们父母的老路。"这正是"红苹果公益"一直在做的：避免二次犯罪，阻断二代犯罪。

深圳壹基金公益基金会安全家园项目模式梳理

何　磊

一、基本概述

(一) 壹基金救灾的发展历程

　　自深圳壹基金公益基金会（以下简称壹基金）2010 年成立起，灾害救助便是其重点关注的三大议题之一，并逐渐成为壹基金的核心业务领域。2011 年开始，壹基金先后发起"面向儿童及其他弱势群体开展生命救援和生活救助"的紧急救灾项目、"为欠发达地区儿童提供灾后和过冬的应急生活与心理关怀物资"的温暖包项目。两大项目所具有的共性特征：一是，行动重点偏向于瞄准灾后的救援或救助；二是，服务内容更多偏向于流程化公共服务，无论是在紧急救灾项目中借助规范化、标准化的程序开展紧急救援与赈灾行动，还是为困境儿童等群体发放装有不同物品的温暖包，都属于将特定资金或资源递送给特定群体的范畴，其关键在于如何高效且精准地实现递送。

　　2013 年，雅安发生地震，壹基金作为当时为数不多的以灾害救助为核心议题的公益组织，积极地奔向地震现场开展灾后救援及重建工作。正是这一次的行动让壹基金对"除救灾以外，我们还能够做什么工作"

有了更加深入的现实思考。经与诸多专家的讨论，壹基金希望将服务内容扩展至"不能只是为了重建而重建，而是想要做一些面向未来的工作，让社区变得更加有韧性"（负责人 A）①的方向，自此踏上学习借鉴之路，历经了两到三年的试错过程。例如，想以香港乐施会的农村发展与灾害管理项目为实践样本，但在深入了解后发现不适配；又与深圳公益救援队合作，试图研发一套纯本土的防灾教材，却因种种客观因素而失败。2015 年，受到亚洲基金会所组织的美国社区应急响应队（英文简称 CERT）课程培训的影响与启发，"其实，我们在项目设计的时候，就一直在想如何能够把这个事情做得更好，当时就觉得，你到村里面去培训能培训啥，好像除了心肺复苏、人工呼吸、包扎止血就没别的了；但 CERT 的理念极大地帮助我们打开了视野。比如，在灾害中，作为第一响应人，首先一定要保护好自己，只有保护好自己才能去救别人，并且围绕保护好自己形成了一个完整的体系，其实就是说要能够自发地去应对灾害"（负责人 A）。壹基金将打造韧性社区精准地表达为：在灾害风险较高的社区内培养起一支具备防灾、减灾和救灾能力的内生救援队伍，进而持续性维护所在社区或周边社区的安全。这便是壹基金安全家园项目（以下简称"安全家园"）产生的缘由以及其致力于达成的目标。

（二）"安全家园"所做的努力

与紧急救灾项目、温暖包项目凭借外部力量提供灾后救援与赈灾服务不同的是，"安全家园"的初衷及目标不再仅仅停留于此，而是在一个个灾害风险较高的社区单元，培育并建立起一支内生性的自我组织灾害预防、自我参与灾害救援、自我开展灾后重建的社区志愿者救援队。为了实现这一目标，壹基金做出了以下几大努力。

第一，在防灾、减灾知识体系的搭建上下足功夫，即保持开放的心态，向国内外相对成熟且系统的经验学习，并进行梳理与总结。目前，

---

① 本文所引用的访谈内容主体统一分类编号为：壹基金负责人 A；多位合作伙伴，即"合作伙伴 A—B"。

"安全家园"在综合美国社区应急响应队、英国救助儿童会、北师大灾害风险研究院的做法与研究的基础上，结合中国本土的国情，形成了一套相对固定且完善的、针对不同种类灾害的救灾标准与方法，并逐渐自行填补上应急预案板块的缺口，"到 2016 年的时候，应急预案这一块的内容还是没有，所以 2016 年我们就边做边去探索和完善"（负责人 A）。

第二，"安全家园"于 2017 年开始，在除雅安之外的其他地震灾区复制、推广。出于对更好地规模化的考虑，出于对更有效地为一个个社区志愿者救援队解决行动疑惑与回应行动需求的考虑，其落地执行依托"壹基金—在地公益组织 ①—社区志愿者救援队"的三级行动体系，即壹基金本身的行动重点在于赋能与支持合作伙伴在防灾、减灾方面的能力积累，包括资金 ②、知识与方法的培训等；而在地公益组织的行动重点则是筛选出合适的社区居民，组建成社区志愿者救援队，通过定期的培训、演练与实操来增强自主预防和应对社区所面临的灾害风险的能力。

第三，为把救灾标准与方法精准传递至各个合作伙伴，壹基金构成了"差异化培训 + 个性化支持"的运作结构，前者在于根据合作伙伴在防灾、减灾领域经验水平的高低，传授不同深度、不同难度的知识内容与工具方法，"伙伴培训这一块，没有经验的、零基础的伙伴，只要你有兴趣和热情，我们都可以慢慢教，手把手地教；有点基础的伙伴，我们就得对他们做提升"（负责人 A）；后者在于为每一个合作伙伴建立单独的微信群，随时给予针对性的陪伴与问题解答。

第四，随着项目的发展和复制、推广，壹基金不断地进行新的探索与尝试：一方面体现在培训对象及方式上，新增了针对教官 ③ 的培训，并生成了可以发放给合作伙伴的项目指导手册与培训视频，"我们其他的项目都是自己在带着小伙伴做，手把手地教，有时候，有问题就自己上，

---

① 或在地志愿组织，又称为在地合作伙伴。
② 针对每一家合作伙伴，壹基金都会给予一定额度的项目运作资金。
③ 带领培训的人，称为教官。

但'安全家园'发展到 2018 年的时候，伙伴已经遍布全国各地了，不可能再采用这样的方式，就得有指导手册"（负责人 A）；一方面体现在项目管理上，自 2020 年起，项目管理系统正式应用于"安全家园"，以对各合作伙伴的项目运转情况进行规范化、标准化管理，"项目管理系统可以将所有的环节全部模块化，就是每一个阶段的内容全部是模块化的、标准化的，合作伙伴只要将资料上传到网上，资料上传之后由后台进行审核，审核通过后就可以申请结项了"（负责人 A）。

经过壹基金七年多的努力，"安全家园"已然具象化，**即针对灾害风险较高的社区，公开招募在地公益组织（或在地志愿组织）进行合作，在提供一定额度资金、持续性陪伴与服务的基础上，根据他们在防灾、减灾领域的水平高低，匹配同等程度的知识与方法培训，进而由在地合作伙伴以公益项目的形式入驻社区，以筛选和动员一定数量的居民组成社区志愿者救援队，定期对他们开展知识培训、应急演练、工具方法实操等活动，最终让社区志愿者救援队真正将防灾、减灾的相关理念及知识、方法体系运用到日常预防、应对灾害发生的场景中。**

二、"安全家园"的价值潜力

（一）目标定位：韧性社区

"安全家园"的诞生源于壹基金对雅安这类受灾风险较高地区的现实的观察与思考。社区单元在发生真实灾害时更多依靠外部力量的救援，自救能力十分薄弱，以至于损失或损伤程度较重。"安全家园"以打造一个个韧性社区为核心目标，促使社区居民自发关注社区本身的安全，具备防灾、减灾的应对能力。实质上是以防灾、减灾为抓手，试图解决居民对社区公共安全关注度不够、参与程度不高的现实难题，"其实我们的项目致力于推动人的改变，且是一群人、一支队伍，对这支队伍主要做两件事情，一个是办培训，一个是推动他们去做预案的制定和演练。这些都是公共事务，属于社区公共安全管理的范畴，所以是需要居民自己去做的"（负责人A）。

更进一步，核心目标"韧性社区"的达成承载在社区志愿者救援队的身上，社区志愿者救援队的理想状态是，不仅在平时能够做好各项灾害的预防工作，且在真正发生灾害时能够开展第一时间的自救或互救。即社区居民在灾害面前不再只是等待救援，不再只是被动接受救援，而是率先凭借社区内生力量来回应和解决灾害安全方面的事务。

（二）安全家园在救灾体系中的价值

安全家园的落地相当于为原有的救灾体系注入了新鲜血液，那么其到底意味着什么，释放出了怎样的新型价值呢？

1. 区域范围内公共利益的自我满足

这里先以一组关于"火灾"的案例对比，来更加直观地呈现有无"安全家园"社区志愿者救援队的区别。

【案例一：不愿购买灭火道具的甘蔗种植户】

某南部沿海区域的气候特别适合种植甘蔗，当地部分村民有大片大片的甘蔗林，但由于气候非常干燥，很容易着火，一旦着火，便会对甘蔗林带来毁灭性影响，"现在村里头有些人家的甘蔗林经常会着火，一着火收成就没了"（合作伙伴A）。为了起到预防和及时救火的作用，灭火枪等装置的配备便十分重要，但大多数种植甘蔗的农户并不愿意自己购买，"种甘蔗也不是收入很高的那种，蔗农把甘蔗砍了，也未必能够弄部车马上拉去榨糖，有时候糖厂还欠款，所以挺多原因使蔗农的收入不是那么可观，他们就不会去想购置更多需要的东西，尤其是不一定能用得上的东西"（合作伙伴A）。其带来的结果便是，当甘蔗林发生火灾时，要么只能靠外面的救援人员来灭火，但可能因为速度慢而错过最佳时机；要么只能自己想办法救火，但因缺乏合适的设备而无法有效救火。

【案例二：及时出场灭火的社区志愿者救援队】

A 和 B 是两个相邻的村庄，B 村庄的田间或森林经常着火，A
村庄的社区志愿者救援队就经常发动力量去协助 B 村庄开展火灾
救援，"我们之前问过 A 村庄的救援队人员，他们说，总是帮助我
们，是因为离得很近，如果火不及时扑灭的话，就会烧到我们这边
来，那样就更麻烦更被动"（合作伙伴 A）。其结果是火灾被成功扑
灭，A、B 两村志愿者救援队的感情与关系变得更好，"有一次我们
集体搞培训演练的时候，这两支队伍碰到一起，就会说上次火烧得
怎样，好在你们及时帮我们灭了，并约定什么时候一起聚聚"（合作
伙伴 A）。

以下便对两个故事片段展开分析：社区内的公共事务有其相应的边
界，有的是群体间的，如某村民小组、某合作社等；有的则是整体层面
的，如社区公共安全、公共环境的维护等。这些公共事务本身就应该由
社区居民自行加以处理和解决，但由于长期浸泡在自上而下的服务提供
模式之下，绝大多数居民缺乏社区责任主体意识，且在公共事务面前陷
入集体行动的难题，形成懒散的心态，自身并不会主动加以行动，而是
依赖于居委会、街道或更高层面政府部门的帮助与救援。正如"案例一"
所示，即使火灾可能危害的是自己种植的甘蔗林，即使火灾可能会导致
收成全无，大多数蔗农也不愿意自掏腰包购买灭火工具，这便导致在真
正发生火灾时，缺乏相应的有效灭火工具，只能将灭火希望寄托在政府
身上。由此可能引发三重风险：第一，居民的自我预防与应对意识、行
动能力始终不足；第二，政府部门有时因信息不对称、行政效率不高等
原因而未开展救援或无法及时救援；第三，火情因处理不及时而波及更
大范围，导致更惨重的经济、人员等的损失。"安全家园"的出现相当于
激活和动员了一批具有公共服务精神、愿意尝试解决公共事务的居民，
他们组成社区志愿者救援队，从而率先去维护社区公共安全层面的整体

利益。正如"案例二"所示，A村救援队成员在B村发生火灾时及时协助灭火，便是对自己村庄整体公共安全层面的利益的主动维护，其不仅有效遏制了火势、解除了火势蔓延的风险，还加深了两个村庄救援队成员之间的友好与互助程度。

因此，第一重价值潜力可以归纳为：社区内的公共事务代表着社区居民的公共利益，应以互助互益的方式来解决。但在以往的情况下，这种价值潜力经常被忽略；"安全家园"的落地运转使得部分社区居民开始关注并投入防灾、减灾（其也是一种公共事务）的行动之中，自主地对社区内部灾害安全层面的公共利益加以维护。

2. 供需的精准匹配

同样以一个案例为切入点，"我们这里经常面临内涝，所以我们就跟'安全家园'的负责老师提出，项目物资里头能不能有冲锋舟或橡皮艇，后来项目组接受了我们的建议，让我们选择其中一个，这其实是非常适合沿海地区的"（合作伙伴A）。从中可以获知：第一，社区居民对居住区域所面临的自然灾害类别有相应的认知；第二，社区居民知道可以通过什么方式加以预防或应对。

但在传统模式下，政府部门自上而下地提供防灾、减灾服务，其更多是以"我认为你需要什么、我认为你缺少什么"为行动起点，很大程度上并未真正把握当地灾害安全方面最为迫切且实际的需求，因此容易出现所提供的物资与实际需求不匹配，导致物资因使用不上而闲置浪费，社区真正发生灾害时却又缺乏切实可用的救援设备等情况。政府部门自上而下提供防灾、减灾服务的逻辑的背后其实是对居民自我参与、自我解决公共问题能力的怀疑与不信任，因而很少有让社区居民真正参与防灾、减灾各环节的平台或机会，这进一步导致绝大多数居民对灾害安全缺乏意识、提不起兴趣、不愿意行动，越发形成"等、靠、要"的思想。

"安全家园"实质上是为社区居民搭建了一个参与防灾、减灾的公共平台，该公共平台的作用在于打破部分居民"等、靠、要"的思想，让居民真正参与到社区灾害安全的公共事务之中；同时，他们最了解社区情况，最熟悉社区空间布局，最清楚社区人员状况，因而更能将资金与需求匹配起来，用准地方。

【案例：灾害预防 / 灾害救援的精准到位】

因为我们这边是平原往高山的过渡带，很多村民是住在山上的，像洪灾这种可以提前预知的灾害，一旦预知要下大暴雨，社区志愿者救援队的队员就开始入户将山上的村民尤其是老人接下山来，送到村委会的临时安置点，一住就是好几天，这比外部救援队的行动速度是快得多的，也只有他们能做得到。（合作伙伴 B）

我们这边是台风高发区，以前我们自己做的时候，更多关注灾后的赈灾，没有这么系统地去组织预防，但"安全家园"来了以后，我们知道有台风要登陆的消息后，就去社区做预防工作，比如，把一些东西加固，把一些可以移开的东西先搬到另外一些地方去，让处于低洼地区的人家提前撤离等，这些都会起到很好的预防作用，是很有成效的。（合作伙伴 A）

在应急状态下，社区志愿者救援队起到非常重要的作用，就是真正发生灾害时，第一时间进行自救和互救。这些人不需要谁去通知，就主动地到村里去，根据之前的演练和准备的物资，就能知道应该做什么事情。（合作伙伴 B）

3. 被忽略的安全隐患被挖掘出来

通常情况下，针对灾害隐患，政府部门更多是从整体层面出发来加以筛查和识别，最微小的筛查单元更多落脚在某社区或某片区，受人力、物力、精力的约束，很难再深入至社区单元的各毛细血管处（如每个楼栋、每一户等）进行更为全面且系统的风险排查。就社区居民而言，尽管其对社区所面临的显性灾害类别有所感知，但容易忽视潜在的、存在安全隐患的风险，例如，很多火灾便是居民不正确、不规范的用火、用电方式导致的。

"安全家园"落地至一个个村庄，形成一支支社区志愿者救援队，其核心职责之一，则是对社区单元内各毛细血管处的灾害隐患进行排查，并绘制成一张社区整体层面的风险图，制定出一套解决风险的预案。除此之外，还要对处在不同灾情中心点的家庭进行单独关注并形成针对性的单独预案。

随着志愿者救援队成员深入至社区的各楼栋、各个居住区域甚至各个家庭之中，社区中更多潜在的灾害隐患浮出水面，其带来的直观效果有如下几种：第一，识别出来本身就意味着降低灾害发生的可能性，"之前，我们的社区志愿者救援队有一次了解到，有些老旧的木质结构的老房子，里面住的一般都是老人，老人在用火上可能有的时候不注意，就容易引起火灾，所以救援队成员就专门给他们做检查，告诉他们一些防火、防灾的知识；另外，社区志愿者救援队还找到一个隐患，就是老房子用的电缆线路也比较老旧，容易引起火灾，后来我们请了电网公司去帮忙，把那几户人家的电线线路全部做了一个翻新"（合作伙伴 A）。第二，对接资源加以预防与处理，从而消除隐患，"我们去芦山跟社区志愿者救援队的队长聊天的时候，他就说到，某一个村的道路上之前有一个裂缝，但在灾害发生之后，他们再去做灾情排查的时候，发现这个地方的裂缝更大了，就及时地向当地的党委政府报告，政府又派更专业的地质勘探人员来做工作，最终就把这条路给修整了"（合作伙伴 B）。

社区志愿者救援队主动进入各"毛细血管"处进行隐患排查，他们的行动和付出也给社区居民带来安全感和信任感，"我们有一次走访地震灾害区域的时候，将车停在了一个加工厂的门口。我们问加工厂的老板这次地震怕不怕，他说不怕，因为这次地震没上次的厉害，并且知道往空旷、宽敞的地方跑，之前做过这样的演练，且跑到这些地方之后看到社区志愿者救援队的队员都在那里，他们就觉得很安心"（合作伙伴 B）。

进而出现居民自己主动向社区志愿者救援队暴露隐患、寻求帮助的情况，"我印象很深的是，有一次志愿者救援队在群里发了一张照片，我就问是什么情况，救援队成员说有一个村民是老人，快要到雨季了，农村的那种瓦房，老人觉得有几个地方可能有危险，雨下得大的话可能会垮塌，我就跟志愿者救援队联系了，几个救援队成员就一起去老人的家里帮他翻新了屋顶"（合作伙伴 B）。

4. 与外部救援力量的有效对接

尽管社区志愿者救援队是每一个具有较高灾害风险的社区的刚性需求，但其可发挥作用的边界也有限，在小灾、小难面前能够应付自如，但在诸如地震等的自然灾害发生时，难免满足不了广泛而急切的救援需求，因而这里便涉及社区志愿者救援队与外部救援力量（如政府的救援力量、社会领域的救援力量等）的对接问题。

在社区形成志愿者救援队之前，灾害救援更多依靠政府或社会组织的力量，而政府和社会组织属于社区外的主体，在紧急性灾害面前显示出双重困境：其一，对社区的基本情况、风险分布情况、脆弱家庭的居住情况等的熟悉度不够，因而在进入灾害现场之后只能广范围、大面积地搜索，救援的效率和精准度会打折扣；其二，倘若在灾害发生后，先花费足够的时间去了解和把握社区各方面的信息，又有可能错过最佳救援时机。这些障碍成为政府或社会组织展开救援时的现实困境，即在大灾大难面前，政府与社会组织奔赴灾害现场后的目标就是以最快的速度解救最多的受灾者，但因为双重困境的存在而无法快速地找到受灾核心点，错失对部分受灾者的最佳救援的时间。

因此，如何引导外部救援力量进入社区，更加精准、高效地实施救援，成为"安全家园"的又一重价值潜力。正如上文所言，社区志愿者救援队不仅能够将社区内部的安全隐患挖掘出来并形成风险图和应急预案，也能清晰地知道应将资金等救援力量具体用在什么地方，其完全可以发挥向导的作用，带领外部救援力量前往受灾核心点进行最佳时机的救援。"真正发生大灾害的时候，外面的救援队进去后可能对某个村是两眼一抹黑，不知道里面是什么的情况，这个时候我们的社区志愿者救援队可以作为向导，带着他们一起深入进去。一个是让外部力量高效地、精准地救援；一个是在必要的时候，社区志愿者救援队还能搭把手"（合作伙伴 B）。

【案例：派出所→城际救援队→社区救援队】

　　樵岭前社区地处山东淄博山区，自然村落多，悬崖峭壁也多，还有很多水库，地形复杂。老人、小孩等脆弱人群在独自出行时，容易面临走失、意外受伤等情况。2023 年 3 月，一名 76 岁的阿尔茨海默病老人走失，其家属在寻找未果后选择报警。派出所在接到报案后出于救援人力有限的考虑，便找到博山城际救援队一起寻找，恰好博山城际救援队在樵岭前社区组建了社区志愿者救援队，便发动他们一同寻找。接到任务后，樵岭前社区志愿者救援队发挥熟悉当地社区环境、地形的优势，迅速安排人员了解情况，并分成三个小组充当专业救援队带路人，分别前往老旧房屋、悬崖峭壁、水域等区域搜寻老人踪迹。为了保证搜寻高效和队员的休息，救援采取三组轮班制，队员们日间和夜间根据设定的线路轮流搜索，最终历经两天一夜的努力，终于在村里一个废弃的老屋子里找到了老人。（壹基金公众号）

5. 救灾信息的对外联通与资源汇聚网络

一般来讲，灾害只有达到一定的临界点之上，才会引起全国的关注，如汶川大地震、雅安大地震、河南水灾等，这样的灾难通常具有以下几个共性特征：第一，灾难级别很高；第二，灾难波及范围很广；第三，灾难所导致的负面影响很大。当其发生时，灾情信息能够很顺畅且及时地传递至全国各地，救灾资源便四面八方地随之而来，救援能够得到相对充足的物资保障。

但有时现实情况是，级别很高、负面影响很大的灾害因波及范围有限而出现救灾信息传递不出去、救灾资源紧张的局面。以下呈现评估团队在调研做备灾管理项目的公益组织 SG 时所提及的一个真实案例。

【被忽视的特大洪水 ①】

位于 M 县的海拔 2 400 多米的 LP 村是典型的高山农村社区，地理位置偏僻，以洪水为主的地质灾害和以冰雹为首的气象灾害常年发生。2020 年，LP 村经历了百年难遇的特大洪水，房屋塌陷，生产运输道路被冲毁，水灾给村民带来的损失十分惨重。但政府的救灾资金仅仅覆盖至外界通村的道路维修，未完全覆盖村内生产便道和入户道路的维修，村民的生产、生活受到很大的影响。政府补贴之后依旧有问题遗留的村落远不止 LP 村，"我们没有专门去调查，但远远不止一两个乡镇。因为一条沟进去就是一两个乡镇，有很多沟。而且高处受灾严重，下游肯定受灾更严重"。然而在如此重大的自然灾害面前，全国的信息传播十分有限，"去年七八月长江中上游都有水灾，但是外部一点都没听到这里的信息，我们也是社区打了电话才知道的"。这也便导致外部资源比如基金会的资金、社会公众的善款不能精准投放到受灾的 LP 村及其周围的村落。

因此可以看到，就处于临界点之下的灾难而言，"外部救灾资源"与"受灾村落"之间存在信息断裂现象，即受灾村落信息出不去、外部救灾资源进不来。然而，随着"安全家园"的不断发展，已经形成"1（即壹基金）+300（即 300 多家在地公益组织或在地志愿组织）+1 000（即 1 000 多个村庄）"的防灾、减灾网络体系，这样一种网络体系完全

---

① 该案例中引用的内容源于公益组织 SG 的负责人。

具有汇聚受灾情况、传播灾情信息、对接救灾资源的发展潜力和空间，即在项目村庄发生临界点之下的灾难时，通过"受灾村庄→在地公益组织→壹基金"的传递顺序进行救灾信息的输送，再由壹基金向全国进行更大范围的传播与求助，进而实现"外部救灾资源→壹基金→在地公益组织→受灾村庄"的资源流通路径。当前，"安全家园"完全有往该方向发展和演进的潜力。

6. 防灾、减灾专业知识和信息咨询与系统预测的综合平台

截至目前，壹基金就"安全家园"已经与 300 多家在地公益组织（在地志愿组织）形成合作伙伴的网络体系，其中壹基金位于该网络体系的枢纽处。即壹基金通过培训等手法将预防与应对不同灾害的知识、工具、方法自上而下地传递给合作伙伴，但培训的内容更多是壹基金本身基于对灾害的识别而设计出的具有普遍适用性的内容，相当于将普适性的专业知识与方法，借助"1+300"的网络体系进行大规模的铺平。其结果如下：其一，绝大多数合作伙伴只能达到及格线附近的水平；其二，网络体系整体只能实现"量"层面的增加，而无法实现"质"层面的提升。

实际上，不同灾害本身有其特殊性，且不同区域的同一灾害也可能有其独特性；除了可预测的灾害，社会中还可能会发生很多难以预测的应急事件，这就需要培训内容随时变化，根据社会现实来进行调整与升级。以新冠疫情为例，壹基金的主要做法[1] 包含两部分：一是为合作伙伴发放疫情防控的执行手册；二是支援购买一部分的防疫物资。但现实情况更多是：第一，社区居民缺乏向医疗领域专家进行咨询的渠道，以至于在感染新冠后不知道怎么更好地恢复；第二，网络、媒体等公共平台上的信息或判断经常出现互斥、矛盾的现象，使得社区居民不知道该相信哪些信息，容易进入迷信或传谣、信谣的泥沼；第三，社区居民的

---

[1] 这里仅代表壹基金在"安全家园"中对新冠疫情的做法。

需求往往是从自身出发的，都是一线场域中自己的亲身经历引发而来的，更具有针对性。因此，这就需要处于高位的枢纽者做到信息咨询和系统预测的结合：第一，汇聚专家资源，即请医疗领域专家或疫情防控专家进入项目平台，以回应和解答社区居民的相关困惑和问题；第二，专家资源在发挥作用时要遵循科学性、合理性、非政治性的原则，即客观、中立地进行系统预测、答疑解惑、传播信息；第三，培训中传递的内容是现实中一线最需要回应的问题，而非普适性问题。简而言之，处于高位的枢纽者要从底部行动者的需求出发，叠加上专家的信息和观点，依靠科学性和合理性来提供服务。

一旦真正做到以上几点，一个纯社会化运作的防灾、减灾综合平台便落地生成。原因在于，为300多家合作伙伴提供一定比例的资金、救灾物资、普适性培训内容的惯有做法，只能带来"量"层面的增加，起到的是铺平效果；但当一套高质量的涵盖信息咨询、系统预测、物资递送的服务内容通过合作伙伴的网络体系传递下去，其效果不再是铺平而是放大，即科学的信息与判断、针对一线实际问题的应对办法等借助该网络体系得以扩散，被更多居民知晓和运用，这属于"质"层面的整体性提升。

（三）"安全家园"在公共服务中的价值

实际上，防灾、减灾是一种特定的公共服务，其满足的是社会公众对安全、稳定且高质量的生活的需求。"安全家园"作为扎根于社区的防灾、减灾项目，同样属于公共服务的范畴。那么当这样一种公共服务进入社区并让社区居民一同参与和进行可持续行动时，其又意味着什么，具有怎样的价值？

1. 还原公共服务的提供逻辑

在社会管理时代，公共服务的供给遵循自上而下的逻辑，居民能够享受什么样的服务内容，每项服务能够享受到什么程度，几乎都由国家或政府决定，居民在整个服务链条中处于被动接受的状态，即国家或政府提供什么，居民就享受什么；国家或政府倘若不提供，便无法享受此项服务。在该逻辑之下，国家或政府更多是从宏观层面、整体层面出发，来确定具体的公共服务内容，自上而下地进行大规模的普惠、推动。将视角聚焦至防灾、减灾，在以往的情况下，当某一地区遭遇具体灾害时，几乎都是由行政体制内的军队、武警部队或社会中的公益组织、大型志愿者团队前往一线现场开展抢险救灾，当地居民只是等待救援，其服务提供链条可以归纳为：政府→社区居民或公益组织→社区居民。

在社会治理时代，社区治理已然成为当今政策上的热点，且是公益组织落地扎根公益项目时的一大主要活动领域。而社区治理的最终目标及本源含义是社区自治，即社区居民自发组织起来，参与"发掘社区发展需求或问题—对接或寻找相关资源—满足需求或解决问题"的完整过程，以实现自我提供社区内部的公共服务内容。当前无论是政策大力推动的社区自组织培育①还是社区议事协商②（前者在于居民以组织化的形式去解决特定的社区问题，满足特定的公共服务需求；后者在于以一种新型的共识达成方式来解决问题，供给服务内容），其共通点是将公共服务的提供逻辑从自上而下还原为自下而上，即打破政府包办一切的桎梏，社区内部能够自行提供公共服务内容的，则由社区居民自我链接资源加以解决，实在无法解决或无法胜任的再由政府进行兜底，公益组织进行帮助。简而言之，在该逻辑之下，公共服务提供的链条置换为：社区居民→政府或社区居民→公益组织。

显然，"安全家园"所追求和想要通往的方向是自下而上的逻辑，即通过组织社区居民的自我力量来满足和回应本社区单元的防灾、减灾需求，实现该层面的自治。然而，并不是"安全家园"一落地社区，便还原了公共服务的提供逻辑；只有当社区内防灾、减灾自治体系切实成

---

① 民政部办公厅于 2020 年发布《培育发展社区社会组织专项行动方案（2021—2023 年）》。

② 中共中央办公厅、国务院办公厅于 2015 年发布《关于加强城乡社区协商的意见》。

形且可持续时，公共服务的提供逻辑才真正被置换与还原。其表明还原并不容易，但壹基金来加以推动的优势在于：第一，尽管当前处于社区治理的政策背景下，但社区居民参与常规化的公共事务① 仍然是各地社区所面临的普遍难题，而防灾、减灾作为非常规化的公共事务，具有应急性、突发性等特殊属性，因此以单线的形式而非夹杂在各类常规化公共事务中的形式来推动更加合理，壹基金作为在灾害救助领域已然深耕多年的行动主体，于防灾、减灾上有着相对过硬的专业性。② 第二，"安全家园"的真正落地运转不仅依赖于防灾、减灾层面的专业性，还需要社区真正具有防灾、减灾的需求，需要社区居民对防灾、减灾加以关注。通常来讲，社区居民只要对某一公共服务有需求，便会主动关注，但有些情况下，即使存在需求也可能会因为懒惰、依赖等心理而并不关注，因此，对社区居民进行激活和动员十分重要。壹基金作为社会领域中的公益力量，在激活公众参与意愿、动员公众持续性参与上具备天然优势。

一旦社区有真实的防灾、减灾需求，社区居民关注防灾、减灾，且有专业性的防灾、减灾知识及方法体系，自治便成为可能，"安全家园"便进入还原公共服务提供逻辑的轨道。

2. 与政府服务体系相并行的社会化通道

"安全家园"最后一重价值可以归总为：促使社会化救灾服务体系自下而上地成长起来。这里自下而上成长的主体有两部分：一是处于底部的社区志愿者救援队伍；二是处于高位枢纽位置的壹基金。

首先，"安全家园"的核心产出便是在一个个社区单元培育起一支支社区志愿者救援队。在小灾小难面前，通过自身对社区内部安全隐患的识别、供需的精准匹配来加以预防与应对，达成自治；在大灾大难面前，通过将救灾信息精准传递至壹基金，来汇聚外部救灾资源与救援力量，实现自治力量与外部救援力量的有效对接。

---

① 比如垃圾分类、公共秩序的维护、社区公共问题的共识达成等。
② 这里的专业性指的是防灾、减灾层面的专业知识及方法体系。

其次，"安全家园"的落地离不开壹基金这一处于高位的枢纽。高位枢纽除了自上而下地资金、物资、普适性的救灾知识与方法之外，还从底部的实际需求出发，搭建包含防灾、减灾专业知识，信息咨询，系统预测等内容的综合平台的发展潜力。基于此，高位枢纽的专业性水平才会不断提升，同时能够更好地反哺给底部行动者。

诚然，当前无论是处于枢纽位置的壹基金，还是处于底部的一支支社区志愿者救援队，都离实现上述所有价值潜力还有一定的距离。但可喜的是，这样一种"自治＋公益"的救灾服务体系完全不同于政府自上而下的救灾服务体系，其是社会化性质的，更符合社区治理的时代背景，也更符合韧性社区的目标追求。

三、价值实现所面临的挑战：节点问题视角

价值的产出是由项目模式加工运转而来的。展开来说，从起点处壹基金投入防灾、减灾知识培训，资金等资源支持，到最终产出上述价值潜力，不是简单的线性关系，不是投入这些资源就能够自然释放出价值的，而是存在着"项目模式"这一加工机器，只有当项目模式有效运转起来之后，价值产出才成为可能。

更进一步，项目模式的有效运转需要解决特定的节点问题组合，其中包含两层含义：第一，要意识到节点问题的存在并将其识别出来；第二，要想解决特定的节点问题，必须具备相应的技术手法，即专业性[①]要求。实际上，安全家园"在社区内部建立起一支社区志愿者救援队"的定位属于社区自组织培育的范畴，该项目定位明显位列公益项目层级的第四层级——公共治理。

---

① 这里的专业性区别于专项领域的专业性，专项领域的专业性体现为心理学、教育学、防灾减灾的知识体系等。其更多是指保证公益项目有效运转起来的专业性，被界定为"非营利组织管理的专业性"。

在这一层级中，仅仅有防灾、减灾领域专项的专业性是远远不够的。项目在实质性落地的过程中，必然会遇到一个个需要直面且加以解决的"坑"或"陷阱"。如社区居民就是不愿意参与、有礼物才愿意参与、走个过场就退出、陪你演戏等，这些"坑"或"陷阱"便是生成成熟项目模式路径时的节点问题。只有成功填补上"坑"，顺利绕开或破解"陷阱"，才能实现项目目标，释放出应有的社会价值。就当前"安全家园"的发展情况来看，其面临着三大关键性的节点问题。

（一）如何动员社区居民参与进来？

1. 节点问题的提出

该节点问题是最为根本性的。之所以如此，原因在于我国的行政体制是自上而下式的，诸多公共服务的提供、公共事务的解决是由政府等行政力量来主导和承担的，社会底部[①]还并未发育起来：一是大多数社区居委会还未意识到社区居民有参与公共事务的能力和潜力，因而很少为社区居民创造参与的平台、渠道或机会；二是大部分社区居民自身的参与意识较弱、行动意愿较低，在公共事务面前容易出现"搭便车""事不关己高高挂起""集体行动难"等情况。以一个形象的比喻来形容，社区居民犹如一颗颗深埋在土里的种子，阳光、雨水、化肥、土壤松软程度等生长性条件还未满足，离破土而出、开花结果还很远。

"安全家园"落地的关键单元在社区，关键主体在社区居民，即需要社区居民以志愿者的身份建立起一支社区内部的救援队，以维护本社区的安全。那么，如何让参与机会少、参与意识弱、行动意愿低的社区居民真正愿意参与进来并成为志愿者救援队成员，这是第一个要回答的节点问题。

需要注意的是，"参与"是社区治理领域、社区自组织培育议题下最为核心的一般化难题，其存在着两条形态相似但实质状态截然不同的

---

① 在这里特指社区。

轨道：一条是形式化参与，即参加培训或演练只是为了完成应急任务，获取自己想要的东西，在平时预防灾害或灾害发生时根本不会采取行动；一条是真实性参与，即真的想要为社区防灾、减灾付出努力或做出贡献，在预防灾害或灾害发生时自发积极地行动与响应。显然，第二条轨道是"安全家园"想要通往的方向。

2. 已有解法呈现

做好前端选择。这里的选择包含三个层面：其一，选择合适的合作伙伴。一线公益组织在提交项目申请的基础上还要开展部分项目经费的自筹，自筹标准符合且通过壹基金的其他资格审查后才正式成为合作伙伴，由壹基金提供资金、防灾减灾物资等资源支持。其二，选择合适的项目点。即合作伙伴选取的项目点必须是那些真正有灾害风险、有明确灾害预防和应对需求的社区，例如，"我们这边种甘蔗多，现在村里头有些人家的甘蔗林经常着火，一着火收成就没了，如果等到镇里头来消防队就不行了，全部烧完了，所以特别需要近距离的村里人能够直接去救火，村本身的应急救援队就很重要"（合作伙伴A）。其三，选择合适的救援队成员。最常见的方式是由一线公益组织将相关标准告知村委会，由村委会进行公开招募或推荐，通常只要满足长期居住在该区域且对防灾、减灾有兴趣或热情即可，退伍军人或民兵是首选目标，"我们更希望退伍军人、民兵或者不经常出村的这种力量加入进来，所以我们会跟村委沟通村里人员的现状，因为这批人比外出务工的村民更加稳定，基本每天都在村里，一有什么，一呼马上就到了，非常便于救援工作的开展"（合作伙伴B）。由村委会带头与相应人员进行意愿的确认，组建出一支社区志愿者救援队，且由一名村干部担任救援队的队长，以确保队伍的社会合法性。

参与式培训。让救援队雏形形成是为了对其展开针对性的培训，即传授相对系统且有效的防灾、减灾知识与方法。出于避免走向师授型讲课，避免给成员造成过大心理压力，避免过于抽象而让人无法理解的考虑（这些都可能成为劝退队员的原因），合作伙伴在培训时应尽可能做到以下两点：一方面，格外注重培训教官对待人的态度及方式，尤其是要具备平等尊重、友好沟通的视角与能力，以减轻因地位不对等而带来的隔阂，拉近与救援队成员之间的距离感，"培训的教官很重要，我们重点挑选和善的、擅于沟通的、对大家很热情的教官，没有高高在上的感觉，这样亲民的形象才会让救援队成员愿意听他说、与他沟通、跟着他走，不然太有距离感了"（合作伙伴 A）。另一方面，积极创造实操演练的机会，将每次培训都营造成真正参与防灾、减灾过程的实景，并由教官全程陪伴一同练习，"培训内容本身很重要，但知识点是需要配上例子的，例如，举一些自己的经验，大家才会更好地理解；通常我们在室内讲完之后，都会将成员拉到室外进行队列演练，这样效果才会更好"（合作伙伴 A）。

配套行动支持。尽管加入社区志愿者救援队属于公益行为，没有直接的劳动报酬，但考虑到应充分调动有兴趣或有热情的人，壹基金或合作伙伴在培训之初就承诺采取相应的配套激励措施：第一，赋予身份的独特性与主体性，体现为为所有救援队成员提供统一的装备，并为他们搭建在公众面前露脸的平台，"会为他们发放一套一致的装备，包括衣服、名牌、背包及工具等，每次培训都让他们齐刷刷地出现，让他们感到自己并不是普通村民；另外，平时也会让他们去为村民发放挂历等物资，递送温暖的同时也使得居民对他们另眼相看"（合作伙伴 A）。第二，提高培训的含金量，前期邀请领导一起参与，并将培训时长与村民的工时挂钩，由村委会根据工时支付一定的补贴，"你来参加培训学习，是可以给你记工时的；有时也会邀请镇书记、主任等一起到现场参与培训"（合作伙伴 B）。第三，扩大学习防灾、减灾所带来的效益，即个别一线公益组织可以帮助部分表现出色的救援队成员考取救护员证，即救援队成员通过参加培训、实操演练，不仅有可能真正帮助所住区域减轻灾害风险，还有可能掌握一项经过标准认定的专项技能，"我们在有些地方会跟红十字会合作，救援队成员有机会拿到一个救护员证，他们会认为名正言顺地去做防灾、减灾的事情很好"（合作伙伴 B）。

需要说明的是，上述解法的呈现是对当前不同合作伙伴在不同项目点的探索的提炼与汇总。其共性点在于所瞄准的落地单元都是那些有明确灾害预防与应对需求的社区，很大程度上更加容易动员他们真正参与进来。但面对那些没有强烈需求或还未意识到有需求的社区居民，动员难度则更大、更高。

（二）如何让救援队成员的参与走向可持续？

1. 节点问题的提出

要想让社区居民走向持续性参与防灾、减灾培训及演练，甚至自发投入预防及应对灾害事件当中，离不开过程中对救援队成员的激励。其与动员的作用有所不同。动员的作用在于让社区居民掩埋在地底下的参与意识、行动意愿破土而出，激励的作用则在于不断对破土而出的小苗进行松土、浇水、施肥，进而使其得到趋于稳定的发育与成长。

就"安全家园"而言，其瞄准的公共事务是社区内潜在的各类风险性的灾害，所要通向的终点是在社区内组建起一支自我组织灾害预防、自我参与灾害救援、自我开展灾后重建的社区志愿者救援队，整个参与链条相对较长。众所周知，灾害具有突发性、偶发性的特征，也就是说即使预防得再好、准备得再充分，也很难完全预测灾害是否会真实发生，以及发生的精准时间，一旦出现多次未发生的情况，就可能造成"狼来了"效应，对志愿者救援队参与防灾、减灾的积极性与持续性产生影响。此外，灾害也具有潜在性、潜伏性的特征，即社区内可能存在不止一种风险性的灾害，倘若未被预防的灾害发生抑或已经预防的灾害发生但未取得好的应对效果，志愿者救援队可能会对项目所搭建的防灾、减灾体系的真实性和有效性产生怀疑。再者，当预防的灾害真实发生并得到较好解决时，志愿者救援队的参与热情、行动意愿会越发强烈、高涨，此时若缺少合适的回应与引领，也可能导致热情和意愿逐渐下降甚至消退的风险。

这就要求顶部壹基金与合作伙伴在项目进展的不同环节综合运用激励性手法。激励的恰当和持续运用至少能够带来以下两重效果：一是让志愿者救援队的成功探索及做法被看到、被认可、被肯定，进而让他们对自己的付出与努力由内而外地生发出自豪感、成就感、价值感；二是将支持感、同行感传递给志愿者救援队的成员，以促使他们深度卷入"安全家园"之中，朝着自我组织、自我管理、自我发展的方向前进。

2. 已有解法呈现

将风险点当作资源。培训及培训现场的操作演练只是让社区救援队成员掌握与理解防灾、减灾知识和方法的一种有效手法，而促使他们更好地内化的方式便是带他们到村庄的各处去看，由他们自己去做风险点的筛查、规划与应对措施的构建，以明确风险点的具体位置、各类资源所在的方位，做出针对具体风险的应急预案，并制作属于本村庄的灾害风险图，"全村的风险灾害资源全部都要汇集到一张图上，这张图标示出风险灾害隐患点、资源所在地、乡政府在哪里、村委会在哪里、超市医院广场等地方在哪里"（合作伙伴B）。其中一个重要部分是对脆弱家庭的识别，主要关注两大群体：一是有留守老人或留守儿童的家庭；二是房屋位于灾害隐患点的家庭。社区志愿者救援队要让每一户脆弱家庭单独形成一个应急预案，并尽可能将相关灾害应对技巧传递给他们，"那些脆弱家庭，每一户都要有单独的预案；如果他们家旁边就是灾害隐患点，那么当灾害真正发生时，应该怎么跑、去哪里都是预案的关键内容，且需要教给居民"（合作伙伴B）。当前，这已成为"安全家园"落地任何社区时的一大关键行动内容。

对接相关志愿服务资源。为了充分发挥社区志愿者救援队的作用，在接受培训、操作演练、制作灾害风险图等本职工作以外，个别一线公益组织也会想方设法为志愿者救援队成员链接志愿服务资源，在展现他们自我价值、自我能力的同时，将相关防灾、减灾知识与方法传递给更多的群体。例如，湛江的合作伙伴将社区志愿者救援队与学校对接，满足其在溺水安全教育上的需求，"比如说我们靠近海边，经常会有溺水事故，所以我们就会到学校去开展安全教育，讲心肺复苏、什么行为容易溺水、别人溺水可以怎么办、自己溺水怎么办等。这些都是我们这些社区志愿者救援队在支持的"（合作伙伴 A）。

日常情感的维系。在正式工作和非正式工作之余，出于增强社区志愿者救援队成员集体感和归属感的考虑，部分合作伙伴也很重视团队整体文化及氛围的建设，其核心体现为：日常阶段通过创设不同的场域将救援队成员聚拢起来，以形成相互交流、互动、联结的纽带。展开来讲，有时在每次培训之后开展茶话会、围炉夜话等活动，"需要经常地去维系感情，去做一些互动，例如，每次培训或演练结束之后，都会让大家留下来一起吃饭聊天，那个场景就像围炉夜话一样，让他们感觉到我们是和他们站在一起的，是在共同关心防灾、减灾这件事情"（合作伙伴 A）；有时以传统节日为契机开展相关活动，"每个传统的节日我们都会动用起来，一起做个活动，让他们有一种仪式感和归属感"；有时抓住平时的空闲时间集体做些事情，"我们每年都会拿出一部分资金来做队伍的可持续发展的支持，哪怕平常没什么事情，也会创造让他们队员全部凑齐的机会，走到一起碰个头，干点什么事情"（合作伙伴 B）。

精神激励与价值激励的结合。在救援队成员参与防灾、减灾，从培训到实操演练，再到真正在灾害现场进行救援等一整个行动链条中，还有两重激励要素：一是，壹基金或合作伙伴的外部认可与肯定。当前涌现出来的做法包括：对"最美志愿者"进行表彰，"要让这批人充分认识到自己的岗位意义、所做的事情对大家的帮助，给他们一种存在感和价值感，所以我们会对他们进行认可和颁发荣誉"（合作伙伴 B）；举办防灾、减灾技能比拼大赛，评选出一、二、三等奖，并由应急局或消防局的领导进行颁奖。这些都是精神层面的激励。二是，当真正进入灾害现场并成功将灾害风险清除之后，事件本身会为救援队成员带来内在的价值激励。"有一次我们集体搞培训演练的时候,两支队伍碰到一起,就会说上次火烧得怎样,好在你们及时帮我们灭了,并约着要一起聚聚。感觉成功灭火对他们来讲是很开心、很兴奋的事情"(合作伙伴A)。这种价值激励也有了相应的延伸,即壹基金从2022年开始,每周定期搭建集体答疑的平台,有时会邀请个别优秀的合作伙伴或社区志愿者救援队来分享他们自身的经验与做法,即给他们更大的表达自我和展示自我的空间。

综合来看,随着壹基金及合作伙伴的积极探索与实践,当下"安全家园"已经形成瞄准社区志愿者救援队成员的多重需求的激励谱系:既有相对低位的事件激励(如制作灾害风险图、识别脆弱家庭等)、荣誉激励(如表彰、颁奖等),这类激励很大程度上具有即时性、短暂性的特征,能够给救援队成员带来继续向前行动的动力,但动力维持的时间可能相对较短;又有相对高位的团队文化激励(如情感维系所带来的归属感与集体感)、价值激励(意识到所做事情是有意义的、有价值的),这类激励产生作用的前提是成员内心的感知与认同,它们是从内而外生发出来的。据合作伙伴观察反映,绝大多数社区志愿者救援队成员持续参与该项目时的演变轨迹是:前期主要依靠事件激励、荣誉激励,后期主要依靠团队文化激励、价值激励,且后者的效用更加稳定、更加持久,"在救援过程中呈现出自己的价值,越做价值感越得到实现,就越愿意做"(合作伙伴A)。截至目前,有30%的队伍能够一直持续性地行动,30%的队伍在真正遇到灾害风险时能够行动起来。

(三)如何保障合作伙伴的数量与质量?

1. 节点问题的提出

"安全家园"落地社区,需要借助在地公益组织或在地志愿组织的力量,无论是防灾、减灾专业知识及方法,还是动员及激励等技术手法,都承载在这些合作伙伴身上。他们的数量决定着项目能够触及的范围与广度,他们对动员及激励等专业性技术手法的运用程度,决定着社区志愿者救援队参与的深度。因而，是否有足够数量和质量的合作伙伴，则成为第三大节点问题。

就数量而言，一方面，全国开展防灾、减灾业务的公益组织或志愿组织本身就相对有限，而"安全家园"的目标是要让更多社区成为"韧性社区"，为社区培育志愿者救援队，这就需要在地公益组织或在地志愿组织的力量，因此如何匹配两者之间的供需平衡便成为难题。简而言之，即使部分地区对防灾、减灾有需求，也可能找不到能够对接的合作伙伴，这是当前"安全家园"复制、推广已经遇到的难题之一，"每年统计数据，精准扶贫的这些地方，好像我们项目覆盖得比较少，最重要的原因就是当地找不到伙伴，或者说没有特别合适的伙伴，这种情况下就做不了"（负责人 A）。另一方面，当下"安全家园"所瞄准和进入的更多是对防灾、减灾有明确需求的社区，而更多社区的状态可能是面临着较大的灾害风险，但并没有意识到或即使意识到也并没有暴露出需求。倘若能够让"安全家园"顺利地在这类社区运转起来，则更加有价值。因此，在项目后续的发展中是否要将这类社区纳入进来，倘若纳入进来，对合作伙伴的数量又是一重挑战。

就质量而言，合作伙伴对防灾、减灾专业知识及方法、动员和激励等专业性技术手法的掌握程度不同，因而运作所产生的效果也自然不同。这便涉及壹基金针对合作伙伴的管理问题，即重视过程管理还是结果管理，前者的逻辑是对底部行动者过程中的每一个环节进行留痕、记录并直观呈现出来，所有环节都完成便意味着目标的达成；后者的逻辑是对底部行动者解决问题能力的鉴别与提升，即在不触犯规范性底线原则的情况下，有充分探索、创新、务实性解决运作中各类难题的行动空间，问题解决的程度意味着目标达成的程度。

2. 现有构想或做法的呈现

针对这一节点问题，壹基金已经意识到并开始有所回应或行动，但均处于刚起步、刚进行探索发展的阶段。

合作伙伴的数量：尝试与政府直接合作。截至 2022 年年底，壹基金已与 300 多家合作伙伴合作，在全国 1 088 个村庄开展"安全家园"，这些村庄之所以能够落地项目，是因为能够在当地找到一家合作伙伴。而在该项目所瞄准的有明确防灾、减灾需求的社区中，有些因找不到合适的合作伙伴而无法加以引入。为了解决这一问题，壹基金于 2022 年起开始设想直接与政府部门进行合作的模式，即由体制内人员承担起合作伙伴的职责。由于这一想法还位于起步阶段，故不对其展开陈述。

合作伙伴的质量：过程管理成分偏重。2020 年，壹基金就"安全家园"正式启用项目管理系统，其机制在于将"安全家园"落地社区的整体环节全部模块化，以起到统计数据、监测项目运作情况和目标达成情况的目的。首先，壹基金对合作伙伴在每个社区开展的活动的次数等会有明确要求；其次，在每次开展相关活动后，合作伙伴都必须向管理系统上传七个方面的信息，包括项目点、活动类型、受益人数、签到表、传播链接、活动复盘、活动图片，"在我看来这里的每一样都得有，都是必须的，要是缺了哪一样就是不合格的"（负责人 A）。实际上，使用管理系统的初衷是识别合作伙伴的能力发展水平、提升项目质量与专业性，但将其投放到合作伙伴身上时，可能会让对方产生被监管的感觉，进而带来两大适得其反的风险：第一，使合作伙伴只关注数据，而忽视自身做法中的技术要领，"只提到要收集咱们开展了多少次服务、在每次服务中出动了多少名社区志愿者救援队的成员、参与了多少天等，还真没专门去研究和关注怎么去关爱脆弱家庭"（合作伙伴 B），而后者才是防灾、减灾过程中的关键性成果。第二，致使合作伙伴陷入形式化动作与实质性做事的张力拉扯之中，"有时候就会被问上报过来的照片中的人为什么没有穿马甲，为什么没有基金会的 logo，也没有项目的名字。这确实是。但很多时候我们是实实在在地在做事，也不可能拿着两三件马甲来拍照；又或者是根本没时间拿手机，要不然就是一直在拿手机打电筒，根本就想不到要拍照和拍视频"（合作伙伴 A），其带来的后果有可能是"劣币驱逐良币",会做材料的更容易获得认可、获得持续性合作的机会,而真正在做实事,真正在提升防灾、减灾能力上务实探索的反而被淘汰。这两重风险与壹基金的理念、初衷与项目设计构想是相违背的。

(四)可发展路径:技术及原理体系的汇总与投放

尽管现阶段合作伙伴的发展状态有所差异、能力水平参差不齐,但随着合作伙伴及社区志愿者救援队的不断探索、试误与优化,其在技术手法上会随之发生改变、调整与升级。用一个比喻来形象化地形容:一片广阔的土地上撒下了一把种子,将相应的阳光、雨水、肥料等施加给种子后,其在一个月、五个月、一年等不同时间内的成长状态便会不同,播种者通过观察和掌握不同阶段种子的状态,才会知道当前每颗种子处于哪个阶段,以及接下来该继续施肥、浇水还是可以直接收割。回归到"安全家园"本身,壹基金需要了解和掌握合作伙伴的发展状态,及时"收割"相应的成果。

展开来讲,壹基金自上而下的培训内容更多源于国内外相关做法及经验的学习与梳理,但当"安全家园"落地于一个个具有自身独特性的社区单元时,已经生长出挺多区别或超越培训内容的技术手法。例如,在正式进入社区前,如何与应急局、消防局、街道办事处、居委会等行政部门快速建立信任关系,如何获得行政部门的背书等;在正式进入社区后,动员社区居民的有效方法有哪些、持续激励志愿者救援队成员的方法又有哪些等。针对落地过程中的每一个节点问题,壹基金都可以以鉴别、萃取的视角去观察和汇总底部已经生长出的优秀做法,及时地"收割"并提炼其中的原理,以汇总至自身所处的枢纽高位,形成"安全家园"运作的技术库,增加壹基金在灾害救助领域的技术厚度。

诚然,当前壹基金已经在每周答疑会的环节,设置了伙伴经验分享的板块,但还不够完善、不够系统。第一,当前伙伴经验分享并不是一个固定的设置,相对零散化,需要建构一个持续鉴别、捕捉、萃取底部合作伙伴做法的机制,以便及时收集和汇总;第二,收集和汇总不能仅仅停留在分享做法这一步，而是要对做法背后的技术和起作用的原理进行分析与提炼，否则容易进入形式化地模仿表面做法的陷阱；第三，将技术与原理总结出来之后，需要与后续的支持相配套，即自上而下地投放给所有合作伙伴，具体方式既可以是更新至一个统一平台供合作伙伴自行对标，也可以是在合作伙伴寻求帮助时给予精准性传递。

专业技术汇总平台的搭建，对壹基金本身有益：一是，更能精准地把握和判断每个合作伙伴的发展状态，进而更好地对接实际需要的配套支持；二是，大幅提升壹基金本身的专业性，促进培训内容的迭代，以实现"自上而下经验性内容＋自下而上积累性内容"的结合。同时，平台的搭建也有利于合作伙伴能力水平的成长与发展：一是，自身的做法被看到、被认可，对自身所创造的价值有了更清晰、更深入的认知，从而更加积极地、持续地在防灾、减灾领域继续深耕；二是，可供学习与参考的内容的选择性、可能性增大，使人更加有信心、有勇气去创新探索。

成都市爱有戏社区发展中心义仓
项目模式梳理

何　磊

一、义仓项目概述

2009 年，成都市爱有戏社区发展中心（以下简称"爱有戏"）正式成立，其以"构建更具幸福感的社区"为使命，专注于城市社区发展。

当时的行动起点是以"营造社区文化"为切入点在社区内开展项目，但在实际运作的过程中，"爱有戏"发现社区居民贫富差距较大、邻里关系相对冷漠的状况，"在一环路① 以内，有很多困难家庭连基本的温饱都难以满足，也有很多生活水平很高的家庭，他们之间有很大的贫富差距。但这又是天然形成的社区，这种隔阂就使得他们相互之间不会走在一起。所以我们就在想，怎样才能把居民们连接起来、怎样才能更好地整合和链接资源"（工作人员 A）②。抱着解决所暴露出的真实社区问题的心态，"爱有戏"试图寻找一套新的"将社区居民连接起来"的行动模式。

---

① 指的是成都市。
② 本文所引用的访谈内容主体统一编号：多位"爱有戏"工作人员即"工作人员 A—B"。此外，"爱有戏" 2 位副主任、工会主席均参与了本文内容的确认与修正。

2011 年，受公益机构"青原色"① 在农村社区"募集一勺米、一勺绿豆"的探索启发，"爱有戏"落地启动适合于城市社区本土情况的义仓项目。历经十余年的本土化实践，义仓已然成为相对成熟的公益产品。**其基本运作方式是怎样的？所瞄准的核心目标是什么？**

义仓，相当于爱心仓库。其坐落在一个个特定的街道或社区内，通过动员普通社区居民等主体持续地捐赠闲置物品、生活用品、食品等物资，定期② 将其精准递送到该社区的困难家庭中，实现资源供给与需求的有效对接。与此同时，义仓整体行动链条的完整铺开均与社区居民的深度参与和卷入有关联，从入户走访、确定困难家庭名单，到管理与维护捐赠物资，再到延伸内容（如"一个观众的剧场""义集"）的落地，每一个环节都是在资源对接的基础上将人与人连接起来、人与事互动起来。

因此，义仓区别于一次性的捐赠行为，区别于简单化的物资递送，其以传统慈善文化为基底，激活社区居民彼此产生联结，共同关注和解决社区内的相关事务，实现"重塑邻里关系、推动社区互助"的目标。

二、价值体系呈现

在对义仓基础项目模式所产生的价值进行描述之前，需要将社区治理的整体格局大致勾勒出来，以便从整体性、系统性的视角来把握义仓项目当前在社区治理格局中所处的位置、已经释放出的潜力点及未来可供选择的发展方向。社区治理的整体格局是从评估团队十余年来对社区治理领域的深入研究和评估的经验中总结而来的，可能无法囊括所有，但基本上可以涵盖公益组织在社区治理领域的探索及发展的主流脉络。

---

① 全称为"青原色创新实验室"，是一家公益性艺术文化机构。

② 通常一个月一次。

（一）社区治理的整体格局

当今社会，从理想抽象层面来看，社区实际上可以划分成两种主要类型：一方面，随着青年群体逐渐走向更广大的社会舞台，社区越来越退化为"睡城"，即只要政府职能部门配备基础设施和管理基本公共秩序，物业公司提供相应的服务，便可以安心地居住在该社区，让社会活动轨迹溢出于社区之外；另一方面，老年人的社会生活越发回落到社区之中，并在这里追求生活质量的提升。当然，现实中的很多社区处于两种理想类型的混合地带，最为典型的是有孩子的家庭，对于这类群体而言，社区同样是其社会生活的关键场所，是除学校以外不可忽视的另外一种社会化空间，能够发挥伙伴交往、教育引领和公共参与等多重作用。

然而，当前城市社区已完全有别于单位制下的"熟人社会"，居民之间因业缘关系居住在同一地域，却呈现出异质性强，个体化、原子化、疏离化的群体特征，即基于社区而形成的微型社会生活体系很难自动发育出来，大多数社区变为一个个孤立的"睡城"，居民、社区两委、社区三者缺乏连接与互动的良性土壤。在该情形下，社区治理的概念涵盖居民公共参与、社区自组织培育、形成自我治理体系等一系列内容。其中最典型的，也是当前政策推动力度最大的努力方向之一，便是社区自组织培育，其精髓在于以组织化形式让社区居民从中得到发展、让社会力量自下而上地成长起来、让社区公共秩序与公共服务均达到良好状态，以重建社区微型的社会生活体系。

整体上看，**社区自组织自下而上的发育呈现出三级台阶：1.0 版本、2.0 版本以及理想的自我治理体系**。1.0 版本相对初级，其是社区自组织从无到有的过程，组建依据主要是居民的动机水平、兴趣爱好和需求内容，涵盖以志愿者身份帮助社区承担维护公共秩序等职能的公共服务类内容、以发展兴趣爱好为初衷的文体娱乐类内容、为特定人群提供物资或资金帮助的基础慈善类内容、为特定人群提供基本软性服务[①]的志愿服务类内容，该阶段的核心是实现人与人之间的熟络与初步信任。2.0版本是沿着1.0版本的发展脉络而生长出来的，进入尝试解决社区内公共事务的轨道，即公共服务类自组织以正式组织化的形式来稳定持续地参与社区治理；文体娱乐类自组织开始往提高居民艺术追求或提供社会服务等方向升级换代；基础慈善类自组织沿着特定人群的需求递送专项化的社会服务；志愿服务类自组织从浅层的单向给予走向深度的双向互馈。

　　培育社区自组织的目的是承担部分社区居委会的职能以及解决社区内的公共事务，在开展具体行动的过程中，社区自组织内部成员之间、各自组织之间、自组织与社区两委之间必然会面临关系协调、资源整合与分配、矛盾或冲突化解等问题，议事协商成为一种新型的共识达成方式。当社区自组织能够摆脱对社区两委或外来公益组织的依赖，能够通过议事协商机制自主有效地疏通关系、分配资源、化解矛盾、解决公共事务时，社区则走向理想的自我治理体系。

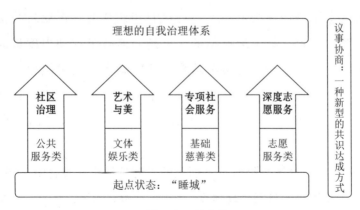

图 1　社区治理整体格局图

---

① 比如去看望老人、陪老人聊天等。

（二）义仓在社区治理格局中的价值定位

根据上述对义仓产品形态的描述，可以判断出义仓在社区治理整体格局中所处的位置为"基础慈善类"，如图 2 所示。

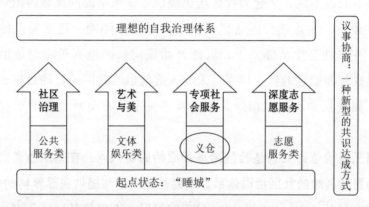

图 2　义仓在社区治理整体格局中的定位

随着义仓项目在社区中实质性扎根并生长，基础慈善仅仅是起点，其不同于一次性的捐赠行为，也不同于简单化的物资递送，它释放出三重价值潜力。

第一重价值：义仓是培育 1.0 版本社区自组织的一种独特形式。 在绝大多数社区当中，文体娱乐类是最为常见且数量最多的自组织类型，也是众多公益组织最初进入社区开展服务的切入口。与之不同的是，义仓直接以基础慈善类自组织为靶心，进入特定的城市社区内，一面动员居民为社区内困境群体奉献爱心、捐赠物品；一面使居民深度参与入户走访、困难家庭名单推荐、物资管理、物品递送等各个行动环节。在盘活社区资源、有效对接资源供给与需求的同时，培养起一支能够保证该行动链条稳定运转起来的社区自组织队伍。目前，此类型的社区自组织队伍已经在义仓项目深耕的多个社区中真实存在。

第二重价值：义仓能够建构出一个自足的、温暖的社会生活体系。 正如义仓想要实现的"重塑邻里关系、推动社区互助"的项目目标，捐赠物资、精准递送是其行动的表层含义，深层含意是以此为载体，让居民看到社区中所真实存在的困难家庭、看到之前单一视角下所看不到的社区现状。与"睡城"模式下人与人之间十分冷漠、相互隔阂、关系断裂不同，义仓为社区居民提供了一条帮助同地域内困难群体的关爱通道，为普通社区居民提供了一条打破隔阂、建立关系的交往通道。在该社会生活体系下，资源开始流向社区里真正需要帮助的群体，形成较为稳定的自足体系；人与人之间也因共同的行动目标而相互连接、频繁互动、友好相处起来，邻里关系从冷漠断裂逐渐走向温暖互助。

第三重价值：义仓是社区治理最原始的切入点，在基础慈善之上可以建构更加高端的社区治理体系，起到基础支撑和提供底部养料的作用。 在传统农村社会中，生存在同一村落的村民，不仅仅是地域范围内的邻居关系，更是相互帮助、相互支持、互惠的共同体关系，彼此有着深厚的社会生活纽带，村庄里的很多事务能够通过已经生成的共同体和强纽带加以解决，其本身就有着社区治理的意味；而这些都是现代城市社区所缺失的，义仓所要做的正是尽可能恢复和重构这种传统的邻里关系，因此将其称为"最原始的切入点"并不为过。但传递爱心、递送物资是起点而不是终点，当社区居民因"帮助困难群体"这一共同行动目标而持续稳定地聚集、连接在一起时，社区中所存在的其他需求或实际问题便随之暴露或衍生出来，"爱有戏"的有效引导与支持，为自组织往社区治理整体格局的更高层级的发展提供了成长方向。"一个观众的剧场"便是对基础慈善的实质性突破，即从物质性帮助进入提供软性社会服务的轨道。

需要说明的是，以上三重价值的描述并不是凭空而来，而是对义仓项目在城市社区实质性落地后已经释放出的价值的提炼与归总。当然，并不是义仓进入一个社区就能产生上述价值，也并不是每一个义仓进入的社区都能产生全部的三重价值；而是每一重价值的实现均需要满足特定的条件，解决特定的节点问题，形成特定的技术手法。

三、基础项目模式解构

至此，义仓在社区治理整体格局中所处的位置以及释放出的价值潜力都已呈现出来，一系列问题也随之而来。首先，在个体化、原子化、离散化的城市社区，义仓团队为什么认为居民们一定愿意帮助社区的困难群体？其坚定的信心源于哪儿？其次，尽管义仓从基础慈善切入，但它并不是仅仅停留在捐献爱心、递送物资的层面，落地运作中有着哪些关键性的节点问题？义仓团队是否已经意识到这些问题，在解决过程中积累了怎样的技术手法？因此本部分聚焦于义仓本身，因为它相当于一棵树的"根"，只有根系得以存活，才能生长出不同的枝丫。

（一）前定假设：人人都有向善的潜能

义仓项目的开展有一个基本的前定假设：每一个社区居民都有向善的潜能。向善本身不分大小、不分地位的高低，"义仓其实是一个很好的参与平台，在这里没有施舍、帮扶的概念，大家是平等的、相互尊重的，任何人都可以参与进来"。其具体含义为，当我们开始对社区中的困难群体进行捐赠的时候，社区居民都会积极行动起来，大量的物资资源涌入义仓，社区中的贫富差距逐渐缩小，受助群体的困难程度不断降低，人与人之间的关系和相处模式得到改善，特定的社区自组织队伍也随之建立运转起来。当然，该假设并不是自然就成立的，而是需要相应的条件。**因此，最为重要的是，在什么条件下，人们潜在的向善动机能够被激活？**换句话说，人们的向善动机就像埋在土里的种子，当条件未满足时，种子并不会破土而出；由于每颗种子所掩埋的深度不同，所需要的条件也有所差异。

基于"人人都有向善的潜能"的前定假设，义仓项目的目的是创造条件，让人们深埋在土里的向善动机露出地平面，从而愿意采取向社区内困难群体捐赠物资的行动。带着这样的视角就会发现，每个城市社区中可能或多或少都会有小部分先行者，他们已经积极地投身社区内的相关事务中，有着较强的行动意愿和服务意识，让他们产生捐赠行为的难度相对较低；同时可能会有小部分居民本身就怀有想做公益、帮助特定群体的心理，但因所能接收到的信息有限抑或找不到可信任的捐赠渠道而未付诸行动，而当困难群体的真实需求如此清晰地呈现出来，捐赠通道又如此便利之时，他们就更容易产生真正的捐赠行为；在此之上，还有更多的居民主体有实施捐赠的潜力，但他们"掩埋"的程度更深，故激活他们的门槛更高。

换一个视角看，义仓是在动员社区居民来帮助社区两委或公益组织实现相关目标，处于相对被动的一方；但同时也有主动的一面，即为社区居民铺设了一条实现自身价值的路径。随着时代的不断发展，人们实现社会价值的欲望越来越强烈，尤其是在大灾大难等公共性事件面前，很多个体寻找到那些能够证明自己有能力为受灾群体提供帮助的场所；抑或是搭上互联网筹款平台的快车，满足为社会贡献微薄之力的心愿。而社区作为个体因特定因素聚集起来的固定场所，其本身就隐藏着让社区居民实现社会价值的可能，义仓的出现则创造了一种可行的参与路径或机会。

（二）如何让行动具有社会合法性？

公益组织进入社区开展项目不仅需要法律合法性，还需要具有受官方认可的身份与名义，即社会合法性。原因在于中国社会形成了国家与社会（政府与民间、体制内与体制外）的两分法，前者在居民个体的心中有更高的权威性和信任度。因此，公益组织只有将自身的行动嵌入官方认可的范围内，才具有社会合法性。聚焦到社区单元来说，虽然社区的性质是居民自治组织，但在具体的行动面前，社区居民通常都会先关注居委会在其中的立场，对外来公益组织甚至抱有非常高的警惕心理。因此，如何获取街道和社区两委的认可与支持，便成为关键性的节点问题，其关乎是否能够获得社会合法性身份。

1. 具体做法

通常情况下，"爱有戏"会和街道或居委会达成开展义仓项目的共识，但项目的具体落地单元在社区。以肖家河街道为例，义仓团队从居委会拿到一份低保、低保边缘及残障或大病等可能会是义仓帮扶对象的人员名单后，便带着名单前往社区中人多的场域，观察社区现状、倾听居民声音，但通常可能会面临双重的社会合法性挑战：一面是居委会的观望与不解，"其实最开始社区跟我们的链接不是那么强，对我们持观望的态度，甚至到后面会说怎么'爱有戏'一叫居民，他们就去了，我们就叫不动"（工作人员 A），即居委会并没有建立起对义仓团队的信任；一面是居民的高度警惕与质疑，"刚去的时候，我们会在广场附近到处观察，会经常被'围攻'，有些居民会来问我们'你们是干吗的，为什么要来问我们这些？你们是不是上面的人派来调查的'"（工作人员 A），即社区居民对义仓团队的到来同样充满了不信任，即使在向他们解释来意之后，还是遭到诸如"像你们这种，我们以前见多了，经常有人来，还让我们给他们介绍困难家庭，结果带着一群人入户送完东西就走了"的漠视。

在初步观察结束后，义仓团队便会亮明官方认可的身份，再次进行深入调查。

第一，降低"爱有戏"的主体成分，以官方授予的身份或是以承接运营街道社区的某工作站的身份开展工作，例如孵化成立社区邻里互助中心（有的街道或社区在项目未介入前已经建立邻里互助中心）。"我们就跟社区居委会和居民说，义仓是属于本土的、是本社区的、是居民的，不是'爱有戏'的，所以我们的办公室门口打的名字就是 × 街道／× 社区邻里互助中心，我们只是进来帮忙运营的"（工作人员 A），与此同时，义仓团队在各个活动中均不再突出"爱有戏"的身份，而是增加街道办、社区两委抛头露面的机会，"每一项行动中，只要能让社区搭车或亮相，以及获得荣誉或奖励等，都尽可能让给社区"（工作人员 A）。

第二，信息及时对称，减轻社区居委会的顾虑。工作过程中，义仓团队意识到信息对称的重要性。一方面，义仓团队花费 2—3 个月时间对社区进行初步走访，并将走访情况予以同步，"我们把名单上的所有居民都入户走访了一遍，并建档更新了，把这些数据都反馈给了居委会"（工作人员 A）；另一方面，以一周为单元，主动向居委会汇报整体工作内容，"我们每一周都会写工作日志，写完之后发给每一个社区和街道，他们可以直接使用这些资料，尤其是这些内容与他们所要完成的与帮扶有关的指标是相吻合的"（工作人员 A）。

踏实、认真的工作作风，逐渐让社区、居委会打消了疑虑；甚至在多个项目点出现街道办事处或社区两委带头捐赠的行为，捐赠的物资成为义仓第一批物资的来源。

2. 技术要点

从最初受到居委会和居民的双重质疑，到以官方认可的身份来开展各项工作，义仓不仅传递了尊重对方的信号，也从对方的脉络出发减轻了工作负担，提升了工作质量。更进一步，公益组织等社会力量的介入得益于政府自上而下的社区治理政策的推动，社区治理本身所包含的内容十分丰富，动员居民参与、建立社区自组织、落实社区帮扶（包括走访入户、提交入户数据或资料）等都涵盖在内。但社区两委处于最基层，行政任务过多、过重，使得很多内容无法实质落地，陷入形式主义。义仓团队行动方式的转变恰好起到弥补"形式主义"的缺陷：其一，以街道/社区邻里互助中心为名义开展走访入户等各项工作，在尊重社区两委的基础上，降低了社区两委自身完成该项指标（即上面提到的社区两委本身就有走访入户、落实社区帮扶的任务）的时间成本，减轻了社区两委完成该项指标时的负担；其二，义仓团队通过几个月的走访所得到的入户数据是最新的，所撰写的工作日志也更加地翔实，因此信息对称的作用在于，一是同步知晓，二是提升该项指标的完成质量。

　　基于此，义仓团队行动方式的转变实现了自上而下与自下而上的配合与呼应，将社区帮扶的前期工作真正落实到位。这也正是能够获取来自体制内的捐赠物资的缘由，当街道办和社区两委将顾虑消除，甚至带头进行捐赠时，社会合法性就自然得到满足。

　　在义仓走向规模化复制的过程中，义仓团队也越发注重社会合法性的获取，从最开始的社区介入到具体的各项活动的开展，都优先选择愿意积极配合与支持，甚至是主动想要引入的社区。但需要说明的是，尽管社会合法性是义仓落地社区的先决条件，但根据不同街道办事处或社区两委的不同态度与行为，义仓团队所采取的具体做法可能会略有不同。

（三）如何吸引普通居民参与进来？

　　取得社会合法性在一定程度上会打消居民对义仓团队进入社区的疑虑和担忧，但并不完全等同于居民愿意参与进来，也不完全等同于居民就会做出捐赠行为。他们既可能看不到真实的困难群体，也可能因为质疑帮扶名单的可信性而不采取行动。然而，义仓项目的目标是"重塑邻里关系、推动社区互助"，只有居民真正进入捐赠的通道并呈现出稳定、持续的趋势，实现目标的路径才能打通。因此，吸引居民参与进来的方式成为一个关键性的节点问题，其决定着居民是否愿意跨越捐赠这一门槛。

1. 具体做法

　　低门槛的进入通道。义仓项目最初层次的动员和氛围营造活动便是"一勺米"，即让本社区的儿童及其家长去敲开 10 户陌生家庭的家门来募集一勺米，并借助敲门将"义仓具体会做什么、通过什么方式去做"等关键信息传递出去。捐赠的物资足够少、门槛足够低，以及居民（被敲门者）往往对儿童没有防御心理，因此筹集难度并不大；而在"一勺米"行动结束后，"爱有戏"便立马用所筹集的大米在社区内开展"百家粥"活动，邀请本社区居民一起吃粥，在促进邻里之间交往与连接的同时，也将部分粥食送往困难群体的家中，让大家看到所募集的大米得以真实、有效地利用。

让社区中的真实需求暴露出来。在收到第一批物资之后，义仓团队结合最初的入户调查，筛选出三个困难家庭作为首批递送物资的对象，分别为：捡了一个孤儿的老奶奶、照顾患有智力障碍的女儿六十多年的老父亲、相依为命的患有智力障碍的兄弟俩。恰逢递送物资的过程和期间发生的故事被镜头记录下来，当这些真实的案例成为宣传资料在社区传播开来时，社区居民开始真切地感受到困难群体的处境以及其所暴露出的真实需求，来自部分居民的第一波爱心物资涌进义仓，"有很多居民捐旧衣服来了，捐了很多旧东西，当时我们办公室很快就被堆满了"（工作人员 B）。

将"刺头"[①]**和积极分子都纳入入户走访与确认名单的具体行动**。义仓团队在对居民捐赠的物资进行清点后，决定开展第二次的入户走访，以更加精准地将物资递送到那些真正需要它们的困难群体身边。这时又迎来社区内"刺头"们的新质疑，"有些人就觉得你为什么要把物资给好吃懒做的人，他家里边不是真贫困，他们家是骗低保的"（工作人员 B），面对"刺头"们的各种声音，义仓团队意识到单靠社工拿着社区居委会提供的困难名单进行走访，不一定能够得到居民的认可，便以此为契机邀请有意愿的居民参与入户走访和确认困难群体名单的整个过程。其一，邀请提出质疑的"刺头"、门卫以及每个小区的楼栋长或居民代表以固定志愿者的身份参与到每次的入户走访中，共同推荐困难家庭的名单。该环节的设计在很大程度上打消了居民对名单公平性的质疑，也让所收集到的困难家庭名单更加真实多元，"有了他们的推荐以后，你会发现收集上来的数据非常真实；但是它跟政府提供给我们的低保名单有些许的出入，因为居民所认为的贫穷并不只体现为经济指标，可能会关注家里边有大病等支出性贫困的情况，这也让我们的帮扶对象逐渐多元起来"（工

---

① 这里的"刺头"并不是贬义词，而是特指那些在社区活动或公共事务面前总是持质疑、反对、不配合等态度或行为的社区居民，只是一个代称，故使用双引号。

作人员 B）。其二，在确定给予所确认的困难家庭何种帮助的环节，邀请居民代表、困难家庭的邻居、社区工作人员和社工一起探讨决定，并将其作为自组织的骨干成员进行培育，"针对这些要支持的群体，我们至少先进行 2—3 次走访，然后一起来讨论他的家庭是什么样的情况，确定义仓可以给他们什么样的帮助，是物质上的，还是有志愿者愿意捐赠时间去陪伴，这又是我们开始去做的组织培育的一个阶段"（工作人员 B）。

渐渐地，"刺头"转化成义仓项目的忠实支持者，"就很稳定地来当志愿者了，开始主动给我们推荐名单以及参与入户了"（工作人员 B）。

2. 技术要点

每个人都有向善的潜能，通常情况下并不是社区居民不愿意捐赠，而是他们由于信息有限、信任有限等而未真正付诸行动。因此为社区居民打开看到困难群体真实情况的通道十分重要，这就需要公益组织先行动起来，例如，将所募集的一勺米做成百家粥递送到困难群体的家中，将困难家庭的真实需求充分暴露出来等。这里的行动并不是走马观花式的过场，而是润物细无声的帮助。当初始行动真实展现在社区居民面前时，其捐赠的门槛就随之降低，其捐赠行为的源头既可能是被困难家庭的故事感染，也可能是被困难家庭的积极向上、努力生活的氛围影响，还可能是被受助人的回馈行为打动，亦可能是被公益组织的服务精神和行为折服。

然而，不同居民主体面前的捐赠门槛的高度有所不同。义仓团队在运作过程中并没有按照统一的标准或套路去予以激活，而是率先瞄准社区中的关键群体，即让积极分子与"刺头"参与入户走访与确认名单的行动当中。就积极分子而言，其本身一定程度上就有着为社区做些事情、尽自己的力量去帮助别人的需求，当与义仓团队一起走进困难群体家中，看到困难群体的真实状况，便很容易产生捐赠行为。针对"刺头"群体，义仓团队并没有对他们予以排斥或进行负面评价，而是在尊重、接纳的基础上邀请他们共同参与拟定困难家庭名单、确定义仓所能给予的帮助。实际上，绝大多数"刺头"都不是顽固分子，而是内心对社区事务有一定的想法，但因现实阻力而无法实现，走上"跟你对着干""故意找茬"的轨道。"爱有戏"的做法正是体现出"顺着他来"而不是"逆着他来"。所谓"顺着他来"便是，我们知道他心中有一定的想法，想为社区做一些事情，也相信他有这样的能力，所以给他行动的空间和机会。

积极分子与"刺头"群体的加入带来三大好处：其一，相较"爱有戏"，他们更加了解和熟悉本社区的情况，对社区情况有更真实的把握；其二，义仓行动的持续性落地与开展离不开社区居民的参与，一旦他们朝向项目"忠实支持者"的方向转变，入户走访、递送物资就成为他们所要主动做的分内事，一支基础慈善类的社区自组织队伍便应运而生；其三，当他们成为一个个源头，向社区其他居民进行宣传时，所辐射的范围就更广，影响的程度就更深。

（四）如何保障捐赠物资通道的公信力？

当捐赠物资的数量越来越多时，如何有效地进行管理，则成为又一个关键性节点问题，其包含着两方面的含义：一是，通过什么样的方式让捐赠物资的社区居民真切感受到物资的真实去向，即自己捐赠的物资是有用的，是真的能发挥作用的；二是，以何种方式让物资的管理透明化和公开化，即将这些物资真正地用在困难群体身上。该节点问题的解决关乎义仓信任链条的建立与累积。

1. 具体做法

为物资的捐赠方与接收方搭建好连通渠道。 义仓团队在收到第一批社区居民的捐赠物资时，就已经意识到"社区居民十分关注物资是否真正递送给了困难群体"，以及"担心存在挪用物资的风险"两个可能出现的问题，因此十分重视打通捐赠方与接收方之间的信息壁垒。从最开始为社区居民所给予的每件物资做单独的编码，在物资递送出去之后手动发送类似"××物资送到了××家庭"的短信同步使用情况，到后续借助电子化设备进行系统编码并编辑反馈信息，其做法本身正是为了让社区居民看到自己捐赠的物资的去向，以增加社区居民的信任度和认可度，让他们感受到自己捐赠的物资真实地发挥了助人的作用，"这也是我们团队内部所坚信的，你捐的哪怕是一袋盐、一包榨菜，都有相应的价值和意义。每一件物资都有它独特的价值和意义"（工作人员 A）。除此之外，义仓团队还充分利用社区内公告栏这一资源，每个月按时公布物资的整体去向。

让社区居民参与物资从收集到管理再到递送的完整流程。义仓团队将义仓的落地过程视为培育社区自组织的过程，一方面，鼓励志愿者深度参与从物资收集到递送的环节，前期由义仓团队带着一起做，"包括收物资、入库出库、派送到困难群体家里，这套流程实际上是志愿者团队和我们一起在做的"（工作人员 A）；后期主要让这批志愿者自主去完成递送物资等工作，"他们自己会商量什么时间段去送，因为他们已经有队伍了，甚至还可以拉一些其他的人进来"（工作人员 A）。另一方面，培养专门的志愿者来负责物资仓库的管理，包括编码与分类、清点与储存、处理与优化等。当前义仓团队正走在这条路上，但也因部分物品的特殊属性（如易碎的鸡蛋、易受潮的物品）、志愿者的专业能力暂时不足等现实问题，偶尔出现物资损坏或遗失的现象。

当社区居民对义仓的信任累积到一定程度时，还可以自愿加入义仓团队所建立的承诺机制。这源于义仓对"捐赠行为最好是长期且可持续的"的期待。社区居民通过签订爱心家庭承诺书，就自己的捐赠频次、捐赠内容等进行书面约定。例如，有一位老奶奶在自己的外孙出生之际，便以外孙的名义签订了每月捐赠 30 个鸡蛋的合约，尽管后来搬出该社区，但捐赠行为并没有因此而停止。然而，爱心家庭承诺书有其特定的适用范围，在刚进入社区开展义仓时就拿出爱心家庭承诺书让社区居民签订显然是不适合的，可能会直接"劝退"居民的捐赠行为，甚至让居民有"被绑架"的感觉，"我们发现好多人不愿意签，因为他觉得自己可能只是随意捐一下，不一定会持续，签订之后好像就被套牢了"（工作人员 A）。社区居民与义仓团队的黏性增强、对捐赠通道的信任增强，爱心家庭承诺书的出现才可能更加地合理、有效，并且带来庄重、有仪式感的效果。

2. 技术要点

义仓项目的有效运转离不开三类核心主体：捐赠物资的普通社区居民（即捐赠人）、作为物资中转站的义仓团队、接收物资的困难家庭。当社区中困难群体的需求被真实地展现出来，一部分有能力或有意愿的社区居民做出捐赠行为时，处于中转站位置的义仓团队就需要将捐赠方与需求方之间的信任通道建构起来。该通道要保证的是捐赠物资被有效利用起来，能够发挥出可信的捐赠价值，这便是对公益组织公信力的要求。

无论是及时向捐赠人群体同步和反馈物资去向，还是引入社区志愿者共同参与从物资收集到管理再到递送的完整流程，都是为了让社区居民看到和感受到自己捐赠的物资进入了有效的流通路径：**捐赠出来—进入义仓—安全储存—递送到位—使用起来**。而当这样一条清晰的路径铺设在社区居民面前时，能够产生双重的效果：其一，增强社区居民对义仓团队、对捐赠通道的信任程度；其二，激发社区居民进一步实施捐赠行为的动力，往长期、可持续的捐赠方向行进。

诚然，当前义仓团队在物资管理环节并没有找到完美的解法，仍然会存在物资损坏或遗失的状况，如鸡蛋破了，东西受潮发霉、保质期已过等。但这还不是一个严重的问题，尤其是相对整个过程之烦琐复杂、耗时耗力。团队成员一直在不断寻找和尝试改善物资管理的有效方法，几乎所有人都能够理解该现象的偶尔发生。

（五）如何保障受助人的尊严？

如上所述，义仓不是递送物资这么简单，其中更涉及人与人之间的交往、接触与互动。为此，这种人与人之间的关系是平等尊重式的还是施舍同情式的，关乎受助人尊严水平的取值，这是该类项目所面临的又一关键性节点问题。

1. 具体做法

行动前培训＋行动中管理＋行动后总结。义仓团队深知义仓的目标是"重塑邻里关系、推动社区互助"，因此格外重视人与人之间关系的建立，"实际上我们做的就是人的工作，核心定位就是去改变人"（工作人员A）。而志愿者或自组织成员是建构起这种关系的核心力量。为了让志愿者或自组织成员能够把握好关系建构的性质和方向，义仓团队形成了以下做法：第一，行动前培训，即在每次入户走访和派送物资前进行集中培训，以传递注意事项为主要内容；第二，行动中管理，即让入户走访和派送物资形成标准化的几个环节，将每个环节的完成情况以反馈表或录入软件的形式予以同步，"比如，是不是去问了居民的需求，是不是看了物资的保质期等"（工作人员A）；第三，行动后总结，即每次行动结束后集中讨论与总结，分享行动中的经验、感受或教训。

但以上探索起到的效果有限，一是部分志愿者不予以配合或支持，"你试图让这些志愿者来参与讨论，或者来听你讲什么，但他们觉得不用听了，认为已经做了这么多年了，知道这是个什么事情"（工作人员A）；二是志愿者关系建构的能力和水平仍然差距较大、参差不齐。以下通过两个物资递送的案例的对比来呈现平等尊重式与施舍同情式关系的不同。

【案例一：平等尊重式的服务关系】

一对有着糖尿病的80多岁的夫妻，喜欢吃面食，但只吃细面不吃粗面，志愿者在走访后将其记录下来，在后续递送食品物资时，只给予细面且确保是低糖成分。一位独居的80多岁的老奶奶，有着格外严重的洁癖，每天都会拿消毒水对家里进行消毒，因此整个居住环境一直是湿漉漉的，长此以往，老奶奶身上长了很多湿疹。志愿者在入户走访后发现了这一问题，第二天就为老奶奶买来了治疗湿疹的药膏，并告知其打扫卫生时应该注意的事项。

【案例二：施舍同情式的服务关系】

小花（化名）是一名六年级的学生，妈妈是精神障碍者，整个家庭靠爸爸打零工为生。志愿者在走访其家庭后，因无法忍受小花所处的生活环境，故自掏腰包为小花添置了书桌、台灯、衣服等。小花爸爸见此情况，对志愿者说道："如果大家想要帮助我们，我希望能够更多地帮助她的妈妈，小花的学习和吃穿，我是有这个能力提供的，也别让女儿形成'我从小是被别人救济大的'的感受。"志愿者听到此话后十分气愤，说道："你这个人怎么这么要面子，大家都是好心来帮助你的孩子，你却为了自己的面子不想要这些帮助。"

2. 技术要点

捐赠物资的捐赠人群体或递送物资的志愿者群体，可能会存在单向递送、单向施舍的心理，施舍、同情的过程会为其带来很大程度的愉悦感和价值感，甚至部分捐赠人或志愿者群体参与进来，正是为了获得这种愉悦感和价值感。然而，施舍、同情会给受助人带来不平等感、不尊重感。

从上面的案例二中可以看出，志愿者有着极强的爱心和行动意识，但流露出的施舍成分过重，甚至有高高在上的感觉。与之对应的是，小花爸爸格外看重女儿的自尊，不希望为了获取物质上的帮助而牺牲掉她的尊严。将视角切换至上面的案例一，志愿者的服务并不是基于"我认为你要什么"，而是"我站在你的视角上捕捉你需要什么"，服务关系由单向施舍转变为平等尊重。

因此，志愿者关系建构的能力与水平是不可忽视的重要一环。走向施舍同情式还是平等尊重式，不仅关乎义仓理念及目标的贯彻程度，也关乎项目模式的有效运转程度，更关乎项目价值的释放程度。评估团队基于对同类节点问题的评估经验，提出两条可行路径，以供义仓团队参考和选择。

从单向选择到双向选择的过渡。在进入社区的前期阶段，可降低成为志愿者的门槛或难度，只要社区居民有意愿、有兴趣即可，这是一种单向的选择关系；但随着义仓的持续运作，参与的志愿者可能越来越多，相应地可能出现应付了事、消极怠工等一系列问题，此时，对志愿者的筛选可以从单向选择步入双向选择，重点培育具备接纳、同理、平等、他人视角等人格参数以及持续性行动力的社区居民。需要注意的是，无论采取哪一种选择机制，义仓团队本身的理念及做法的持续性传递都必不可少。

案例分享法替代培训—管理—总结法。培训—管理—总结法不仅相对烦琐，还可能会引起资深志愿者的不解。案例分享法是指将一线运作者（即志愿者）的优秀做法以典型案例的形式进行分享，并将其中的精髓和原理提炼出来。其在解决以上两个问题的同时，还存在两重效果：第一，让一线运作者的优秀做法被看到、被认可、被肯定，以发挥正向激励的作用；第二，精髓和原理的提炼，能够让还未探索出有效做法的志愿者看到服务中所暗藏的"玄机"，从而增强继续向前探索的信心。

（六）为社区带来的实际效果

培育出一批 1.0 版本的社区自组织。据义仓团队统计，当前义仓所涉及的社区，大致都能在 1—2 年内培育出至少一个入户走访、物资收集、物资管理、物资递送等各个环节自主运转的社区自组织。其中最为典型的是肖家河街道，孵化成立了 30 多个社区自组织，其中 4 个正式注册登记，10 多个完成社区备案，其余的选择继续保持组织的灵活化，这 30 多个自组织不仅时常参与义仓运作的多个环节，还承担起义集的筹备和运营工作。"有一个负责前台签到和接收物资；邻里文化社组织负责舞台区；夕阳红队伍负责摊位的管理；微电影队伍负责维护秩序以及现场的拍摄。他们每个队伍都有明确的分工，我们 [①] 在或不在都是这样，已经常态化了"（工作人员 A）。

---

① 指的是义仓团队。

人与人之间温暖互助的关系、氛围建构起来。义仓落地运转，使得社区内人与人之间的关系发生了一系列显著变化，例如，改变了对邻居的认知，院落内形成温馨有爱的能量共同体，社区内搭建起综合解决相关事务的平台。

【改变了对邻居的认知】

张大爷（化名）是邻居口中的"癫子"，经常在院落内无缘无故地破口大骂，"有时候半夜睡不着，也起来在院子里骂人"。在义仓团队刚开始决定要帮扶张大爷那会儿，邻居给出的建议是"这种人不值得帮，帮他也没什么用"，院子里举办活动也不邀请他参加，甚至避而远之，"家里有孩子的就担心被吓到，让孩子离他远点儿"。在邻居眼中，张大爷就是一个"扶不起来的阿斗"。但考虑到张大爷的家庭实际情况——单身汉且没有固定的工作和收入，义仓团队还是将其纳入帮扶名单，不仅定期为其送去物资，还时常与之交流，听他说话，"我们就听他讲以前的一些故事"。渐渐地，张大爷真切地感受到自己被关注了，不再骂人，并经常主动地拿起扫帚，打扫院落内的公共区域，邻居发现该现象后，向义仓团队反馈"他真的有变化，我们还是应该多关心这些人"，并在有活动时主动邀请张大爷参加，"院落里搞迎春晚会或茶话会之类的活动，能看到他的身影了"。

【温馨有爱的能量共同体】

计生特服人员 [1] 是社区居委会和社区居民都不敢接触的一类群体，因为他们总是处于低能量的状态，如哭泣、封闭、谩骂等。社区居委会害怕他们闹事，"不敢把这些人弄到一起开会，因为他们相互认识之后，很有可能要去闹事，不太好管理"；居民则担心与

---

[1] 指独生子女死亡或独生子女重残重疾的家庭。

之相处时触碰其痛点，"居民会觉得，不是他们想排斥这类群体，而是实在不知道该怎么去跟他们交流"。

义仓团队在入户走访该社区的过程中，通过递送物资和温暖、聊天和陪伴，与该类群体中的部分人员建立起信任关系和情感纽带，将他们带入院落内，形成相互取暖、相互分享能量的共同体。从最开始需要社工进行氛围的主导和活动的带领，到后来备案成立社区自组织自主运转，"他们会定期在院落里聚会，有时候还带点瓜子之类的零食的，聊聊家常，谁有不开心的事情，大家一起帮忙出主意"，同时他们也会积极地参与到义集等社区活动中。

这样的变化也让社区居委会和社区居民为之触动，"没想到这些人居然还可以申请微创投，还那么有正能量，还愿意一起来做事情"，"他们居然这么积极阳光地出来参加活动，和我们一起当志愿者，在做志愿者和参加活动的过程中，我们的交流更多了，甚至最后熟悉起来了"。

【综合解决相关事务的平台】

通过入户走访，义仓团队发现某社区内存在很多租户，绝大多数都是外来务工人员，其典型状况是，夫妻双方外出摆摊，孩子放学后一个人在家，"印象特别深的是有一个孩子每天放学后就把自己锁在屋里，我们去敲门，也不开，要等到他父母收完摊回来后，才能开门、吃饭"。

捕捉到该普遍现象之后，义仓团队将该需求同步给社区和某文化类自组织①，社区内的"爱心托管班"则应运而生，"主要是在放学后，将这些孩子集中起来进行作业的辅导"。考虑到孩子的接送问题，纳入义仓困难家庭中的两位患有糖尿病的居民来专门负责，"每个月会给她们800元的补贴，负责去学校接那些孩子。他们既

---

① 指该自组织内的一名退休教师。

能得到一些经济补助，也能为社区做一些事情"。

　　渐渐地，新的问题又暴露出来，"父母每天晚上来接孩子时都要七八点了，孩子们的肚子已经很饿，总是去小卖部买零食"。在和相关家长沟通，达成共识的情况下，"爱心厨房"又浮现出来，"找了几个妇女过来，孩子们到托管班就会有饭吃，比如，熬了银耳汤，每个小孩有一盒牛奶等。家长愿意的话，就每个月交两三百元，而对义仓中受助家庭的孩子，全是免费的"。

四、升级与延展：社会服务与社区基金的潜力

　　通过对义仓基础项目模式的解构发现，尽管在个别节点问题上还未探索出完美的解法，但根部显然已经扎进土壤，并释放出"培育1.0版本社区自组织""建构出一份自足的、温暖的社会生活体系"两重价值。那么，随着作为"根"的义仓扎根程度的不断加深，其是否具有往社区治理体系中的更高层级生长与发展的潜力呢？

（一）社会服务的潜力：一个观众的剧场

1. 源起：义仓的涟漪效应

　　2012年"三八"妇女节，义仓团队想要举办一场具有创新性、独特性的活动。经共同商讨，决定前往"照顾患有智力障碍的女儿六十多年的老父亲"的家中，为他们进行表演，"义仓的这一户受助对象，老人家平时都要照顾他的女儿，很难去参与社区的公共活动，有什么表演也很难出来看，带着他的女儿也不方便，所以我们就想着去给他们表演节目"。该想法提出之后正好被在场的电视台记者听到，便决定当天一同前往。

　　表演当天，老人家的情绪非常激动，结束后向义仓团队反馈："我女儿没看过什么表演，看到电视上的那些，也都是傻呵呵地笑笑，也看不懂；第一次有人走进我们家，专门为我们表演，整个过程中还有亲切

的互动，牵着我们的手一起唱歌，一起听我们说话，我感到了极大的尊重，在精神上也得到了很大的支持。"老人家的真情流露让义仓团队意识到这件事情的价值和意义，便开始在社区内招募具备服务和陪伴精神的志愿者展开新的探索。而"一个观众的剧场"的名称则源于电视台记者所撰写的新闻标题。

2. 核心内容：陪伴是满足人的深层次需求

与义仓基础慈善的起点不同，"一个观众的剧场"所关注和尝试解决的核心问题是人的心理及精神层面的需求。从最先开始在义仓受助家庭中筛选服务对象，到将边界扩大至社区内的残疾人、高龄独居老人等特殊群体，该项目已经进入了社会服务领域。"'一个观众的剧场'实际上是开始关注老人心理层面的东西，并不是带点东西过去看望就完事了，而是变成真正意义上的心理陪伴"（工作人员 A）。

展开来讲，每次的入户陪伴至少要持续一个小时，志愿者所要做的核心内容可以提炼为"**诊断 + 针对性陪伴**"。诊断是指身心状况的诊断，即志愿者到服务对象的家中后，需要先对他们的情绪、健康、心理等做出基本判断，"一定要先去关注老人的身体健康，如果他今天的心情不好或者情绪过于激动，那么有些服务就不能开展；另外有一些老人可能就喜欢清静，不喜欢吵闹，因此先对他们的状态进行及时把握是非常重要的"。针对性陪伴是指根据对服务对象当前状态的把握提供适合的陪伴服务，"要针对他们的需求来开展心理支持服务，例如本身服务对象的情绪就很激动，这时唱歌跳舞可能会使他们的血压持续上升；而不喜欢吵闹的这部分老人，陪他们聊聊天可能就是最好的方式。一来就要唱歌跳舞的这种思路，肯定是不行的"。

渐渐地，一个提供专项社会服务的社区自组织的雏形生成了，"大概一年后，部分做'一个观众的剧场'的志愿者告诉我，以后不要叫他们去做其他的志愿服务了，他们就一直做这个，也不要我们给钱，也不要参加微创投了。他们平均每个成员都会有 1—2 次参与这个志愿服务，去 10 多户老人的家里提供持续性的陪伴，这成为他们团队的日常行为了"。在为服务对象带来温暖、关怀和能量的同时，志愿者本身也汲取到极高的价值感、成就感、意义感。

【双向互馈】

秦婆婆的文化水平较高，目前 90 多岁，独居，脚部有些残疾，无法出门。当志愿者带着小朋友去给她表演弹琵琶时，她非常感动和高兴。因为秦婆婆可以玩手机和电脑，志愿者就把自己做的视频和照片发给她；秦婆婆自己也会在电脑上做视频，还把自己做好的视频发给志愿者和小朋友。

除此之外，每天早上志愿者都会跟秦婆婆发微信问候，秦婆婆微信上写不了多少字，就会发一个手势来回复，老人感觉到自己仍然有人关注着，心理上得到极大的温暖与支持。

有一次，秦婆婆得知志愿者在申请社区微创投项目，需要资金，她马上就要捐款，但因为手机未绑定银行卡而无法网上支付，便跑到某银行开通银行卡，工作人员便问道："你开通了干吗？"秦婆婆说："我要去捐款。"由于担心老人上当受骗，工作人员一直给老人做工作，结果老人说："我们已经认识很多年了，我不会上当受骗，你一定要给我办，他们在做公益项目，我一定要支持他们。"办好后，老人马上让工作人员帮忙操作捐了 200 元。回来后还问志愿者："够不够，不够的话我再继续给你们捐。"看到秦婆婆这样的举动，志愿者在感动的同时感受到自身所做事情的价值，也越发产生了继续陪伴这些老人的动力。

3. 价值归总

这是人与人之间的一份深度交往，它代表着对"人是什么""生命是什么"的深度感受，即当我们去帮助一个特定的服务对象时，更加注重

"人"本身，在该视角下，更能捕捉到服务对象作为一个人、一个生命个体所散发出的光芒与价值，例如，不再关注对方是否为残疾人、是否为步入花甲之年的老人。一旦进入这种状态，便改变了物质帮助以及简单入户陪伴中单向递送的特点，进入双向互馈的轨道，即助人者也可以从受助者的变化中感受生命本身所蕴含的美好。

基于双向互馈的关系，受助者与助人者之间建立起了一条新型的人际关系通道。这种新型的人际关系既不是功利性的也不是熟人式的，而是彼此之间更加尊重对方的生命本身、更加平等地相处、加倍地助人和自助。而当助人者捕捉到这一新型人际关系并激活内心对这一关系的需求时，一种新型的社区自组织的基础也随之生长出来，即进入深度社会服务地带的自组织。

因此，从义仓到"一个观众的剧场"，相当于在社区治理的整体格局图谱上迈出了质变的一步。

（二）社区基金的潜力：义集

1. 初衷：维系居民的捐赠热情

"爱有戏"在为第一个合作社区运转义仓项目的过程中，发现大多数居民最开始以捐赠旧衣物等旧物资为主，然而在将这些物资递送出去时，却遭遇"大家捐赠热情很高，但很难送出去"的现状，作为捐赠者的供方与作为接收者的需方没有精准匹配起来。然而，义仓团队在意识到"居民愿意做出捐赠行为已然不易"的基础上，出于维持居民捐赠热情的考虑，经团队内部讨论与设计，决定在社区内每月定期举行一次"以义卖资金换购新物资"的义集活动，并且从不同居民主体的脉络出发向其开放义卖摊位。

展开来讲，每期义集会开放 50—100 个摊位，由社区居民、辖区内企业、受助人群体自行申请，其共同点在于申请摊位的主体在活动结束时捐赠出一定比例的现金，形成义集的资金池，进而补充购买义仓在帮助困难群体的行动中所需要的物资。

为了吸引不同的主体，义集摊位整体分为"公益摊位"和"非公益摊位"两类。前者是指参与主体以售卖旧物资为主。考虑到社区内的亲子家庭存在参与社会实践、教育引导孩子的需求，每期义集都会开放一定比例的亲子摊位，有卖旧绘本的、旧玩具的，也有卖自己孩子动手做的作品的，"有一个妈妈在看到自己孩子画的画卖出去之后，很受鼓励，对他孩子说你画得很好，要继续加油啊，人家都买走了"（工作人员 B）。社区内部分居民以及周边大学生有解决旧衣物的需求，在义集中同样能够看到这类摊位，"我家的旧东西卖出去了，卖的钱我还可以拿来献爱心"。后者是指参与主体以售卖产品为主。辖区内企业有着宣传卖货、增加知名度的实际需求，只要产品不触碰理财、保险、盗版等风险或底线，义集就为企业参与社区活动提供可能，"农业银行之前就和一个卖陶瓷罐子的商家合作，家长、小朋友可以在罐子上涂鸦画画，然后购买回家"。此外，义集也为有特殊手艺／才艺的受助人群体开放摊位，"比如有一个盲人来卖光碟，里面是他自己朗诵的作品，在现场他还给大家激情地表演一段"。

与此同时，义集现场除了热热闹闹的各大摊位之外，还有轻松好玩的互动区域，如乒乓球擂台赛，居民只需捐赠两元就可参赛，胜者则为擂主，接受其他选手的挑战，"甚至有一个孕妇都跑去参加乒乓球擂台赛"。也有文体娱乐自组织现场进行的主题表演，如唱歌、舞蹈、情景剧表演等，"我们当时把社区里面发生的一个真实的故事改编成情景剧，指导这些文艺骨干在义集上表演出来。义集结束后，他们就找到我们，说以后想持续跟着我们做义集，觉得做义集很有意思很有价值，并表明他们都不要志愿者补贴（最开始找到他们的时候，我们提出给予补贴或其他物质性激励），但要继续教他们创作情景剧"。

2. 价值归总

义集是义仓的一个伴随性活动，并非所有开展义仓项目的社区都同时有义集存在。但在已经固定开展义集的项目点，可以看到其所带来的价值：第一，规模较大、辐射和影响的群体较广，即义集能够满足社区内不同主体的需求，进而在他们自身需求的基础上，进入捐赠资金或物资来帮助社区困难群体的轨道，其中包括为亲子家庭提供亲子互动、亲子教育的平台，满足其参与社会实践和人际交往的需求；为企业创设宣传企业形象和品牌产品的机会，满足其履行社会责任、营造企业公益文化的需求；为社区文体娱乐类自组织提供展演的公共空间，满足其自我表现、展示群体风貌的需求；为受助群体开放售卖自己劳动产品的渠道，满足其展示自我价值与能力的需求。第二，形成稳定的资金或物资来源，即义集本身就包含着宣传倡导义仓项目的作用。"爱有戏"在开放摊位申请前就已向参与者说明了"需要捐赠一部分售卖资金，以用于义仓帮扶困难群体"等关键信息，与此同时，会在活动现场设立透明的捐赠箱，并在活动结束后邀请小部分社区居民清点资金总量，并一同前往采购点购买相应的帮扶物资，即通过公开全过程来建立起资金募集—资金使用的信用通道。

基于此，义集实质上就是社区基金的一种体现，即社区内部形成一个稳定的资金池，进而用于解决特定的事务（即义仓的运作），故其在社区治理体系中释放出更高的价值。

五、规模化路径上的挑战

随着义仓项目在第一个合作社区的扎根程度越来越深，"爱有戏"自身走上了复制的路径，即核心团队前往其他社区落地义仓。2016年，义仓迎来另一条规模化路径，即在南都基金会和壹基金的支持下，"爱有戏"作为枢纽机构，通过"义仓学苑"来为全国范围的在地机构提供课程、督导及咨询，并组建起整体性的义仓发展网络，以推动该项目在全国的落地生根。截至2023年8月，现代义仓已推广到国内31个省（自治区、直辖市）、107个城市的2 800多个社区，以及多个"一带一路"

沿线国家，234 家伙伴机构直接在社区中应用义仓工作方法。

当以整体性视角来看公益项目的规模化复制时，同样可以看到两条泾渭分明的路径：一条是僵化、机械地复制相关动作体系，陷入形式化的轨道；另一条是推广行动背后的原理体系，让一线运作团队带着原理体系继续有机地、有活力地探索与生长。但现实情况更多地则是两者混杂在一起，即各占一定的比例。

本部分以义仓的基础项目模式为核心进行分析，并不纳入"一个观众的剧场"和义集的复制、推广，原因在于：第一，"一个观众的剧场"、义集是义仓的升级与延展，只有将义仓落地推广过程中的问题梳理清楚，才能够更好地在此基础上叠加专业性要求更高的内容，即"一个观众的剧场"、义集需要以义仓的基础项目模式为底座进行有机生长；第二，当前义仓所进入的项目点中，能够真正将"一个观众的剧场"和义集做透、做到位的社区占比较小。

（一）面临难题：套路化、形式化

伴随着义仓规模的不断扩大，义仓团队的时间与精力变得不足。项目的有效落地运转离不开两样东西：一是项目执行手册；二是社区志愿者组织或在地机构。但在实际执行的过程中，义仓团队发现了双重问题：其一，项目手册限制住了部分志愿者的探索空间与动机，甚至使志愿者陷入遇到障碍点不知如何解决的境地，"大家都觉得按照这种手册或者那种框框做事情，就会遇到很大的瓶颈，但他们不知道这个瓶颈在什么地方，比如，是自己能力不足，还是工作交接的环节出了问题，或者是其他什么问题，就不知道怎么去突破"，"以前我们遇到困难的时候，都是通过共识来找到解决方案，但有了手册之后，大家都在说以前的这种做法有多不好、有多不对，但并没针对现有问题去想更好的解决办法"（工作人员 A）。其二，由于关系建构能力及水平不足抑或是失去持续行动的动机，部分志愿者仅仅停留在完成递送物资这一动作层面，丢失了"水平面之下"的人与人之间的互动与交往，"比如说，某街道有好几支志愿者团队，他们要去派送物资，我看到的是，可能因为他们已经做了好几年了，一直是这些志愿者去同样的家庭里面，去了之后，也就是形式上问几句，没有再做更多的事了"，"这些被培育起来的志愿者组织，在跟困难家庭打交道的时候，我觉得少了一些人情味，甚至有时候直接将物资送到楼下，通过信息告知受助家庭有空时下来取"（工作人员A）。

一旦进入套路化、形式化的轨道，义仓团队和志愿者团队很大程度上就会陷入"双输"的局面。

对义仓团队而言，当项目运作退化成一套流程时，培训机制很有可能也会这样，例如，培训过程以讲解拆分后的标准化流程为主要内容，培训后志愿者按照项目手册的要求一步步执行，"当时培训的要求非常高，还新增了程序，即用一个软件对志愿者的行为进行管理，以确保每一个细节都监控到位，比如说，他是不是去问了居民的需求，是不是去看了物资的保质期等，确实很烦琐"（工作人员A）。与此同时，相关做法背后的原理与技术要点可能会丢失，例如，感人的故事是一种可行的切入方式，还是一种能够吸引社区居民捐赠的固定标准？爱心家庭承诺书的签订体现的是庄重氛围下的尊重，还是签字画押式的"绑架"？

对志愿者团队而言，他们是将义仓真正持续运转起来的关键，是各大社区中的一线运作者、服务者、实践者，而当他们的服务仅仅停留在递送物资这一形式化的动作层面时，项目就无法真正落地，产生不了实质性的效果及价值，"义仓所倡导的理念和想要实现的目标则很难达成"（工作人员A）。此外，工作人员的工作动机、热情与积极性逐渐消退，甚至出现退出的情形，"有些志愿者在派送物资的过程中就觉得自己年纪大了，拿不动这些物资，也没有人可以来帮忙之类的，就开始发牢骚，有些志愿者就直接不再做了"。

（二）前行方向：原理传递基础上的有序叠加

不妨先对义仓整体落地运转背后的原理体系进行整体归总。义仓作为进入一个个社区单元的"根"，其最本质的使命便是实现供需对接，即让社区内的普通居民为困难群体捐赠物资。为了让"根"真正成活，必须激活人们心中善的种子，因此参与方式要足够低门槛，比如最初的切入点仅仅为捐赠一勺米。低门槛的"一勺米"只是起到传递义仓行动信息的作用，为了让社区居民能够真正卷入捐赠物资的轨道，要用三条腿同时走路：其一，将强烈的需求点暴露出来，即让社区居民真实地看到社区中其他群体面临的具体困难。其二，找到关键群体作为行动抓手，即以帮助社区两委落地开展帮扶工作的名义去开展所有行动，邀请"刺头"一同参与入户走访、困难名单确认等环节，从而充当先行者的角色。社区两委一旦感受到行动的有效性，便会利用自身的合法性予以推动与支持；"刺头"一旦在其中感受到行动的价值，便会转化为具有可持续性的积极分子。其三，打通反馈链条，即对所有捐赠物资进行汇总式反馈，让社区居民知道物资的具体去向且其被真实使用。因此，在义仓向不同社区复制、推广时，执行团队需要完全掌握以上原理体系，培训、督导与支持同样也需要以此为中心。为了激活更大范围的人们心中善的种子，又有两条并列的路径：一是以自组织形式让除"刺头"之外的普通居民参与物资收集—物资管理—物资递送的完整过程；二是以义集吸引社区内的多元主体。两者的作用均在于建立信用通道，即让社区居民相信并感受到他们所捐赠的物资是真的送给了需要的人，是产生了实际价值的，从而使其产生持续的捐赠行为。

随着参与人数的不断增多、参与程度的不断加深，完全可以以义仓这条"根"为基础往另外两大方向发力：一是社会服务，即将"一个观众的剧场"有序叠加在义仓行动之中，例如，"爱有戏"可以在物资捐赠完成后，带领捐赠者前往接收者的家中感受变化，为双方的深入互动与交往创造真实场景。志愿者感受到捐赠物资为对方带来较大改变，并接收到对方的感恩或正向反馈时，便很容易往深度提供志愿服务的方向演进。二是社区治理，即将友邻学社有机衔接在义仓行动之上。总有志愿者不满足于基础慈善类自组织所做的事情，如收集困难群体信息、管理与递送物资等，而是想要尝试解决社区内的某一公共事务，这时便可以将其引入友邻学社，在让其接受系统培训的同时给予其一笔微创投资金，以使其真正付诸行动。

此外，无论是义仓本身的落地，还是向社会服务、社区治理等方向的延伸发展，都离不开一条辅助通道，即社区两委的合法性支持。

以上便是义仓本身及其发展趋势背后所蕴含的原理体系，当用整体原理体系反观规模化过程面临的套路化、形式化难题时，便可得知具体原因：第一，部分环节的原理丢失，志愿者只知道要做相应动作，但并不知道为什么要这样做，例如，认为物资递送到位即可，不需要与接收对象进行互动与交流等。第二，未按照志愿者的需求发展脉络叠加相应内容，即志愿者内心生长出更高的需求但未被识别与满足，例如，逐渐被管理与递送物资等相对简单的行动弄得失去兴趣与动力。

因此，在规模化复制时，要重点传递每一环节、每一行动安排背后的原理体系，并在行动的不同阶段识别与把握志愿者所展现出的需求，进而往不同的方向引领与演化。

北京市石景山区乐龄老年社会工作服务中心乐享银龄社区居家养老综合解决方案项目模式梳理

郭彤华

一、乐龄方案的整体观

（一）乐龄服务发展简述

在 21 世纪初，中国社会涌现出了一批以追求参与式发展为目标的公益组织，它们的起点大致定位在城乡社区公众的参与上。后来，这些组织又分散到各个不同的社会发展领域，包括社区发展、环境保护、议事协商等。而本案例的主角——乐龄，则落脚于为老年人服务，从 2006 年开始，创新、探索了将近二十年的时间。

现在的乐龄有一个公司法人和两个民非法人。其中公司法人——乐享银龄养老服务有限公司，是因为早期民非法人未能注册而以公司法人身份登记的。2011 年，在民政部门的支持下，成功以"乐龄老年社会工作服务中心"的名称注册登记民办非企业，开展社区养老驿站的服务；随着乐龄建立养老照料中心，需要按养老院的模式运营，根据民政部门的要求又注册了第二家民办非企业"乐龄养老服务中心"。尽管存在以上三个不同的法人主体，但乐龄实际的运营是统一的，因此本文将相关主体统一简称为"乐龄"。

乐龄最初的为老服务，缘起于社区参与式工作中对老年群体生活的观察，以服务社区老人，尤其是为空巢老人提供志愿服务开始，并在社区内培育了由低龄活跃老人组成的社区活动小组，开展居民互帮互助式志愿服务，搭建了帮助社区高龄老人、特困老人解决日常生活问题的社区助老圈（1.0 乐龄社区助老圈）。而后，叠加专业社工的支持，以室内活动中心为平台，对老年志愿服务实行积分制管理，提高老年志愿者的积极性与社区行动力（2.0 乐龄社区益家园）。再后来，则是在社区内进行日间照料服务的尝试（3.0 乐龄日间照料中心）。随着探索的深入和对老年人刚需的把握，逐步发展建立了可以提供专业护理床位、短期托管服务以及日间照料、居家养老、社区互助、精神慰藉和医养结合等服务的小规模、多机能的养老驿站（4.0 乐龄社区养老驿站）。在运作更多养老驿站的基础上，建成了可以支持长期入住机构养老，并可以提供社区托老、居家助老、信息管理、专业支撑和技能实训等服务的街道级养老照料中心（5.0 乐龄养老照料中心）。[①]

（二）乐龄的典型特征

第一，介入时间早。早在 2006 年，乐龄就开始介入社区，动员老年人参与。2011 年 4 月，乐龄成立了北京市首家日间照料中心。2013 年，乐龄开展了社区养老驿站的服务探索，而彼时北京市甚至没有关于养老驿站场地设施支持的相关政策[②]，乐龄还需要承担相关场地的租赁费用。

第二，价值理念的起点高。一开始进入公益领域时，乐龄的理念定调非常高，在当时以参与式发展为目标追求时，便会将视野中的服务对象（社区老人）的需求识别与满足提升到一个非常理想的境地：不再是

[①] 见乐龄官网对自身产品的介绍和乐龄创始人 A 2023 年"基于实践的社区养老服务发展思考"的演讲。本文所引用的访谈内容均来自乐龄创始人 A，统一编号为"创始人 A"。

[②] 京老龄委发〔2016〕8 号，北京市老龄工作委员会印发《关于开展社区养老服务驿站建设的意见》的通知。

吃饱、穿暖、有人照料的基础性需求，而是既包含基础性的物质需求、温暖陪伴型需求，也包含更高端的老年人主体地位的满足、关注与尊严的提供等需求。

第三，一直处于服务模式的创新探索之中。在将近二十年的时间里，乐龄从未停止过探索的脚步。乐龄的愿景是让每一位老年人在家中享受乐龄年华，其目标是真实满足老年人的需求。而对老年人需求的满足，起调和定位之高，让乐龄始终在追求一个非常理想的状态，这就为需求满足过程留下了大量的创新探索的空间。另外，我国社会发展与公共政策的背景是，整个社会养老服务的意识和水平都处于相对初级的阶段，行动起点较低，因而就需要通过艰难的探索和灵活的调整，让目标逐渐落地。时至今日，乐龄仍在追求理想中的目标。

所以，透过乐龄的完整探索路径，可以勾勒出中国社会助老、养老服务领域的各类不同的做法，并梳理出它们之间的关系，从而呈现出为老服务应有的脉络。这对于解决当下所遭遇的人口老龄化问题，是一份难得的贡献。

（三）核心概念：养老服务的社会企业模式

乐龄方案的社会企业性质体现在其包含社会目标和盈利目标两个成分。其整体的运作以专业化照顾服务为核心，但同时也追求以更多在市场中的收入，支持机构专业化为老照顾服务的开展。

资金来源中，以 2021 年为例，69% 来自养老照料中心和养老驿站，通过为老年人提供专业化照顾服务，从老年人或其家庭处收费；28% 来自政府购买服务的支持；只有 3% 来自公众或基金会等社会捐赠。[①] 随着时间的推移，乐龄的资金来源中服务收入的比重越来越呈现增加的趋势：从 2016 年起，服务性收入的占比开始稳定超过社会捐赠；从 2019 年起，服务性收入的占比开始过半，并逐年增加。从收支平衡来看，2019 年起，

---

① 引自《乐龄社区养老 2021 年度报告》财务报表部分关于机构资金来源的统计。

乐龄的财务基本实现平衡，其中提供服务的收入开始基本与提供服务的成本持平；到 2020 年，提供服务的收入开始明显超过提供服务的成本。①

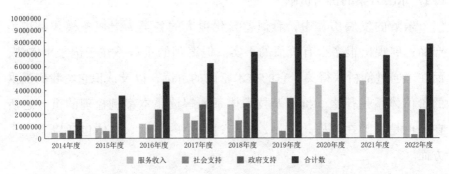

图 1　乐龄 2014—2022 年的收入比例情况

具体再看乐龄的社会企业性质中的社会目标和盈利目标。先来看盈利目标。盈利目标就是让老年人通过付费获得服务，所收取的费用可以让乐龄本身获得机构持续发展的资金。再来看社会目标。社会目标是让社区的老年人在自己的家门口获得养老服务，这样一份服务既能为老年人提供微型的机构养老的环境，又能满足离家近、与家人和社区互动频繁的要求。当下这种模式远未普及，因而能够将其运转起来，本身就是在实现一份社会目标。

沿着基本的社会企业模式，还可以有巨大的弹性变动空间。第一，向商业模式靠拢。即机构越来越追求经济利益，且可以通过简单的硬件设施建设和基本的流程保障，提供生产流水线式的流程化服务。其中，机构能够通过服务性收入得到可持续的发展，老年人能获得基本而规范的养老服务，但更高端的需求则可能被忽略。

第二，向社会目标偏移。它可以从基础性的为老服务开始，逐渐延伸到以人和人之间的亲和、平等、接纳、关照等为特色的软性服务领域；

----

① 　见 2015—2022 年《乐龄社区养老年度报告》。

或者从流程化的服务开始，逐渐向老年人的自主掌控、有尊严的生活的地带转移。

（四）乐龄方案的价值贡献

乐龄的发展历程中，看似差异化很大的各类为老服务模式及相关产品，展现出很多很有价值的事实。但案例的重点不在于记录事实①，而在于通过剖析获得关于它的技术密码的解读，以及认识它给我们提供的价值体系是什么。价值及技术体系的解读是本案例梳理的重点之所在，也是乐龄在规模化复制、推广过程中的关键。具体包括以下三个方面。

第一，通过对乐龄的分析，可以勾勒出社区养老驿站、养老照料中心开展老年照顾服务时的基本节点问题。

第二，勾勒出为老年人服务的领域的整体格局及其相互关系，初步建构起一个完整的为老年人服务的发展脉络。

第三，梳理在社会公众参与意识觉醒的时代，高端理念是如何落地的。乐龄从最开始定位的高远，到之后逐渐化大为小并务实性地落地，再到以社会企业为载体，是由小到大逐渐成长起来的一个过程。

所以，本案例既是一份案例梳理，又是一个行动研究的良好示范。

二、思考社区准机构化养老模式：几个关键的视角

乐龄运作和推广的核心就是通过社区养老驿站这种微型的机构，开展可持续的专业化老年照顾服务。为了呈现它的价值和技术体系，首先需要对这种养老模式的运作特点进行分析。以下建构的几个维度，是考

---

① 事实部分，可以依据以下两条线索来获得：一是到现场去参观。二是参照以下索引：北京乐龄一社区融入型居家养老的典型案例［J］.丹说养老，2018（10）；好公益 × 悦享新知 . 乐龄社区养老：在各方博弈中找到一个平衡点，2023；老龄社会 30 人论坛和盘古智库老龄社会研究院主办的"基于实践的社区养老服务发展思考"专题研讨会，2023 年6月。

察可持续的专业化老年照顾服务的最关键之处。

（一）富饶还是贫瘠

此前乃至当下的大多数社区养老驿站，作为商业模式而言，意味着资金上的贫瘠地带。尤其是一开始完全无法保证经营者能够盈利，很多经营者也很难看到单靠服务性收费维持运营的可能性。所以，这里在商业模式上几乎没有吸引力，这也正是社会中有着大量的持资观察者，而社区养老驿站仍然没有大规模开展起来的原因。

与此形成鲜明对照的是，对于乐龄来说，这可是一片能够获得某种成本回报的"水草丰美之地"。乐龄发现，为了解决特定的养老需求，老年人及其家属宁可付费也要到社区养老驿站来获得服务；而随着机构的发展，乐龄也恰恰能够开始逐步满足老年人及其家属对养老的需求，哪怕他们要付费；同时，这种付费机制构成了乐龄作为社会企业的盈利目标的核心要素；最终，不管能否完全覆盖成本，至少它能够弥补部分资金来源问题。基于这份吸引力，乐龄将自己的服务模式做了一个巨大转型，服务模式的根基定位在这里。

（二）商业目标与社会目标：一定比例的混合

乐龄的社区养老驿站是一个独特的组织，它的特点是其中可以包含商业模式，同时融合社会目标。并且，社会目标融合进去后的比例是一个巨大的可变数，它可以近乎为零，也可以占据主导位置。正是这一混合的性质，让我们在分析这类服务时面临着很大的难度，例如，农村合作社等诸多社会企业均具有这一特点。

在乐龄这里，社会目标可以多种多样，比如，在不增加盈利的情况下，是否愿意扩大规模？在不增加盈利的情况下，是否愿意叠加一些更高端的服务？在预算和资金有限的基础上，是否愿意冒很大风险来创新探索，从而让社会目标更高程度地成长？

（三）创新探索 vs 事前的设计或把握

社区养老驿站，不仅一开始在资金回报上对应着一片贫瘠之地，而且它起初并没有明晰的商业模式。

在没有相对明晰的商业模式的情形下，商业投资就卷入其中，这实际上是不合理的举措。一般而言，只有在创新探索性的前沿地带，并且在未来蕴含着明显的巨大商机的领域，商业力量才会愿意投入其中。但在社区养老驿站这类服务场所，商业机构是很难早期卷入的。在这种情形下，进入该领域进行探索，本身就意味着一份社会责任的承担。

事实上，在社会发展与公共服务领域，很少见到直接成熟的项目模式，大多都需要机构自身创新性地探索，多年的有机生长才能让项目模式相对成熟起来。而且，像社区养老驿站的老年照顾服务这样的领域，又具有起点低、涉及面广、"社会地形"更为复杂等特点。其根源在于，既往这一地带是一个行政性主导的服务框架，人们在观念上是没有让社会组织发挥作用的空间的，而且在技术体系上是近乎零积累的情形。只有在社会责任感的驱使下，人们才愿意冒险，哪怕是进行商业模式的探索。

（四）具体运营模式：商业＋公益

分析一家社会企业，应该关注其盈利模式，或者说要问：它在哪些方面收费，收费标准如何，是否能够维系其基本运营？

同时，对于社会企业来说，还要关注另外一个层面，即它的公益性，能否使其形成与政府的合作，比如，获得政府提供的场地资源、政府在公共政策上的支持、政府在资金上的支持等。所以，商业性的服务收费和公共性的政府支持应该联合起来考虑。在另外一些情形下，会有来自公益领域的资金支持。

当然，与多渠道、多方面的收费相对应，机构在运作中也应当实质性地体现出商业性和公益性两个方面的特点，从而符合其作为社会企业的本质特征。

三、乐龄方案的运营模式分析

乐龄的运营模式，是以专业化照顾服务为核心，以社区老人互助平台为特色，以为困境老人提供援助为补充的。[①] 但要理解这样的运营模式，还是需要将其放置于乐龄的探索历程中来呈现。

（一）乐龄运营模式的形成

1. 从参与式到为老服务：社区为老服务问题的发现

乐龄创始人早年一直关注参与式，也关注在社区中如何通过参与式的动员，发动社区居民解决社区的困境与问题。而在社区参与式工作开展过程中，"看到社区里有大量的退休老人，但当时的社会环境是没有什么社会组织关注这个群体。看到这么多空巢的、独居的社区老人，就想着一定要开展老年人的服务……于是就创办了乐龄，愿景就是让每一位老人在家中享受乐龄年华……但最开始的时候，不知道要做什么，只是希望去做一些满足老人需求的事情……所以乐龄就开始走访社区里的那些老人，包括在一个楼门给老人开会，去老人家里调研他的需求，跟社区主任一起去社区设计整个的需求问卷，做各种各样的调研，甚至把家搬到了社区，租了一套房子，每天跟社区的老人们聊天，看看他们有什么样的需要"（乐龄创始人 A）。

这个阶段是乐龄的初创阶段，在推动社区参与式发展的过程中，乐龄感知到了社区的问题——社区的为老服务存在着不足。但这个问题在当时并没有很好的解决方案，乐龄当时也并没有很清晰的模式。

以社会问题为导向，乐龄积极进入现场开展调研、沟通、聊天等实践行动。这些行动，让乐龄与社区的老人们初步建立了信任联系，帮助乐龄看到了社区的老人们直接表达出的需求，比如，增加收入的需求、健康咨询的需求、陪伴探访的需求。

---

① 源自乐龄官网中的乐龄模式介绍。

2. 围绕老年人的需求开展居家助老志愿服务的探索尝试

这一阶段的很多服务起初是围绕老年人直接表达出的需求展开的，但服务项目的持续性和效果表现出不同的情况。

很多老人直接表达出来的需求就是没有钱，想要增加收入，比如，"当地有一些无收入的老年妇女，基本都要伸手管孩子、老伴要钱，老伴去世以后基本上就没有任何收入。乐龄就帮忙设计了一个小手工项目，教她们做手工艺品，然后通过义卖卖出一点东西，卖出一点就有几十块钱的收入。当拿到那笔小小资金的时候，她们就觉得特别好，说起码在过年时能给孩子发个小红包了"。然而随着时间的推移，如何保证手工艺品的质量、开拓销售渠道，如何增加手工艺品的种类并实现规模化生产等问题，在手工小组运作的过程中逐渐暴露出来，"而且年龄偏大的人的确不太适合做手工，产品的质量也不太稳定"。因此，从产业发展的方向来说，该项目并没有获得最终的成功，但这个项目培育了社区内的自组织：社区老年手工小组。

还有老人表达出健康咨询的需求，乐龄就"组织医生志愿者来社区做义诊。但义诊时医生只能给老人提供一些建议，老人真的需要看病的话还是需要到医院去，这个事也就没有办法做下去了"。

社区内也有很多的空巢、丧亲老人，希望得到更多陪伴、探访。于是乐龄"组织了志愿者到老人家里看望。志愿者最开始还挺坚持的，到后来就开始一波一波地轮换，根本不能支持老人，还打扰人家，每周末老人还得等着志愿者上门。这种频繁轮换更替志愿者的模式，实际上是很难给这样的老人一种长期的支持的，所以这个项目也就暂停了"。

虽然各个项目的持续性和效果不一，但在各种服务活动中，老人们看到了乐龄的用心，与乐龄的联系更加紧密了，也更加愿意信任乐龄。因此，在原先直接且简单的需求表达之外，老人们与乐龄也开始交流更多的东西，比如，很多老人讲："其实我们最怕的是得病，我们看不起病，就想着千万别得病。很多人都是在家窝着、坐着生病的，所以咱们能不能走出去多搞点活动?"乐龄感觉到这也是很好的一个切入点,而且恰好过去也一直在推动社区参与式的工作。于是乐龄运用参与式的手法,动员成立了很多小组,比如,唱歌队、舞蹈队、健康知识交流小组。

在活动与交流中,社区有老人表达出了更多的想法:"我不喜欢做手工,我也不喜欢唱歌跳舞,但是我们也想成立一个小组。"乐龄就问:"你们想成立什么小组?"结果被老人反问说:"凭什么我们不能成立小组?"乐龄只好问:"你们擅长什么?"老人说:"我们特别擅长的是,谁家有点事,我们都愿意帮忙。"于是,热心人帮扶队成立了,小区内互助助老志愿服务也真正开始了。

就这样,围绕老人的需求开展的居家助老志愿服务,从最初的依靠外来志愿者、外来力量的投入开展服务的模式,逐步发展成依靠小区内的居民,基于兴趣爱好、互助志愿精神而开展社区自组织活动与服务的模式。随着社区自组织的发展,很多队伍也表现出对室内活动场地的需求、对鼓励支持的需求。而乐龄始终扮演了支持者的角色,先后培育形成了70多个小组,小组的核心志愿者多达700名。这种老年群体内部的互助模式,也让低龄老人在志愿服务过程中逐渐获得价值感和自我实现感,"一位丧亲的老奶奶,当时青年志愿者连续一两个月上门拜访,她还是一聊到老伴就哭。后来参加互助小组,主动帮别的老人量血压,精神状态有了180度的大转变……在这种帮别人的过程中,老人自己有了退休以后生活的价值"。

整体来看,乐龄的社区助老服务,不是一种盲目依靠外来资源与力量投放的模式,而是聚焦于改变社区内治理结构以及人与人之间的关系的模式。这样乐龄对社区的影响也更具有长期性、持久性和撬动性的价值作用。

在这个过程中,除了对老人需求的回应外,乐龄与社区的老人们的联系愈发紧密,对老人的需求的把握也逐步达到了更深的层次。但乐龄也发现，这个阶段的工作很难让乐龄自身从经济收入角度，获得可持续的发展。比如，乐龄曾经尝试让各个小组活动的参与者付费支持乐龄活动的开展，想着"先每月交120元支持场地的费用，但发现几个哪怕是最积极的阿姨也只是先交了一个月，到第二、第三个月就都不交了，最终乐龄也只能继续提供免费的支持"。

伴随着社区内老年互助志愿服务的开展，乐龄逐渐发现了之前不明显的一类刚需问题：失能老人的照顾难题。

3. 围绕失能老年人的被照顾需求，探索可持续的为老服务模式

失能老人的照顾难题最初是社区内的老年志愿者发现的，他们总发现社区里有不少失能、半失能的老人，生活全靠家里人或保姆照料，但很多时候照顾不过来。而志愿者即便想做，也很难"天天给人家做饭、洗澡，尤其是很多专业的服务，是完全做不过来的"。志愿者就把这个情况告诉乐龄，乐龄开始考虑能否找到一些专门的护理人员，开展上门护理服务。

当时的市场上并没有太多失能、失智老人的专业护理员团队，因此乐龄只能着手自己培育专职的护理员。但护理员的培训、招募也是需要成本投入的，聘用专职的护理员更是需要长期的资金支持。乐龄就想通过社会企业运作的方式，以让老人购买护理员服务的做法，维持护理员队伍的可持续性。同时乐龄也在积极申请各种社会公益力量的资金和项目，支持乐龄早期的护理员队伍的培育。

当护理员队伍建立起来，尝试进入老人家庭时，乐龄却发现"很多老人一般最多只愿意买一小时的服务"。同时"上门服务的过程中，又总发现老人身上还有压疮，每天一小时的上门服务似乎不能解决问题"。这时，乐龄"觉得很无力，因为确实看到很多重度失能的卧床老人，只要长期卧床，家属再怎么照顾也还是会出现压疮"。而且，一旦要开始长期的上门照顾服务，护理员必须是全职人员才行，但从乐龄收费的情况看，"收的钱是不足以付护理员工资的，乐龄还是处在亏损的状态，而且还亏

得蛮多的"。

这样的服务，用乐龄创始人 A 的话说，似乎是在以"家政服务的模式"做老年护理的事情，但乐龄发现"老年护理和家政不一样"，以短时间居家上门照顾的模式，无法真正回应失能老人照顾的刚需问题，也因此难以得到相应的价格回报。

后来，乐龄学习日本等发达国家，尝试了日间照料服务的模式，让老人白天在乐龄的日间照料中心得到照顾。但乐龄发现"很多老人，每天把他们接到日间照料中心，别看只有 100 米的距离，也是一件很困难的事情。老人的子女就说送过来特别费劲，甚至需要我们的工作人员去背他下楼"。同时，每月 1 000 元的照料费用，一方面很难维持机构的运营，尤其是人员工资成本，另一方面，老人的付费意愿依旧不高。

直到 2013 年，一次偶然的契机，突然有一个大姐来问乐龄："你们能不能接我们家老人？"她说，"我妈是常年半身不遂，在床上卧着；而我爸得了阿尔茨海默病，且眼睛不好，走路也不太方便，还有点闹，所以每天请着一个保姆，同时姐妹几个还要轮班，一人一个月照顾。"但轮到她的时候，她闺女要生孩子了，所以问"能不能将老人送到乐龄，把他托管在乐龄这儿，我可以多付钱，原来日间照料要付 1 000 元，托管在这儿付 3 000 元也可以"。当时的乐龄面临很大的现金流难题，但另一方面，"一旦要接管这个老人，就是 24 小时服务，白班、夜班，对护理团队要求就高，乐龄要承担更大的责任了"。但乐龄还是顶着内、外的压力接手了。结果"老爷子就在这儿住了一段时间。然后是第二个老人、第三个老人、第四个老人……在春节前很快住了七位老人。这样乐龄的服务就起来了，起码乐龄能够运转来了"。

所以，从 2013 年开始，乐龄服务的相关现金流开始逐步走向良性运转。也从这时起，乐龄开始尝试深化并逐步拓展社区养老驿站的模式，运营模式开始聚焦于**在社区养老驿站这样的准机构化养老服务场所，开展以照顾失能、半失能老人为主的专业化服务。**

（二）乐龄运营模式核心逻辑

乐龄针对失能、半失能老人进行专业化照顾的模式初步成形，并不断优化发展。其服务模式之所以能够运作起来，是因为乐龄发现社区内有大量的失能、半失能老年人，他们有对照顾服务的刚性需求。因此乐龄围绕刚需，开展专业化照顾服务，并以该服务的收费，支持机构的可持续运营。

除此之外，社区老人互助平台的打造、社区自组织的培育、助老志愿服务的开展，也对乐龄的专业化照顾服务的推进发挥了重要的作用。受益于乐龄的支持的老年志愿者不仅降低了新站点建设的阻力，也帮助驿站及照料中心保持良好的服务口碑，"很多老年志愿者在新开站点的时候帮了我们很大的忙，他们都是支持我们的……老年志愿者一般都是社区里德高望重的老人，遇到特别难搞的居民或者捣乱的家属，这些志愿者会帮忙解决问题，做协调工作"。同时，老年志愿活动、兴趣活动进站点的方式也提高了站点老人的满意度，丰富了站点生活；部分互益小组成员随着个体养老需求的变化，最终选择入住站点享受全托服务，成为乐龄专业化照顾服务的付费客户。

目前，乐龄以一家街道级养老照料中心和六家驿站为阵地，开展针对失能、半失能老人的专业化照顾服务。照料中心的床位有60张，每家驿站的床位大约为10余张。在驿站或照料中心内，平均1名护理员照顾3名老人。护理员每日的工作，都有四十多项定时、定点的标准化流程，比如，每日早上需要帮忙穿衣，需要帮忙清洁，需要定时帮忙翻身等。完成的质量由机构的质控部门和站长把控。同时，乐龄也针对站长和护理员，设置了系统性的绩效考核。养老照料中心还承担了区域中心的角色，为各个驿站提供技能实训、专业支撑、信息管理等服务，在整体的运营管理和成本降低上发挥了重要作用。更多运营管理细节可见乐龄的《运营和服务管理手册》及相关标准，不在此赘述。总体上，乐龄是以流程化、标准化的方式，确保对失能、半失能老人照顾服务到位。这样的服务，满足了老人尤其是失能、半失能老人的刚性需求。

随着服务的深入开展，乐龄也发现，从整体的需求端来看，通常在5 000人左右的小区，有25%左右的60岁以上老龄人口，而在1 250位60岁以上老龄人口中，有10%左右的需要照顾的失能高龄老人①，这说明一个社区内有充分的养老服务需求。设在社区内的养老驿站，又给予老人家的感觉。而且，基于乐龄在社区的长期入驻和其打造的老人互助平台，乐龄在社区及在老人中的受欢迎度和受信任支持度也很高，社区融入很容易，所以，乐龄社区养老驿站的入住率均维持在一个不错的水平。基于失能、半失能老人平均每人收费5 000元／月的标准，相关老人及家庭的付费意愿也很高。这样，服务性收费成了乐龄70%左右的收入来源。再加上政府为基本养老服务对象购买服务的费用，以及助餐服务、居家上门服务等的收费，外加北京市养老驿站相关政策对于房租的减免，乐龄的收支可以维持一个不错的可持续发展的水平。

此外，针对很多付费能力不足的困境老人，乐龄推动北京市石景山区试点"长期护理保险"②。在长期护理保险的支持下，很多困境失能老人有能力付费，进而得到包括乐龄在内的护理院、护理站、养老院和社区养老驿站等机构的服务，这满足了困境老人尤其是困境失能老人被照顾的需求。

因此，乐龄的方案也在复制、推广，并在内蒙古、西安等多地得到了实践的检验。其模式的商业可行性得到了验证。就其模式而言，乐龄基本已不再特别需要依靠第三方资金的投入来支持其服务；相反，其服务性收入本身的占比在逐年递增，甚至已经可以在一定程度上覆盖成本，

---

① 数据来源：乐龄创始人王艳蕊2023年在"基于实践的社区养老服务发展思考"演讲中的分享。

② 石景山区自2018年启动长期护理保险试点，筹资标准为每人每年180元。除学生和儿童外，该区参加本市基本医保的城镇职工和城乡居民，个人承担每年90元的保费就可参保。符合条件的护理院、护理站、养老院和社区养老驿站等机构，被纳入长护险定点护理服务机构。失能人员每月可享受人均3 000元的护理服务。

成为机构的主要收入来源。

四、乐龄作为社会企业的价值贡献

本部分进入对乐龄社会价值贡献的讨论。需要注意的是，这里并不是媒体采访报道，也不是在为他们唱颂歌，而是要将十余年来的探索积累所产生的社会价值呈现出来。这是对整个养老服务领域的一份贡献，通过它我们可以拓展思路，可以认清养老领域的发展格局，可以确定养老服务需要努力的方向。因此，下文中的价值分析框架以及由此得出的结论都是审慎的，是能引起人们认真思考的。

（一）老年人获得了在家门口全托养老的机会

乐龄的第一份价值贡献是让社区里的老人有了在自己家门口全托养老的机会。这一养老方式具有两大特点：第一，它具有机构养老的优势，即老人可以获得全方位的照料；第二，它毗邻自己的家门口，位于自己的社区之内，老人与家人可以很便利地见面。

与此同时，这种养老模式还远未达到市场供需平衡，能够提供这样的服务，本身就是在解决一个社会问题。

（二）乐龄提供了经营运作的密码

社区可持续的专业化老年照顾服务是一个特定的规范运作体系，也是一个特定的技术体系，它来自乐龄十余年来的不断探索和积累。现在看来，乐龄的结果似乎并没有格外神奇的地方，称之为密码似乎会显得有些夸大。但是整个探索路径是一步一步地积累过来的，其中每一个节点问题的发现与解决，都是必须经过一番探索的。

1. 回到商业与公益两条道路共同探索的时期

回顾这十余年，我们都知道，随着社会越来越步入老龄化，养老服务的需求越来越强烈。因而，便有了从公益和商业两个脉络来探索养老领域的格局，其中商业领域的优势是资金丰厚，公益领域的优势便是拥有创新的动力和探索的精神。

2. 商业领域的探索动机匮乏

商业领域的探索动机匮乏，其根源有两个：第一，起初看来，这是一个资源贫瘠地带；第二，商业模式相当不成熟，包括没有具体的积累，起点处有着复杂的"社会地形"，因而不符合商业模式进入的标准。

正是在这一背景下，乐龄勇敢地参与其中，开始了积极探索的过程。其间，乐龄数年处于亏损状态，投入资金达数百万元，起初模仿"家政模式"的居家上门服务，但事实证明这没法真正解决老人的刚需，更无法得到老人及其家人的认可与购买。但乐龄坚持探索，最终将可能且应该存在的一条可持续的社区为老服务路径打通，这不仅改善了乐龄所服务的老人的状况，更为整个行业提供了一条更低成本、更高效用的服务路径，解决了社区为老服务的一大难题。

其实，诸多不同的公益场域，大都需要这种义无反顾式的探索活动，所以对社会创新公益探索的坚持一度成为公益人士最为珍贵的品质之一。

3. 从公益转向商业的关键点

尽管公益组织的根本目的是满足老人的需求，而不是更多的盈利，但随着服务的开展，一定会触碰到关乎是否盈利的关键选择点。乐龄就面对了一个关键性选择。

在日托中心模式探索时期，有一位女士过来说："你们开了日间照料，我能不能把我们家老爷子送过来？"她爸爸就是阿尔茨海默病患者，且是重症，眼睛也有点看不清，行走有点困难。送过来一段时间就不行了。别看接送就这100米的路，其实特别费劲。后来家属提出，能不能把他托管在这里一段时间，自己也愿意付钱。

后来也有好多人找过来，提同样的需求。有刚刚出院的老人；有卧床的但保姆临时走了的，想送过来住几天。这种需求多了起来。于是，乐龄面临着这样的一个选择：要不要干这件事情？因为一旦让老人住下，对专业的要求就会更高，承担的风险会更大；但好处是乐龄可能会有营收，我们就会开始有收入，主要是他们的那种付费意愿就比较高（创始人 A）。

从中可见，随着为老人的服务的深入，乐龄越来越触及老人们的刚性需求。于是，一个新机制浮现在面前：通过收取服务费用，可以提升自己的服务能力，从而更高程度地满足老人的需求。要不要选择这种方式呢？

这实际上触发的是一种比公益更为底层的市场逻辑。按照正常的社会运作规律，市场供需相对饱和后，我们可在此叠加公益性的服务。但在养老服务这里，市场成分原本是缺乏的，正是在公益领域的探索过程中触碰到了这份缺失，因而也出现了要不要将其激活的选择题。

这其实是公益组织必须回答的问题：要不要进入商业逻辑之中，将其与公益逻辑很好地结合起来？或者是回避它？但回避的含义远比"我不要赚这份钱"更为重要，它意味着一份刚性需求并没有人去满足，而且也没有人去探索该如何满足。

因此，乐龄选择了进入商业逻辑当中。而从公益进入商业，其实并不是对公益的丢弃。

4. 公益力量探索的逻辑

由上面的分析还可以看出，公益组织追寻的一套逻辑，是满足需求的逻辑，而不是盈利的逻辑。

进一步将商业逻辑与公益逻辑进行比较，可以发现其实乐龄也有商业逻辑上的考量。乐龄发起人 2009 年参加了社企大赛，写了商业计划书。当时这样测算居家养老服务：60 岁以上的人口约为 2 亿，只要服务其中的百分之一就能够有收益。然而，这个测算是很粗糙的，并不能真正满足商业考察的需要。但这也能够说明，在商业逻辑下，一定要先找到盈利的逻辑，才可能推动商业的实践。

公益逻辑却不同，是从需求的满足出发的。同时，这些需求是什么，如何能够满足，满足之后是否愿意付费购买，都是未知的，因而这一切需要通过付出性的探索来完成。比如，乐龄最初尝试日间照料服务，其实就是因为乐龄发起人 2011 年去日本学习时，看到东京一个地区就有三万多家日间照料中心，觉得这个概念特别好，"早上把老人送过去，晚上把老人接回来，这是一件多好的事情。跟所有人聊这个的时候，所有人都觉得特别好。比如我们家有老人，如果送幼儿园的时候顺便把老人也送过去，就是挺好的一件事情"。但当乐龄真正实践的时候，才发现"大家虽然都说这个事情很好，但是等你真正干起来的时候，就会发现它跟现实还是不太一样的，甚至运行下来其实是赔钱的"。即便如此，乐龄依旧认为，"只有勇敢地迈出第一步，才可能进入探索发展的轨道"。因此，乐龄更多地还是从公益逻辑出发，推动商业探索的实践。

5. 公益组织服务模式的有机生长

公益组织不仅在进入商业领域时有些"误打误撞"，而且在进入之后，遵从的仍然是一种有机生长的方式，而非事先勾画好的方式。原因在于，养老服务领域所需要的诸多技术体系，事前并不明晰，没有先行的探索者为人们提供一整套的技术范式（或者说能够使用在这里的范式）。实际上，不仅仅是养老服务领域如此，在诸多需要探索创新的领域都是这样，尤其是公益组织所涉及的公共服务领域，其大都需要一个通过有机生长来创新探索的过程。

有机生长的基本含义是：一家机构在特定的领域，坚守一份特定的理念，将其作为未来的目标或方向，然后在现实层面脚踏实地地探索，试图让理念落地，以便能够解决特定的社会问题，项目模式因此而逐渐成长起来。

在养老服务领域，同样是行动探索在先，而并非商业模式的设计／勾画在先。当下看来，这一模式相对简单明了，可以以更低的难度进入，但回到十年前的那个时间点，并没有一个关于它是什么的素描图，甚至不知道它的难度到底有多大、水到底有多深。因此可以看出，乐龄介入其中进行创新探索和有机生长的社会价值和贡献有多大。

6. 服务模式探索中的目标要求更高

公益组织的探索除了拥有动机特长之外，还有理念的特长。正是因为它们拥有满足老人需求这一内在的价值追求，它们在服务模式探索中才可以获得货真价实的服务模式，展现出更高程度的人文关怀等需求的满足途径。

从以上几个侧面可以看出，公益力量在其中的探索是多么难能可贵和必要，这便构成了乐龄的一份重要价值。

就乐龄当下的整体运营模式，还可以深入进去，进入节点问题分析的视角（详见下文第五部分），这样便可以看到为实现当下的运作局面，乐龄需要克服的路径障碍，或者需要拥有的运作技术。所以，时至今日，虽然我们看到的是一个相对简单清晰的运作格局，但是在整个探索过程中，乐龄所要克服的困难却极具挑战性。

（三）乐龄提供了助老服务的格局素描图

乐龄的创新性探索，可以使我们勾勒出助老服务行业的一份整体景观。

1. 社区养老驿站

乐龄对于社区养老驿站的定位是，10—15 张床位的小型的社区综合服务站点，它有老年餐桌、上门服务、日间照料、短期托管、社区互助、精神慰藉等服务。

社区养老驿站既具有机构养老的特点，又具有进入门槛低的优势；尤其重要的是，它会将驿站做成一种与社区联通、与家庭联通的介入社区养老和机构养老过渡地带的模式，从而让社区居民更容易接受，也让自己的服务特长更综合化地展示出来。

2. 街道养老照料中心

乐龄的街道养老照料中心是拥有 50 多张床位的一个养老中心，它同时有社区托老、居家助老、信息管理、专业支撑和技能实训等服务，也有面积稍微大一些的综合社区的服务的特征。

进入街道层面，就远离社区一些，而更接近一般化的养老院。养老院是一个封闭的院落。但在乐龄看来，"我们希望它不是一个封闭的养老院，而是依然面向社区开放的。这里不仅有失能老人的照护、日间的照料、居家上门服务的派遣，还可以同时动员社区的老人，开展互助平台的社区老人志愿活动"。

3. 从机构养老向居家养老服务过渡

有了社区养老驿站和街道养老照料中心，就可以更好地辐射到那些居住在家庭中的困境老人。针对困境老人，一方面，乐龄用好公益慈善资源，做好对困境老人的服务；另一方面，乐龄借助《国家基本养老服务清单》，通过政府购买服务的形式，为失能特困老人做好上门服务；此外，乐龄也在推动政策环境的改善，促进失能老人长期护理保险制度的试点与推广，进一步从政策机制的角度使困境老人有机会得到乐龄等专业机构的照顾服务。

虽然当下这类服务已经开展起来，但它仍然处于模式探索之中。

4. 前驿站阶段

前驿站阶段的活动是指在进入稳定的社区养老驿站之前，乐龄在社区中所开展的助老服务活动。

第一，公益性地去促使困境老人得到帮助。这是一种典型的公益行为，老人可能因为身体残疾、寡居、失独、贫困、失去老伴等而陷入困境之中，对他们的帮助将起到直接的公益慈善效果。

第二，促使老人自我组织起来，形成自娱自乐、相互支持的体系。这样的需求和功能体系属于老年协会的功能范畴，实现了老人的互助和自助。互助能带来部分需求的满足，还能促使人们发展所谓的公共精神。在最开始，乐龄的定位在相当程度上归结于此，即除了善之外，最重要的就是促使人们自我增能、自我发展。

第三，自上而下体制中的仪式化志愿服务活动，即传统的助老志愿服务活动倾向于采取某些做法，比如，去养老院里看望老人、节假日的活动慰问等。它的根基不深、做法不实，是乐龄从一开始就排除掉的成分。

显然，与机构养老相比，前驿站阶段对应着一些更高端的需求，更有温情、更有温度的需求，但与此同时，这种需求又是软性需求而不是刚需。因而，想借此获得付费服务是很难行得通的，所需资金要自筹。

5. 一个由初级向高级不断递进的谱系

从驿站到照料中心的养老构成了一个由初级向高级不断递进的谱系：第一，最初步的形式是老年人通过信任关系进入机构；第二，驿站和照料中心的服务，尤其是针对失能、失智老人的服务要在一定程度上实现标准化和流程化；第三，在标准化、流程化之上叠加软性的社会服务成分，体现人本精神方面的关怀；第四，让服务对象更高程度地把控自己，从而有更高的自由度，甚至参与机构的运作与管理。我们还可以将机构内的服务与老人在机构外的自主空间、社区活动、家庭生活等关联起来，从而借助养老逐渐通向最初寄予厚望的那份理想目标（公民参与）。

将以上部分建构到一起，便可以产生助老服务的整体格局。在这一格局中，我们知道相应的服务模块有哪些，且可以依据需求格局来做出一份基本的服务地图。

乐龄在提供整体格局之外，还让我们看到最开始其价值理念定位过高，后来转向社会企业方才生根发芽。社会企业也成了一个枢纽、一个有根的成长体系，它向我们展现了一种更为合理的社会公益发展脉络。当然，是否选择这一发展脉络取决于人们的偏好，但至少乐龄给我们提供了选择这一通道的合理性理由。

（四）社区养老驿站的公益性

1. 为低付费能力的人提供服务

一家社会企业，尤其是由公益组织发起的社会企业，本身就包含公益慈善的成分。而在模式成熟之后，比如，在未来，当更多的机构进入该领域，服务的满足程度相对更高时，乐龄的定位就可以更偏重于为付费能力低的老人服务。

换言之，一个机构的公益性表现为，是否让相对贫困的人也能获得这类服务。尤其是，社区养老驿站本来就是为普通公众准备的，如果相对贫困的老人无法进入这里，则其推广意义就会大大削弱，而乐龄的定位便是要解决这一问题。实际上，乐龄既往的运作就已经体现出了整体上收费水平低以及为贫困老人减免服务费用等特点。在未来，乐龄将继续保留这一传统，甚至并不排除当更多的养老驿站出现后，专门定位于为相对贫困的老人服务。

2. 追求高端的服务水平

上述的公益慈善定位体现出了社会企业公益慈善的一面，但它还是基础性的，还具有往更高层面进行追求的可行性。不管是付费能力低还是高的老人，除了要获得基础服务之外，他们更需要获得更加人性化的对待，包括平等、接纳、温暖，还包括自主掌控、个人的生命价值的梳理。我们可以借助对机构服务内容的创新性探索，来实现更为高远的社会目标。

这些新的目标或许并不能为机构本身带来收益的增加，但它们的确代表着人们对于自身价值的更高水平的追求，代表着在办社会企业之前就已经在心中萌生的那份社会理想。一旦未来能够进入这一层面，那么便会将社会企业中的社会目标更淋漓尽致地展示出来。其中，付费能力不足的老人会获益，高付费能力的人也会获益，它体现的是人们的共性追求。而商业化运作的机构是很难做到这一步的。

五、乐龄的技术贡献

这里所说的技术是指社会服务的软性技术。技术体系是价值体系之外的另一组核心描述，技术体系的梳理和呈现，可以让我们获得社区养老驿站运作的密码。

表述技术体系的核心用词是节点问题，乐龄的技术贡献体现在其对服务领域里相关节点问题的发现与解决上。对一组节点问题的回答构成了项目模式，也构成了整个技术体系的统一体。

节点问题既是乐龄对公益领域的贡献，也是复制、推广时所要遵循的那些技术要点。当然，在复制、推广过程中可以让其继续发扬光大和对其不断修正完善。

(一) 如何进入社区建构信任

1. 节点问题一：如何获得社区居民的信任？

一家外来机构进入社区，会存在信任如何建立的问题，尤其是在社区居民已经对外来商业机构存在普遍质疑的情况下。于是，乐龄等机构进入社区，首先要回答的问题是如何获得社区居民的信任。具体包括，不被居民排斥、不被居民冷落，以及让居民愿意将自己的需求与机构服务的供给对接起来。

当然，社区老人进入养老驿站，不仅有一般化的信任问题，还有心理上的顾虑。即便是在社区内进入微型机构养老，也仍然存在着中国传统文化所导致的心理障碍：人们更愿意在自己家里养老，排斥进入养老机构。

2. 节点问题二：如何获得社区两委的支持

中国的社区行政化程度很高，社区两委代表行政链条的底端，社区是其责任空间，也是权力运用场所。因而，在社区里开展活动就必须获得社区两委的支持，如果做不到这一点，就难以自主开展活动。而且，即便获得社区口头上的应允，也只是应允而不是支持，大多数情况下开展工作仍然存在很高的难度。于是就出现了一个节点问题：如何获得社区两委的支持？

乐龄同样经历了这一难题，"2006 年，乐龄进入某社区，目的是帮助该社区构建一个社区居家养老的支持平台，包括直接为老人提供服务，更重要的是以社区动员的形式，帮助老人主动参与、实现自我价值，倡导积极老龄化的生活态度。尽管这一目标与社区的社会服务需求高度一致，但作为一个缺乏政府背景的外来社会组织，要真正进入社区却面临颇高的准入门槛。基于日常治安和维稳的需要，社区内各治理主体对其介入均较为谨慎，甚至持一种疑惧的态度。居委会担心自己的权力和威望受到外来机构的挑战，更不愿意承担相应的政治或社会治安风险；物业公司的目标是盈利最大化，不见得乐意让居民被组织起来；对业主委员会而言，外来社会组织既可能成为伙伴，也可能成为竞争对手"（创始人 A）。

3. 节点问题三：如何让老人愿意进入养老驿站

如果讨论的是一般性养老机构而不是社区养老驿站，那么一定还会有第三个节点问题：怎样保证让老人克服心理障碍，进入养老院养老？提出这一节点问题的原因是，在社会上也有公益组织举办养老院，目标是以低价位为老人提供更好的养老服务。然而，这虽是好事，但并不一定能成功。

更大的原因是老人不愿意进来，进入养老院的心理门槛较高。因而，养老院里的床位空置率就很高，导致运营过程中入不敷出。

本文讨论的社区养老驿站则与此不同。从自己的家门口到社区驿站，地理距离、心理距离、社会距离都并不遥远，需要跨过的门槛并不高，因而这一系列问题也自然能得到解决。为了避免另外一些养老机构片面参照本文，在此也把这一节点问题附带上。

4. 乐龄的解法探讨

第一，乐龄的活动得到北京市石景山区民政与社工委系统的支持，因而在整个区开展活动就有了一定的社会合法性基础。时至今日，乐龄仍然认为这是项目在石景山区成功的重要原因之一。

第二，乐龄在最初进入社区时，首先就致力于与社区居委会建立信任关系。并且，他们将工作范围调整到"仅限于为居民提供公共服务，而且活动动态必须随时向居委会报告"。

第三，乐龄从一开始进入社区，所做的工作就贴近居民的需求。他们通过调查发现，社区老人最迫切的希望是"大家能聚在一起开展活动、彼此交流"，消除孤独、无助或无聊的感觉。为此，乐龄建立了各种类型的兴趣小组。社区居民反馈说在保健方面有需求，乐龄就开展健康讲座、进行体检咨询，同时为 60 岁以上老人制作出行救助钥匙牌、赠送保暖手套等。此外，还开发出两个小项目，"一个是当地有一些无收入的老年妇女，我们就开始组织她们做手工，然后义卖，返还给她们一定的收入，慢慢就做得越来越好。一个是有人提出社区也有空巢的老人、丧亲的老人，因此能不能组织一些志愿者对他们进行探访。面对这一想法，我们立马就付诸行动了"。

显然，这是典型的社会化方式，从进入行政化的社区开始，以纯公益的形式展开服务，由此建立了乐龄、社区居委会、社区老人之间的信任关系。再沿着进入时的需求脉络，从软性需求向硬性的内核不断深化。当信任的纽带已经建构起来后，此时叠加的付费性服务方式也不再容易让人产生"欺骗性营利"的感觉。

第四，在社区中开展各种活动，获得居委会的知情认可只是最初的一步，获得对方的支持且双方一同行动，才是高级境界。实际上，社区居委会的相关人员本身也拥有特定的社会责任感，可以去激活他们内在的潜力，让双方一同行动。乐龄在最开始的社区行动中就做到了这一点，例如，在第一个试点社区，乐龄发起人跟社区居委会主任一起设计居民需求问卷，然后一个楼门一个楼门地和老人开会，倾听他们的需求；后来当乐龄向社区居委会主任反馈老人需求调研的结果时，社区居委会主任很支持，并拿出了一间屋子，供老人们在开展兴趣小组活动时使用。

归总起来，乐龄对于上述节点问题的解决方式并非有意设置的。实际上，在最初阶段只是以在社区做公益为初心，以为社区老人开展软性服务为目的，但乐龄依靠自身的努力，实际上已经不自觉地将相应的节点问题解决了。

5. 节点问题的更简练解法

当服务以直接瞄准社区养老驿站为目标时，可以以更简练的方式进入社区，并与居民建立信任关系，而不需要再承受像乐龄前期开发这样繁重的工作。

原因之一是，这时养老服务的目标瞄准得更为明确和聚焦。原因之二是，相较十年前、二十年前的那段时间，当下进入社区相对变得容易，社会治理的理念以及公共政策的推动，又使养老服务向前行进了一段路程。因而，我们解决节点问题的方案，也可以随之发生变化。

此时，进入社区并与居民建立信任关系，可以简化为两个需要努力的路径。

一是，通过与社区负责同志积极地联系沟通，争取社区两委的更多认可、支持。比如，一位刚到某个驿站当负责人的站长，"直接拜访社区委员会书记……经常向社区汇报工作，邀请社区委员会书记参加驿站活动，逐步与社区委员会书记熟悉了起来"，也让社区委员会书记逐步感觉到"驿站做得确实比较完善，老人也住得挺好，而且驿站能在这个社区开设，也是一种荣誉"。在这样的情况下，社区很认可甚至会支持驿站的工作，比如"驿站搞活动，需要唱歌或者演节目的，社区都愿意提供节目、队伍"；驿站遇到问题时，社区也会帮忙，比如"创城的时候，检查的人说我们晾衣服的架子不标准，不让我们晾衣服。居委会知道了，帮我们免费安装了一个符合标准的晾衣架，一下子解决了我们的大难题"；一些社区掌握了资源，"也会主动联系乐龄，帮助乐龄链接资源项目"。

二是，通过面向居民的宣传联系服务，让老人充分了解驿站的服务情况，一旦有入住驿站的需求，能够信任驿站，愿意到驿站来。一般来说，新开驿站，"一定要经常进小区宣传走访，有老人就发宣传单，讲一讲驿站的服务，一个月下来，慢慢就聊熟悉了，驿站的工作人员也与社区的老人们认识了，驿站的服务和项目很多老人也清楚了"。而且，驿站也欢迎社区的老人们来这里看看情况，他们看到"住在这里的老人挺让人放心的，而且也能感觉到这个地方离家很近，家人随时能来，也能经常带老人在小区里转一转，老街坊都认识，还能和以前一样聊天"。甚至有老人连高端的养老院都不愿意住，也要到驿站来，"14 号楼的那个阿姨摔倒后，被家人送到一个高端养老院住了一段时间。但她一住到那儿，就给驿站打电话，说想到驿站住，因为觉得这里离家近，家就在旁边，有家的感觉，而且这里的人也熟悉，买东西也方便，想吃什么了，驿站里谁都可以出去帮她买。总之，感觉在这里，好像生活习惯和以前一样。最后她就住在驿站了"。

这样两个需要为之付出努力的路径不再需要特别的设计，也不太需要特殊的条件。一个稍微有经验的团队只要关注到这两条路径，就能够在很多社区做到这些。

（二）社会企业所需要面对的节点问题

总体来说，社会企业是一片充满张力的地带，涉及两种不同的能力，要同时拥有它们，就要将公益动机与商业意识进行一定程度的组合。不同的人可能会出现能力方面的欠缺或者思路上的不足。因而关于社会企业的运作就会出现意想不到的问题，这里以节点问题的形式将技术与思路要点列出来。

1. 节点问题一：如何面对资金风险？

资金风险是指未来的经营运作无法收回成本。应对资金风险有两种完全不同的思路，第一种是更偏重公益性的做法，从一开始甚至并没有想到要服务收费，只是想着如何为老人更好地提供服务。到了能够收取部分费用，覆盖部分成本之时，反而感觉到自己进入了"一片水草丰美之地"。而至于能否覆盖成本、能否盈利，则是更远的问题了。

第二种则是从一开始就设计好自己的运营模式，计算投入和收益，考虑资金盈余情况。

显然，乐龄走的是第一条道路。但第一条道路的含义不仅是奉献或义无反顾地承担风险，实际上乐龄也有增加自身运作弹性空间的方法，以及获得保障底线的方法。具体表现为除了服务收费之外，还有另外两个资金来源，一是公益筹款，二是与政府合作，获得政府购买服务的资金。正是这些资金来源，让乐龄具备了调整机构运作的空间。

所以，如果一家后续机构以纯商业化的模式进入，则会失去可灵活调整自己的优势，更需要精确计算投入产出比，由此构成了乐龄作为服务模式的推广者和后续学习者之间的差异。

当然，并不排除后续的机构也像十年前的乐龄一样，本着纯公益的想法，愿意承担风险进行探索，愿意以满足老人的需求为根本性目标。若如此，则这类组织的成长道路可另当别论，但需要把握好相关支持资源和服务模式。

2. 节点问题二：能否拥有企业家精神？

社会企业，其本质之一就是一家企业，因而它的经营运作者首先需要具有企业家精神。对于社区养老驿站或养老照料中心来说，这种精神就表现为要把为老人开展的服务做到标准化和流程化，也要把对员工团队的管理做到标准化和流程化。

这一目标追求，首先，意味着我们对服务质量和服务效率的卓越化追求。这与建立起一家机构，然后靠着投机来赚钱的想法是不同的，企业家精神首先体现在对经营运作的卓越性的追求上。

其次，还有可能是来自公益领域的团队，其本来目的就是为老人服务，就像乐龄这样。但此时同样存在着如何从纯公益的能力朝向企业家精神转变的挑战。原因在于，公益组织往往更看重人与人之间的平等相处，看重一份可自由发挥的软性空间，而未必看重高程度的标准化和流程化。因此，乐龄同样需要在意识上、方法上的转变与能力上的补短。

3. 节点问题三: 能否保有公益精神?

作为社会企业的运作者,除了需要具有上面的企业家精神之外,还需要具有公益组织的基本思考方式与工作能力。

社区养老驿站或养老照料中心需要保有公益动机的第一个原因,就在于为老人开展服务时,只有心中把服务作为第一目标,而不是把机构盈利作为第一目标,才能把事情做好。对于任何一类社会企业来说,内心的公益动机或社会责任感至关重要,它会决定我们在服务过程中是否会跌破底线。

此外,公益动机也带来了一定程度的运作弹性。比如,在出现资金困难时,如果机构拥有足够的公益性,则更有可能获得来自政府的购买服务资金,也更容易到社会上去筹集资金。

公益的初心使机构在团队建设方面持有优势。服务与管理的标准化与流程化,已经使人与人相处的更大空间转化为机械式的流程关系,如果在此之上渗透进内在的温暖与尊重,则会让团队水平得到巨大的提升。

最后,如果保留公益动机,把为老人开展的服务作为第一需求,那么整个机构就会时刻保持开放的态度。虽然标准化与流程化已经让为老服务进入一个新的境界,但在服务上还有更大的上升空间,包括增加更多的软性服务成分,以及为老人自由意识的表达创设更多的空间。

(三) 节点问题的开放性

以上举出了在社区养老驿站中两组最关键的节点问题,但在此之外,还有更多的节点问题有待回答。相对来说,上述两组节点问题是根本性的,必须正面面对。但我们仍然对新的节点问题保留开放的心态,通过对更多节点问题的提问和回答,逐渐把握社区养老驿站运作的关键,并将其细化。

需要强调的是,乐龄的运作并不只限于社区养老驿站,如前文所述,他们还有更多类型的助老服务,每一类服务各自存在着相应的节点问题,随着乐龄的继续探索,更多的技术会积累产生出来。

六、社区养老驿站运作机制的综合分析

以上分别讨论了乐龄的价值贡献与技术贡献，这一部分则将这些分解开来的成分重新组合到一起，看一下乐龄到底呈现了怎样的综合运作模式，从中能解读出一套怎样的运作密码。只有做到这一步，才能给后来的学习者更为清晰的启示。

（一）乐龄的积累是什么

乐龄最值得自豪的积累之一就是能够融入行政化的社区体系之中，与社区两委建构起相互信任和目标一致的工作关系，从而在后续工作开展中能够获得社区的接受与支持，随之而来的是在社区空间内与社区公众之间的信任关系的建立。上述两个目标的实现并不容易，或许正是乐龄最初所坚守的公益理念，以及在为社区老人所提供的各种服务中赢得了信任，让这一重要目标能够实现。所以，能够顺利进入社区，开设社区养老驿站并将其运作起来，本身就是一份很不简单的成就。至于养老驿站的服务水平以及能否持续化运作，则是在此之后更高等级的目标。

一旦将驿站运转起来，那么接下来乐龄的公益动机和企业家精神同样独具特色。其公益理念根植于骨子里，从最开始运作的阶段就有很高的理念定调。至于企业家精神，则在乐龄开始痛下决心转向社区养老驿站的这一刻，就已经萌生出来，要想满足老人的物质性、生理性需求，就需要遵循相应的规律；同理，要让老人心甘情愿地付费，也需要提供过硬的服务，而这些都不能单靠高高在上的理念。于是，硬件设施的满足、服务的标准规范、对于健康知识的尊重、安全意识的拥有，都需要遵从这份精神。而要让那些以养活自己为目标的员工进入工作状态，则同样需要拥有企业家精神。

因此，乐龄的现状体现出了长久性的积累，在无意中逐渐奠基了社区养老驿站的基本运营模式。其运转看似简单，但路径有些艰难。

如果换一个角度看，我们想同样达成现有的目标，而又要基于乐龄提供的路径经验，那就完全可以将复杂的事情简单化，将我们要解决的问题梳理清楚并直奔目标。接下来的部分将从这一视角出发看问题。

（二）使用企业家的视角重新考察社区养老驿站

既然乐龄的探索已经形成当下的模式，相应的路径已经走通，我们不妨从企业家的角度来重新考察一番，看一下新来者可以如何运作。

第一，从投入产出比看，社区养老驿站一旦能够突破技术壁垒、解决节点问题，顺利运转起来，那么达到收入覆盖成本还是不难的。

第二，乐龄的核心技术在于能够与社区两委建构关系，与老人建立信任。而随着养老驿站逐渐得到普及，新事物逐渐为大家所知晓，相关的模式逐渐流行，这一目标实现前的技术壁垒将逐渐被打破，更多的企业会用直奔目标的方式，更轻易地达成目的。

第三，乐龄这里所拥有的标准化、流程化，在企业家那里则是企业的基本要求，他们运用同样的手法，应该是轻车熟路，而不会像乐龄最开始那样需要做出重大的理念转型和工作思路转型。

第四，运营社会企业，同样需要在企业家精神之外加上公益的理念与能力。不过，这对于当下的企业家来说也并非难事。随着企业社会责任概念的逐渐普及，那些志存高远的企业逐渐在学会用公益的方式来与周边的社区相处，来解决他们所需要解决的社会关系建构问题。换句话说，公益的理念与手法也逐渐成为企业家所通晓与熟练掌握的成分。

第五，乐龄能够将公益的氛围、社区的氛围与企业管理的氛围融为一体，形成良好的管理与服务团队，对于企业而言，这也不再是一件不可达成的事情。例如，一旦上述企业公益的理念到位，那么就可以通过员工公益等方式正面影响工作团队的关系。

（三）留给乐龄的"剩余物"：未来发展的前瞻

在这部分，乐龄所拥有的独具特色的成分开始下降，但这也恰恰是乐龄未来可以进一步探索发展的方向。

1. 面向低收入人群提供服务

任何一类面向群体的收费服务都会面对付费能力相对弱的人。养老服务领域同样如此，但现实中老人不会因为付费能力弱而没有需求。于是，公益性、半公益性的机构通过降低收费标准来满足一些人群的需求，一家机构的公益性就因此而显示出来。未来一旦养老服务的市场达到均衡，那么，类似乐龄这样的机构可以转向付费能力弱的群体，满足其需求。

但仅仅拥有这一个特点，还远远不足以构成竞争优势。例如，想在公益领域筹款，也未必拥有足够的说服力，同时也会造成自己发展的后劲不足。

2. 创新开发软性服务

乐龄所拥有的第二个特长可以是，在现有的机构养老服务体系中创新性地增加人本主义色彩。具体而言，面对管理者、一般员工、护理人员和老人，可在递送流程化管理和服务的同时增加人文精神色彩，包括平等接纳、更友善的沟通、从他人的视角考虑问题等。而这样就可以把内心原初理念的一部分加入进来，使其融入机构化、制度化的服务体系运转之中。

当下的情况是社区养老驿站的建设以标准化、流程化为主，如果一位驿站的站长能在此之上，哪怕是工具性地拥有接纳别人、增加沟通的意愿，就会让机构的运转马上有起色。如果在工具性的手法之上增加人本主义精神的内核，或者说从内心认可自己作为为他人服务的服务者的理念，那么整个服务体系、团队管理体系将上升到更高的水平上。

3. 增加老人的自我掌控感

另外一个可展示乐龄特长的做法是，即便是在养老院里，即便面对的是走在人生最后一程上的老人，也要尊重他们自由意志的表达，给予老人更多的自我决定的空间，而不是将他们"看管"起来。

但在当前的社区养老驿站管理当中，个别老人自己的意愿可能会和统一的管理要求存在冲突。比如，驿站老人统一睡觉时间的问题。驿站当前多是多人间的床位，因此要求老人的睡觉时间统一固定，这个时候，就会遇到个别老人"上床时特别闹，让上床，但就是不上床，其他老人都上床了他还是不上"，没办法只能"两个护理员把他抬到床上，结果他还是闹得让床垫都弄掉下去了，男护理员就去抱他，他反而咬了护理员一口，把胳膊给咬破了"的特殊情况。

还有一种矛盾的情形，即老人自己的一些行为可能带来一定的安全风险，因此从风险防范和管理成本的角度，驿站往往会倾向于限制老人的行为。比如，作为需要二级护理的老人，基本上是很难长时间站立的，身体的自控能力也不强，但"有一位需要二级护理的阿姨，就总想要自己端水，自己去洗衣服。洗澡时还总要把卫生间的门关上，不让护理员陪着。那天，她衣服弄脏了，护理员陪了她一个多小时，她就是不让护理员帮忙洗，她就要自己洗，而且她脾气挺倔的。但她站不住，护理员拿个凳子，她又不坐，站了一会儿她就扶着腰站不住了，还差点摔倒在地上了，护理员又赶紧扶着她"。最后没办法，"护理员联系了阿姨的闺女，告诉她这种情况特别危险，因为阿姨是需要二级护理的，所以倒水、洗衣服、洗澡，护理员必须陪同。如果阿姨不按照制度走，尤其是护理员帮助她时她不听，那最后可能要劝退，因为有这个风险在里面，护理员看到了真的害怕得很"。

通过这两个矛盾的情形可以发现，要想让老人有更高的自我掌控感，就需要给予他们更多的自由空间。但令人矛盾的是，这又会增加老人摔倒的风险以及服务者的工作量。解决问题的途径至少有两条：第一，增加服务的投入程度，给予更多的呵护和陪伴；第二，与对方的家庭成员一同建构起一种人格化信任，大家面对同样的问题，追求同样的"人的自由展现"的目标。

实际上有些时候，最担心的就是出了事，对方"赖上"护理员，当双方建构起信任时，可以让无限责任现象化解。其实，我们每一个人在自己家中所承担的风险都比在机构里承担的风险要高，但为什么不会有问题呢？因为我们自己愿意承担；而且一旦出了问题，我们也不会去怪罪别人。在机构中也同样如此，不需要将一些可以正常承担的风险排除在行动范围之外，最终导致老人们的自主掌控范围和自由意志空间被压缩。

以上三条都是在商业模式之后，留给乐龄的剩余空间。第一条体现的是商业模式的剩余，第二、第三条则是商业模式无法达到的新高度，它在未来可以把服务体系引入更高的水准之上。公益组织与具有公益性的社会企业值得在此探索，尤其是乐龄，在起点处的理念定位正是站在了如此高的高度上。

七、高端公益理念的落地走向

乐龄的运作，还可以给我们提供一份新的视野，即追求社会的进步可以通过不同的渠道。其中一条是，直接瞄准远大的理念和社会目标，从高远处直接落地；另一条渠道则是，落到初级的理想地带（如社会企业），先满足基础性的需求，然后由小到大，以"有根化"的方式进入理想的追求。

（一）乐龄始于理想的参与式理念

这个理念在 20 年前那段时间里曾盛行一时。当时所追求的理想状态是相关利益人要参与有关自己的发展的事情之中，或者说社会公共事务要由当事人自己来参与主导。即便是到了今天，这份理念看起来都如此地符合人们内心的要求。但问题是，它在落地的过程中遭遇了各种各样的路径难题。

（二）理念的"退化"或"妥协"

2006 年，乐龄将远处高大的理念转化为到社区帮助老人开展适合他们自己的活动。这一变化意味着三方面的内容：第一，让推动居民参与落脚到老人群体上；第二，为老人群体在社区内的参与提供动员和支持；第三，老人的参与从最基本的公共服务和文体娱乐开始。整个行动相当于在三个维度上全面进行降格化处理，以便让它能够落地实施，而不仅仅停留在空洞的口号上。

（三）理念再次收回：进入社区养老服务

进入社区养老服务，经营社区养老驿站，是乐龄的一个里程碑，它意味着乐龄从推动一个老人普遍的高级需求（尤其是推动他们参与进来的需求），转化为推动相对更为基础的刚性需求。同时，在刚性需求满足中实现服务收费，从而进入部分公益、部分商业的社会企业运营模式之中。

这两个方面的变化，意味着乐龄在理念层面的又一大步"妥协"，并在资金获得方面开始新路径的探索。遵循市场规律的经营逐渐占据了一席之地，宏大的叙事让位给更基础的刚需服务。

（四）机构团队也发生了转化

进入社区养老服务，经营社区养老驿站后，原来的团队成员中很多都离开了：那些追求参与式理念的人离开了机构，那些追求理想社工模式的人离开了机构。机构的发起人没有离开，但在理念降温之后，增加了务实性的行动，企业家精神萌生并贯穿于整个过程。

从一方面看，这似乎是高高在上的宏大理念的萎缩、退化或妥协；从另一个方面看，则是进入老人的更基础的需求，类似于回归马斯洛需求层级的最基础层面。

（五）新型的自我价值实现方式

对于机构本身来说，从宏大的理想转化为直面刚需的满足之后，事情的宏大意义降格为"微小理想"的实现。但这一新型的理想是可以落地的，并且同样代表行动者的初心。

它同样能体现为老人的一些急迫需求得到了满足，同样能体现为通过满足来让机构的价值得以实现。虽然它代表的需求层级更低，但需求的急迫程度更高。而至于在此之上更高层级的需求，则可以在此之后花费更长的时间来考虑。

（六）以社会企业为根基重新生长

从宏大理念回落到初步的慈善之后，行动的框架也落脚于社区养老驿站。但这并不是终点，可以以此为基础而继续向上成长，建构起社会发展从大到小，再从小到大的新趋势。

第一，社区养老驿站虽然是收费服务，但有公益性的成分夹在其中。这些公益性的成分，包括货真价实、不欺骗以及向付费能力弱的老人提供服务。

第二，养老驿站可以把基础服务做得专业。这是最能展现出企业家精神的地方，即同样是为了老人服务，要将其做到标准化、流程化、精细化，哪怕要为此付出额外的努力、承担额外的风险。同时，这也是让老人获得更优良服务的基础。

第三，机构仍然保持向上升级的活力，在流程化之上加上人本身价值的体现。当下，可以提上议程的是让服务对象感受到自己与他人相处时的温暖，逐步达到理想社会服务所瞄准的高度，从而让服务对象的整个人生的价值得到完整的体现，让人们的最后一站变得宽阔、平静、安详、精彩和美好。

第四，要让老人在获得同样细致的服务的前提下，具有更高的自我主导权，让他们更能主导自己的生命，而不是成为被动的被看护者。那些有自理能力的老人，更加需要如此。

（七）升级换代延伸到养老院的管理方式中

最基础的形式是让养老驿站逐渐成为老人（或其家属）自己的驿站，这意味着他们更高程度地进行民主参与，更高程度地主导其中的事务。这实际上是让服务对象越来越能主导自己，而不是被动地被别人主导。

由此可以引出养老院当下运转中的机制问题。同其他事业单位一样，机构的运行中，上级政府管理者总会要求机构把安全和风险的考量放在第一位。表面上看这是在为老人负责，如同学校、医院里的情形一样，而另一种更大的可能是，责任主体已经不再是服务对象自己，而是转移给了各级政府的相关部门。这就有可能只能通过增加管控程度的方式，来掩盖通过服务实现风险管理的能力的不足，同时也意味着政府需要承担无限责任，并把这样的责任转移到机构中。

解决问题的方式或许是将责任主体由顶部的政府部门转移至社会公众自己，从而让相关的主体形成自下而上的负责机制。其实，我们在居家生活中，完全是自己对自己负责，以此为起点，可以将自下而上的责任机制延伸进微型社会组织之中，这相当于人们将责任汇到一起，形成集体负责式的运转机制。

如果要做到这一点，就需要建构更小型的、根植于社会和扎根于社区的微型养老机构。而社区养老驿站正是这样的组织类型，其中的服务对象就是社区里的居民，自下而上的责任机制相对来说更容易建构起来。

在我们开始学会对家门口的养老服务机构负责任之后，养老服务的运转会具有更高程度的灵活性，老人在其中将拥有更多的自主空间。

其实这是公民参与、自己为自己做主、自己对自己负责的重要形式之一，也是乐龄最开始所追求的参与式精神的现实体现。只是到了最后一步，它才开始产生出来。

（八）一个完整的理念演变历程

乐龄的发起人所追求的理念首先是由大到小，进入社会企业这一运作模式中，进入刚性需求这些基础需求之中。

其次是在社区养老驿站这一社会企业内，在保障基础需求的基础上，逐渐叠加了理想的社工理念以及理想的公众参与理念，进而开始满足我们关于人与社会的理想目标的那些需求。

这一完整的变化，可以形容为先由大到小，落地到基础层面，然后再由小到大，实现我们心目中原本的那份理想追求。

　　这一"绕圈式"的理念实现途径，最终将社会企业的形式作为核心载体或者枢纽，首先满足老人的基本物质性、身体性需求，在此之上再满足人对温暖、平等、尊严、价值的需要，再往上则开始满足参与决策的需求。

　　可见，要实现宏大的目标，需要有行动的载体，需要以基本刚性需求的满足为基础而逐渐展开。当然也不排除一些直奔远大理念的机构，通过多年的探索将其直接落地。但是，通过本文，我们知道另外一条途径则是先回到现实层面，在此做实之后，再让更理想的成分嫁接进来。

北京十方缘公益基金会① 老人心灵呵护服务项目模式梳理

戴 影

一、基本框架

（一）发现问题：老人心灵呵护结构性缺失

2010 年，北京十方缘老人心灵呵护中心及北京十方缘公益基金会（组织发展历程详见本文附录）创始人 A 在机缘巧合下陪伴了一位患有绝症、想要绝食自杀的 94 岁老人，短暂的陪伴之后老人打消了自杀的念头。② 这位创始人 A 直接感受到陪伴的力量，这触发了他对我国老年人尤其是临终老人生存境况的关注。

经调研发现，除了身体、生理、生活照料和缓解疼痛等功能性需求以外，临终老人在心理支持方面的需求同样急迫：一是老人面对死亡时感到极度孤独，又有着深深的恐惧；二是老人在已不可避免的死亡与无限治疗的疾病、对生命的挽留与不舍之间反复纠结；三是老人陷入激烈的思索和纠结中，探寻生命和死亡是什么、生命的意义在哪里。而倘若

---

① 北京十方缘公益基金会为南都好公益平台"老人心灵呵护服务项目"的发起方，该项目具体执行组织为北京十方缘老人心灵呵护中心。

② 详见本文第二部分。

心理需求未得到满足，老人会满怀痛苦、无法安宁地离开，甚至会以自杀的方式提前结束自己的生命。这也是我国老人自杀率年年上升且排在世界高位的重要原因之一。此外，自 1999 年我国步入老龄化社会以来，老年人的数量及占总人口的比例持续上升，在人均预期寿命延长的同时，失能、失智、重症等健康问题也日益突出。这一群体既需要生活照料和医疗照护，也需要心灵的慰藉和呵护，因为他们内心的孤独、郁结与对死亡的恐惧如影随形。

面对这一真实、客观存在的社会需求，当时的社会关注尚且不足，就更不用回应需求的服务或照顾了。彼时，在我国临终关怀①的需求供给格局中，医疗护理、生活护理、社会支持等分别由医院、养老院或家政公司、民政系统等提供，而相当关键的心灵呵护和精神慰藉则处于结构性缺失的状态。创始人 A 在探寻过程中发现，相关政府部门没有相应的服务内容与之匹配，心理咨询行业认为为老人提供心理服务难度大，因而收费高，这是绝大多数老人无法承担的。与此同时，国外的临终心灵关怀主要是以宗教、艺术的方式，由各类宗教组织或艺术家团队提供帮助，而我国的实际情况是"只有 10% 的人有宗教信仰，我们锁定的领域是针对 90% 没有宗教信仰的临终老人的心灵呵护"（创始人 A）。②

中国大量重症、临终老人亟须心灵呵护，彼时又没有专业化的服务来满足这一需求，这正是北京十方缘老人心灵呵护中心及北京十方缘公益基金会的行动的起点和瞄准的社会问题。

---

① 临终关怀，源于英国护士桑德斯在长期工作的晚期肿瘤医院中目睹了垂危病人的痛苦，于 1967 年创办的临终关怀机构，使垂危病人在人生旅途的最后一段得到需要的满足和舒适的照顾。临终关怀领域兴起的时间并不长，世界各国关于临终关怀的理论研究和服务实践仍处于探索之中，目前主要分为四个子系统：一是医疗护理或者姑息治疗，以减轻临终者身体上的痛苦；二是生活护理，照料老人的日常起居，尽可能让老人生活得舒适；三是社会支持系统，提供社会关系方面的支持；四是心灵呵护、精神慰藉，以减轻老人面对死亡时的孤独、恐惧、焦虑、不安、埋怨等各种情绪。

② 本文所引用的访谈内容主体统一分类编号：北京十方缘公益基金会联合创始人 A 即"创始人 A"；多位十方缘义工即"义工 A—J"；多位十方缘地方理事长即"A—C 老师"。

（二）直面需求

正是在这一背景下，为了满足无宗教信仰的重症、临终老人对心灵慰藉的需求，创始团队开始了自己的努力。

1. 运作历史 [①] 与服务网络

2011 年，十位义工共同发起"十方缘老人心灵呵护服务项目"（以下简称"本项目"），当年陪伴了 1 000 人次老人，随后采取世界咖啡演讲沙龙的方式自动裂变出多个服务小队。2012 年 1 月 10 日，北京十方缘老人心灵呵护中心注册成立，以公益组织的形式来独立开展服务。

随着服务的深入，北京十方缘老人心灵呵护中心发现相较于数量庞大的老年人群体，单一公益组织的力量远远不够，于是在 2015 年，212 名爱心人士众筹成立了"北京十方缘公益基金会"，资助全国各地的老人心灵呵护服务项目，并支持全国 30 个省（自治区、直辖市）175 个城市 277 个区县的 403 家老人心灵呵护中心、小组和项目组（以下简称十方缘团队）形成服务网络（数据截至 2024 年 6 月 30 日）。2016 年，北京十方缘公益基金会在南都公益基金会好公益平台的支持下进行全国城市的试验，十方缘团队推动成立了"中国生命关怀协会心灵呵护工作委员会"，为全国各地的十方缘团队提供服务培训、质量管理和服务培训管理等。此外，十方缘团队还将"爱与陪伴"方法和十大技术向养老院、家政公司的从业人员以及医疗行业的医护人员进行推广，促使心灵呵护服务依次进入行业、社会及各类服务机构。

至此，专注于满足老人心灵呵护需求的服务网络基本建构形成，北京十方缘公益基金会、中国生命关怀协会心灵呵护工作委员会 [②]、中国公益研究院生命关怀研究中心三方共同构建了十方缘公益组织系统。遍布全国各地的十方缘团队进入养老机构、临终关怀医院和社区等各类场所，

---

① 详见附录。
② 各地十方缘团队为中国生命关怀协会心灵呵护工作委员会的会员单位，各团队的项目治理、财务、行政独立，各团队领导之间不互相兼职。

用爱与陪伴的理念和方法义务为重症、临终老人提供心灵呵护服务，以满足他们对心灵慰藉的需求。截至 2023 年 12 月 31 日，合计服务老人 163 254 人次，培训义工 255 854 人次，参与服务义工 281 226 人次。

2. 价值目标追求

历经十多年的打磨、探索、生长与沉淀，本项目的服务对象与定位日益明晰，项目模式日益成熟，致力于以非宗教的方式为没有宗教信仰的临终老人[①] 提供专业的心灵呵护服务，使得老人在宁静、祥和中走完人生最后的旅程。十方缘团队的所有投入和行动都致力于实现特定的价值目标。

第一，让临终老人获得生物性的陪伴、心理上的支持和精神上的力量，尽可能缓解老人在临终前的痛苦、孤独、恐惧、焦虑甚至精神上的绝望等，让其在生命的最后阶段，收获到作为一个人的尊严和生命的美好。

第二，陪伴者因陪伴而增能，在陪伴过程中直面死亡的冲击而真正感受到生命的力量、看见生命的珍贵，萃取生命本身的价值，即十方缘团队所倡导的"陪伴生命 喜悦成长"的愿景，这既是对被陪伴者最大的尊重，也是对陪伴者自身最好的保护。

第三，陪伴双方都不再带有任何功利性或功能性的诉求，在共同面对生死的过程中，双方达到精神上的互惠、深层互动和共鸣，回到最根本、最本原的生命层面，因人与人之间的相遇和相互的存在而感受到生命的美好可贵。

以上三个方面结合在一起，是"本项目"所要达成的最高目标。这一目标真正达成，就意味着其关注的社会问题得到了解决，真实急迫的需求得到了回应，更意味着在此之上建构出更富含价值的内容。**从起点处临终老人心灵呵护需求未被看到和满足的低洼地带，到目标追求中生**

---

① 具体包括放弃主动治疗的失智、失能、重症或临终老人，一般有 10 个月到 3 年或者更长的生命期。

命的双向喜悦与成长，目标实现后的价值产出与起点处的低洼水平相减，两者之间的差值便是"本项目"所释放出的整体价值量，包括对临终老人、对陪伴者、对社会的净贡献值。

（三）路径上的挑战：节点问题分析

"本项目"行动瞄准的起点如此之低，目标定位如此之高，尽管目标实现后会产生显而易见的价值，但是关键在于，上述目标真的可以实现吗？从起点到目标的路径能够走通吗？现实中，从起点到目标的路径并不容易走通，在向前追求目标的过程中会出现诸多挑战，遇到各种各样的障碍和难题，这些关键点位处的挑战即我们所使用的节点问题的概念。任何一类公益项目都会有一组典型的节点问题，一个个节点问题得到解决之后才能逐步走通路径，满足社会需求。反之，倘若从未察觉节点问题或是意识到了却未解决，公益项目便会遭遇障碍、停滞不前，描述得再好的理念和价值追求也不会真正兑现。

"本项目"的核心内容是由义工陪伴走到生命尽头的重症、临终老人，慰藉和呵护对方的心灵，每次陪伴的时间约为 1 小时左右。陪伴者面对临终老人时，要通过人与人之间的陪伴互动来满足需求、实现目标、产出价值，涉及的主要节点问题包括以下几个方面。

1. 陪伴者如何不陷入悲情、失能中无法自拔？

这之所以成为第一个节点问题，是因为它最为根本和重要。从消极的角度来看，陪伴者看到临终老人时会直接感受到生命的有限和脆弱，如果在服务时陷落到面对死亡无法自拔的痛苦和无奈之中，显然无法有效地完成陪伴。现实中，临终老人的家人在面对这一情形时，往往会感到悲伤、绝望，无助席卷而来，他们难以接受现实而拼命挽留，甚至使过度医疗的情形出现。从积极的角度来看，陪伴者在面对死亡时内心不感到恐惧、悲哀、无助或痛苦，让自己先达到平和、坦然的状态，再运用自己的能量和优势与老人形成精神上的共鸣，将坦然、放松、安逸与美好传递给对方。

不仅在十方缘团队的实践中，在临终关怀及更广泛的养老服务中，陪伴者不陷入悲情、失能中是一个极其重要的节点问题。项目只有将之克服和战胜，让陪伴者持续性地提供优质的服务，才能实现目标，但人们往往很难做到这一点。普遍的情形是养老院的护工面对老人时会失能，在服务过程中持续耗损自己大量的能量。随着能量感越来越低，职业倦怠、服务状态差或是主动选择早早退出服务等情况时有发生，有效开展工作、为老人提供优质的陪伴的情形就越来越少了。

临终老人心灵呵护属于社会服务①，如果将社会服务作为一门专业来看待，那就必须解决这一节点问题。尽管相当艰难，但好在已有一些公益组织做出了有益的探索。十方缘团队正是其中之一，其探索值得分析和记录下来，供领域内对话和参考。

2. 陪伴者如何呈现出积极的状态？

死亡、临终总是与失去、伤痛、可怕密切关联，在生命即将逝去的时候，怎样的陪伴才能真正呵护对方的心灵呢？亲历临终的临床医生回忆起"虽然我们竭尽全力，但意料之中的死亡仍如约而至，只是他走得太不安详，脸上写满了痛苦"，并呼吁"让处于生死之间的病人得到更多贴心的关爱，安详地走完人生的最后一程"。②倘若死亡已是不可避免的事情，那么"善终"是我们朴素的愿望，善终意味着不痛苦地、安详地、有尊严地离开，甚至安详得如同深睡一样。由此可见，义工在面对临终老人时应该是积极而非消极的，积极的状态可用一个或多个词语描述：平和、坦然、愉悦、温和、安宁、能量感……应以这一状态陪伴重症、临终老人，提供最佳的服务，让对方感受到温暖、呵护和力量，将老人带入安详和安享的状态，减少老人的恐惧、焦虑、孤独和痛苦。

---

① 陶传进，朱照南，刘程程．公益项目模式：理论框架及其应用［M］．社会科学文献出版社，2020。

② 中国医学论坛报社编．死亡如此多情——百位临床医生口述的临终事件［M］．中信出版集团，2019。

更为重要的并不是这一状态起到的独特作用，而是义工们如何能够做到，即项目如何解决这一节点问题？在人与人的日常交往中，做到这一点并不容易，义工们面对一个个生命即将逝去的人，又如何呈现出积极的状态呢？强作欢颜显然不行，工作要求下的仪式化、规范化的笑容也不行，只有发自内心的笑容才是真实的，才具有持续性，才能带给对方真正强大的安慰，这就对陪伴者提出了更高的要求。对此，以往可行的方式是通过宗教信仰，寻求世外的力量来给予我们强大的安慰和鼓舞，但是十方缘团队的服务恰恰是帮助中国绝大多数没有宗教信仰的老人。那么在不依托宗教信仰时，又如何有资格和能力来实现安详和平静，释放掉负担甚至解除心灵的痛苦和遗憾呢？这是第二个节点问题的核心。

从表面上看，这一节点问题似乎无解。但倘若没有答案，"本项目"的最精彩之处也将失去。令人欣喜的是，十方缘团队在服务实践中的确找到了解法，所以需要梳理出是如何做到的以及深入分析为什么会做到。分析完成之后，重症、临终老人这一看起来令人心情沉重的服务群体，医院这一原本容易令人失能的服务场所，便通过社会服务的技术转化为增能的资源，陪伴者不仅不会陷入失能的境地，反而从中获得增能，这显示出社会服务作为一门专业所特有的魅力和功力。

3. 是否拥有基础性的陪伴技术？

以上两个节点问题解决之后，项目便具有了根本性的成分而进入高端社会服务的范畴。在此之外，是否需要基础性的陪伴技巧或者入门性的服务手法？

陪伴者开始进入时，通常不能立即掌握陪伴中相互增能的技术，也难以在短时间内全面内化"本项目"的服务思路和技术体系并应用自如，此时就需要一些简便、易操作的入门性的技能，从而让更多有意愿的人能够参与进来，从感受服务开始，在实践、体验、思考中逐渐进入更高级的境界。同时，老人们的生活处境、兴趣爱好和感受是多元化的，基础性的陪伴技术便于陪伴者从老人的角度出发，采取适合对方的互动方式。基于这两点，又一个节点问题浮现出来：十方缘团队拥有基本的陪伴技术或者操作技巧吗？这些技术或技巧能够为义工铺设更低的介入门槛吗？通过这些技巧，能够回应不同老人多元的互动需求吗？

如果答案是肯定的，我们就有必要深入十方缘团队在"本项目"的具体运作中，探究有哪些基本的陪伴性操作技巧，这些技巧如何运用到服务中，如何与个人对个人的状态关联起来，如何有机结合为完整的服务流程。

而所有操作的背后蕴藏着更为深刻和高端的理念，用于解决关于生命终极价值的提问，用于支撑面对死亡时的巨大冲击和震碎感，这一内容与上述三个节点问题的解法一并构成心灵呵护项目**"基础性的操作体系 + 人与人之间的作用体系 + 高端的生命理念体系"**的相互嵌套的整体格局。

（四）项目模式：节点问题的解答结果

首先瞄准节点问题，展开质询，判断公益项目的路径是否能够走通，进而挖掘出走通路径的技术手法和模式设计，再运用不断解答节点问题时的思路勾勒出项目模式，是评估梳理的核心思路与手法。在评估团队与项目运作方的质询式、挑战性的对话中，项目运作方将以上节点问题都完好地回答出来并落实到项目运作之中，经得起验证，这便意味着已经将陪伴重症、临终老人这一颇为棘手、极具挑战性的工作做到了极致，而这些问题的解决方案最终也构成了该项目的项目模式。简言之，节点问题的解答结果构成了项目模式。

在此之上，深入探究节点问题解决、效果产生背后的技术原理。评估团队尝试贡献一份深度认识，从而增加十方缘团队在"本项目"的具体运作中对路径的整体把握并提升对技术含量的自觉，在对自己更加有信心的同时学会自我诊断，在运作中不断提升和改善。从起点到目标点的路径以及其中的技术含量，正是项目内部的培育陪伴和向外复制、推广的关键所在。

需要说明的是，上述节点问题来自评估团队长久的评估实践，还来自理论上的推导，更来自十方缘团队的实践经验。同一类项目的节点问题相对固定，同时已经梳理出来的节点问题也未必是全部的终极答案，它是开放性的。但好在当前依据对节点问题的回答，已经能够勾勒出项目模式的完整轮廓，因此可以对其抱有信心。

二、心灵呵护服务的面貌

在进入理性分析之前，本部分首先通过一组服务场景直观地呈现心灵呵护服务的具体做法和过程，展现陪伴过程中义工自身的状态、互动方式、手法以及整体氛围的营造带给临终老人的感受和变化，从而让人在感性上了解：陪伴对于临终老人产生了怎样的作用？义工的感受和心路历程是怎样的，又是如何对老人产生影响的？

（一）一组陪伴场景

【内在的放松与平和】

　　我们陪伴的是一位患膀胱癌的爷爷，当我看见他的时候，他躺在床上，身上插着管子，头不停地晃动。我们两位义工就坐在老人的旁边，放着音乐《晨钟偈》。手轻轻地放在老人的头下边，他的头慢慢地、慢慢地摇动，然后停了下来，眼睛看着上面，听着音乐，老人说"回家啦"，那一刻，我觉得我的灵魂都被碰撞了。（义工A）

【情绪释放后放松地睡着了】

　　老人看到这么多人来看他，像小孩一样，内心因被病痛折磨而压抑的情绪一下子通过肢体的动作、叫喊、流泪释放出来了。我仔细地看着老人，同时用手抚摸他的大腿，抚触了十几分钟后，老人很自然地就把手放下来了。我轻轻抚摸他的手的时候，他也没有拒绝，而且很自然地将我拉住了，从我到他那儿，直到我离开，他的手都没有离开过我。

当我在抚触老人的时候，那种感觉就像在抚触一个婴儿，我用海浪拍打着沙滩那样的一个节奏（过程中一直是这样做的），让他感觉到非常轻、非常柔，我希望通过这种抚触让他感受到有另一个人在关注他、呵护他，在给他传递爱。我感觉他接收到了，而且他还挺喜欢这种状态的，所以他就慢慢地、慢慢地越来越放松、越来越放松，慢慢睡着了。（义工B）

【腼腆的微笑】

我们在社会福利院陪伴一位七八十岁的老奶奶，她脾气性格显得特别"坏"，我们进入她房间的时候，她还拼命地说"打打死你、打打打打死你"。其实我知道这个时候用正常的语言跟老人可能没法沟通，我也指着她说"打死你"，她说"不"，指着我说"打死你"。

这样一来一往、一来一往，说了好多遍之后，突然她脸上露出了一点点很腼腆的、不好意思的微笑，那个瞬间她有了被陪伴的感觉。（五星义工C）

【生命的舞动】

我服务的鲍爷爷90多岁，基本上没有听力了，也没法用语言表达感受。我坐在他身边的时候，发现他呼吸不均匀，有时候重、有时候急促。我刚开始就看着他，一只手轻轻地触摸他，爷爷并没有抗拒。

接着，我们两位义工开始给爷爷唱《东方红》，唱到一半就停下来了，我感觉老人有一些不适。我假设老人喜欢这首歌，但其实唱这首歌没有让我自己更加平静，也就没法传递给老人。我不再在头脑中预设和分析老人喜欢什么歌，而是依靠当下的直觉，后来自然而然地唱出"一条大河波浪宽"。

唱到第四首歌时，旋律自动地流淌出来。那一刻我感觉爷爷彻底放松下来了，旋律转动的时候我们的手握在一起，就像产生和谐的舞步，一起舞动，进入非常安宁的世界中。（义工D）

(二) 陪伴的力量

从上述陪伴场景中可以看到，"本项目"所产生的作用分为三个层面：首先，临终老人获得了生物性的陪伴，有人出现在了老人们看起来没有太多光彩甚至已经黯淡无光的境遇里；其次，不仅有人出现了，而且出现的人还带着温度，给予老人们的是爱和呵护，而不是冷漠或者评判指责。这两重作用在对临终老人的关怀的背景下，尤其是在项目启动时的社会发展背景下来看是质变性的，这不仅是维系活着的生命状态，而且让心灵和感受也被关注和看到，让老人在生命的最后时刻仍然感受到温暖和尊严。

更高层级的作用则是，另一个生命以自己平和接纳死亡的状态，通过自然的影响和感染，将老人带入安详和放松的状态，尽可能缓解老人在临死前精神上的痛苦、孤独、恐惧和焦虑。陪伴对于没有宗教信仰的临终老人而言是极其珍贵而稀缺的，有助于老人在濒临死亡时释放掉所有的负担，解除心灵上的痛苦和遗憾。而以往关于死亡时离苦得乐的追求，则主要依托宗教信仰或者宗教仪式来实现。

【陪伴的力量】

养老院里一位94岁的老奶奶身患绝症，唯一的儿子近期也去世了，老奶奶觉得自己活不久了，又无依无靠，便想通过绝食结束自己的生命。养老院的工作人员围着她好言相劝，她仍然不肯吃饭。

义工见到老人后，一开始安静地在她旁边坐着。老奶奶穿戴整齐，头发梳得光溜，就这样一起坐了半小时之后，她主动地跟义工搭话："你有没有二三十年代那首特别老的《渔光曲》?"义工便从手机里搜索放出音频，老人没说停，就这么循环了好几遍。义工继续耐心地陪着她，老人的眼中泛起泪光，悠悠地说起自己年轻时在延安的事情。因为从小特别向往延安，她便从家里偷偷跑出来，没想到一到地方就被偷光了身上的东西，在街上迷惘的时候听到电影院飘出《渔光曲》的音调，联想到渔民在冬天尚且能没吃没喝地熬着、等待来年春天破冰，觉得自己这般境遇也能够活下去。

义工持续地回应她，老人感受到有人愿意倾听自己讲故事，而不只是关心她身体的病痛、是否正常饮食，便说了许多过往坎坷的人生经历。良久，老奶奶问义工："能给我一碗粥喝吗?"老人的反应令陪伴者十分激动。即使义工觉得自己并没有跟老人交流现实情况，但这一次陪伴显然是有力量的，老人不再绝食自杀。（创始人 A）

【安详地离去】

一位患子宫癌晚期的老人被丈夫抛弃，经济条件窘迫，做完手术出院后又因车祸断腿无法行动。

弥留之际，义工第一次来到老人的床榻边，没有提及老人的病情，关怀问候后握住老人的手。老人没有拒绝，静静地握着，两个人的情感像是接通了一样。老人跟义工说起"医院大夫说我只能活三个月，只要老天让我活一天，我就要站着活一天"，还说起了过往的各种苦楚。第二次，义工元旦带着礼物去看她，老人能够下地坐着吃饭，还把礼物摆放在自己目光能及的地方。第三次，义工专门挑情人节这天，带着巧克力去看老人，虽然老人已经卧榻无法起身，但义工与其握手后老人还是有所感应，老人和义工之间在眼睛转动、目光凝视中达成了内在的连接。第四次的陪伴后，老人离开

了人世，家人能感受到老人弥留之际是没有痛苦的，理解和爱的陪
伴让老人离世时很安详。（内蒙古十方缘副理事长 A 老师）

三、项目模式梳理

让我们沿着服务现场的感受进入理性分析。本部分将基于上述框架
深入分析"本项目"究竟是如何解决三大节点问题的，从起点到目标点
的路径是否已经走通。

（一）个人对个人的作用

"本项目"针对临终老人的心理需求展开，义工创造宁静、祥和的
氛围，在这一氛围的基调之上运用各种方式、手法和工具陪伴老人，呵
护临终老人的心灵。陪伴团队由十方缘团队根据义工的经验和等级搭配，
一星①、二星义工可以选择一名三星以上的义工担任守护者，在服务中给
自己提供支持与帮助，在保证服务质量的同时增加新老义工之间的学习
带动。每一次的陪伴服务包括三个主要环节：陪伴前冥想和静心，一个
小时左右的陪伴，陪伴后的复盘。

在走近老人之前，义工有一个静心的过程，包括义工提前一个小时
到达服务现场后的集体冥想、在服务前一天自行清空日常琐事和自己的
内在，"我从昨天晚上就开始把我要做的家务、其他的事情都安排好了，
今天来就什么都不想了"（义工 A）。

进入服务现场，义工先观察和感受，再沿着当下老人的状态和处境
选择适合的互动方式，比如，全程用心倾听老人讲述过往的故事；看到
老人床头上有诗集后为老人念诗；用音乐、朗诵、诗歌、舞蹈、身体接
触等各种方式沟通；进入老人的世界里，陪着他一起看时钟上的时间等。
即使面对的是处于重症昏睡或植物人状态的老人，义工依旧不带任何预

---

① 依据义工的服务时长、服务经验、服务能力，由低到高将其划分为一星至五星不同等级。

设，先简单地自我介绍"我们是'十方缘'的义工，今天我们来陪伴您"，接着进行轻抚或握手等简单的肢体接触，然后义工以自言自语的方式和老人唠唠家常，不论老人是否有外显的反应，义工都相信其内心是有感受的。

陪伴结束后，义工聚在一起用几个小时复盘当次的陪伴，分享服务过程中自己的感受、老人的变化以及带给自己的启发和思考。不同地区的十方缘团队因地制宜地制定了适合自己团队的复盘方式。以河南濮阳十方缘团队为例，一星、二星义工主要分享自己为什么参与服务；三星、四星义工在分享服务感受之外，还需要分享对守护一星、二星义工的感受。

综上所述，"本项目"是经由义工的陪伴来满足老人的心理需求，对临终老人产生了特定的作用和力量。那么，只要有人去陪伴老人，人员到位、动作到位、时间到位，就能产生预期的效果吗？

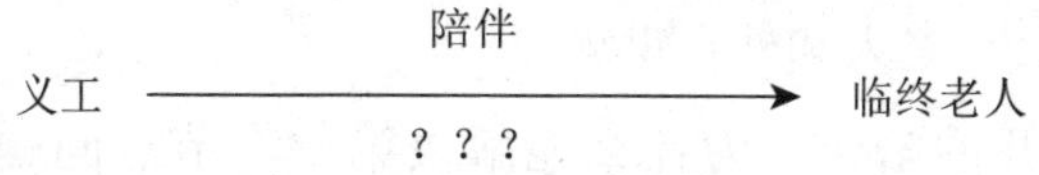

义工 ——————陪伴——————→ 临终老人
　　　　　　　？？？

图1　十方缘老人心灵呵护服务项目的基础模式

显然，单从基础模式并不能判断陪伴一定会带来好的效果，怎样的陪伴方式以及陪伴过程中双方如何展开互动才是关键所在。在社会服务的专业体系中，"本项目"的基础模式是个人与个人之间的作用关系，项目模式的架设和运转承载在陪伴者身上，陪伴能否产生效果、效果的高低程度取决于陪伴者的状态、互动方式和技术水平，因此亟须从表层进入深层剖析上述三个节点问题，通过探寻其解决方案，打开陪伴的"黑匣子"，勾勒出其中的模式设计、技术含量和原理。

（二）在陪伴过程中增能

在面对临终老人时，陪伴者如何不让自己陷入悲情、失能中无法自拔？陪伴者又如何呈现出积极的状态？"本项目"解法的巧妙之处是将这一原本容易令人失能的服务场所变成增能的资源，让义工普遍从陪伴临终老人的过程中获得持续性的能量，其结果是义工不仅没有陷入低谷，反而从中感受到生命的真谛和美好，甚至自己的人生也获得了喜悦和成长。随着内在能量感的增加，义工陪伴老人时的状态越来越积极，运用这一状态影响临终老人，更会达到预期的效果。节点问题的解决有一套综合性的方案，以下先从陪伴者的视角切入分析。

1."三不"原则：全然接纳

"本项目"究竟是如何让义工在充满负能量的过程中获得"营养品"的？"本项目"中的陪伴是有设计、安排和用意的，**核心要点在于以"三不"原则为核心的全然接纳**。首先，承认临终老人的死亡已经是不可避免的结果，接纳死亡，不逆着死亡行动，不去试图阻止死亡；其次，坚守"三不"原则——不评判、不分析、不下定义，具体内涵是，面对临终老人，不是跟他讲道理，不带任何成见和诉求，就是用爱和陪伴全然接纳当下的自己、老人和外在世界。

基于此展开的陪伴，为什么能解决第一个节点问题？以对比的视角来分析，陪伴实际上可以有截然不同的努力方向：一是，陪伴所追求的是减缓临终老人的死亡进程、阻挡死亡的发生，拒绝接受死亡，仍然将死亡作为疾病来治疗或征服，竭尽全力与之较劲，此时的关注点集中在死亡这一事件上。在这一方向上，再多的努力投入也难以改变不可逆转的死亡，义工在服务中会因为没有办法帮助对方或者帮助了却看不到效果而体会到无力感、挫败感，进而在陪伴老人时也容易烦躁不安、紧张、焦虑，即朝向下图中目标点Ⅰ的方向努力，使得服务成为失能的过程。

另一个方向，则是不对死亡做出挽救、拉回、对抗、阻止等努力，而是从容、顺应地对待，陪伴双方之间的互动和同频就是结果。这正是"本项目"的努力方向，陪伴瞄准的就是"爱与陪伴"，直面却又似乎没有面对死亡，义工将关注点从死亡事件中独立出来，专注于全身心地呵护一个个处在死亡事件中的具体而鲜活的"人"。反之，如果陪伴单单聚焦于死亡事件、执着于战胜死亡这一目标，看似很在意和重视对方，实则忽略了对生命本身以及更多生命内容的关注，生命中的价值便因无法浮现出来而大量丢失。"平静当中是有力量的，我感受到我的力量和美好，我相信一定可以将其带给别人。一次一次的服务让自己深深感受到这个世界其实就是自己内心的写照，在这个过程当中用这样的方式为老人服务、和老人分享，当下就已经得到这个结果了。"（义工D）

"本项目"的设计和做法完全截断了朝向目标点Ⅰ的努力，义工的努力方向进入下图目标点Ⅱ，义工用心地呵护老人，将关注点和全部能量都投入老人身上，近乎于义工只要出场、在场，便会感受到自己的投入对于临终老人是有用的，价值感和胜任感由此而生，自信心和能量感逐步增加。

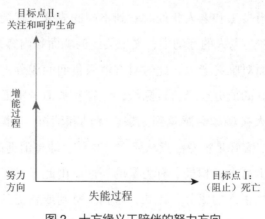

图2　十方缘义工陪伴的努力方向

2. 增能的原理与条件

面对一个个重症或临终的老人，义工反而得到能量的增长，这在十方缘团队中较为常见。能量究竟从哪里来？答案是义工在帮助老人时不仅获得了增能，而且认为能量正是由临终老人带给自己的。

> 做"本项目"的四五年当中，接触了很多很多的老人，表面上是我陪伴老人，但其实更多是老人陪伴我，我很满足于老人能给我机会，让我跟他们在一起，共同地在喜乐祥和中度过美好的时光，得到生命的滋养。（义工E）
>
> 这是从实践中得出来的，为什么陪伴者愿意这么做，最大动力是他自己通过陪伴老人对生命有了新的认识，提高了自己在家陪伴亲人的效果，还有一部分人觉得做这件事很有价值。我们总结为8个字——陪伴生命　喜悦成长。每个人都去复盘的。如果没有成长喜悦的感受，第二次不会去。（创始人A）

"本项目"让义工在陪伴过程中增能，**将义工引入专注感受对方生命的美好的一面**。实际上，任何人都同时存在着积极正面的成分和消极负面的成分，当义工和老人相处时看到不同的成分，就会触发不同的感受，这就表明在与老人的互动中，义工关注的侧面和内容是可以选择的。通常情况下，面对临终老人，此时对方消极负面的成分占据了更大的比例，光彩和美好的成分已经将近黯淡，人容易被消极负面的内容影响和感染，一与老人接触就会感觉到无奈、无助和消沉。"本项目"中的全然接纳式陪伴，恰好是将专注点从死亡、衰弱、即将消逝的一面调过来，让人投入感受生命本身积极、有力量的一面。由此，义工便会逐渐从陪伴中感受到积极正面的成分，比如，看到、听到或感受到老人过往生命历程里的精彩，感受老人曾经很有尊严、很带劲或很有冲击力的经历，体会到老人虽然现在年老体衰，但依然努力存在或者努力展现生命韧性。诸多曾经和当下的场景综合起来，带给义工"生命如此美好和壮观"的体验。总体而言，"本项目"中的义工直面死亡的冲击而又脱离死亡这一单一的关注点，看到生命中更多可贵、美好和充满力量的部分，从中获得能量。

　　陪伴像一面镜子。从 2011 年到 2018 年服务了近 1 000 名老人，陪伴临终老人，其实让我们看到了更多的智慧，让我们知道如何更好地活。（义工 A）

　　这份"看见"是丰富的，因为你不去看见是想象不到的，去看见就会发现生命到最后会有不同的呈现，让我更有信心、更有希望、更有力量走到那个地点和时间。（义工 F）

　　陪伴已经是我自己生命中不可或缺的一部分，陪伴教会我对所有生命进行接纳。我们每个人都有各种各样的情绪，情绪一多的时候，人是没有办法冷静地处理问题的，而我觉得陪伴能够让我平静下来，生出智慧。（义工 G）

从原理中抽炼出让"本项目"中的义工实现增能而非失能的三项条件，这三项条件既是义工陪伴老人的技术，也是规模化复制和推广中必须要考虑和达成的实质内核。

　　条件一：接纳死亡。面对临终老人，一旦陪伴者接纳了死亡，接受死亡是不可逆的，不再做出让对方不死亡的努力，那么一个个生命和生命过程中的美好便浮现出来，义工自身的能量不会被死亡卷走。反之，陪伴者紧紧关注甚至纠缠于死亡这一点，拼命想要救活对方，就会采取各种干预行动，此时一定会失能。

　　条件二：摆脱日常生活琐事。生活琐事主要是指老人的饮食起居、吃药喂饭、身体保健等，平常日子里的锅碗瓢盆和吃喝拉撒在这一特殊时期里都会变得极为不易，琐碎事务会不可避免地牵引和分散人的精力，往往让人难以平静地全身心投入、关注和感受生命。十方缘团队的陪伴完全与日常生活琐事隔离开来，义工在走进老人之前，先行安排好事务并将自己的内心清空。"我在陪伴每一位老人之前，会保证我的心态是祥

和的、是喜悦的，没有任何杂念。"（义工 A）

条件三：唤醒对生命的思索。当面临死亡的冲击，每个人都有关于"生命是什么""生命的意义是什么"的强烈思考，这是受到死亡的直接冲击后会产生的自然反应。此时不去征服死亡、不进入琐事层面，而是全然地关注对方，就会在对方的生命走向消逝的全过程中，产生对生命本身的思考。"虽然每次陪伴的时间只有一个小时，但是这一个小时让我们去思考该怎么过我们的生活，就是更深入地去探索生命的本质，去探索如何面对生和死，以及如何让自己能够超越这个事情。"（义工 B）

诚然，并不是所有义工都能达到上述三个条件，目前各地十方缘团队的负责人或五星义工、四星义工已经做到了，我们正是从他们的实践、体会和转变中梳理出上述内容。更多的义工仍然行走在路上，在"本项目"的服务体系和持续的团队培育中慢慢地成长着。

3. 更高程度的增能：生命的成长

"本项目"瞄准的是临终老人心灵呵护，但在服务中，发现除了让老人受益，作为陪伴者的义工也从中受益。有的义工从陪伴过程中萃取到生命本身的价值，重新看待自己的生命以及与家人、与他人、与世界之间的关系，甚至改变了自己的价值观和行为方式，不断获得喜悦和生命的成长。

对自我生命的觉察。事实上，我们绝大多数人对于死亡是懵懵懂懂的，在寻常生活中避讳谈论死亡，也习惯性地认为离死亡还有很远的距离。义工亲历老人濒临死亡的过程，直面死亡的冲击，这是前所未有的，他们会反思自己对待生命的态度和生活方式，不由自主地联想到自己也会死亡，那么这一辈子应该怎么过、如何更好地过完这一生就很重要，有的义工更是在思考生命的本质和意义的过程中生长出智慧。

去养老院服务的时候，会看到老人对生活说"yes"和"no"的不同状态。从老人那里看到自己未来的样子，就决定了现在自己如

何去生活。（义工 E）

　　陪伴过程中，我对整个世界的感受突然全变了。第一，我发现人到临死的时候，把一辈子全想明白了；第二，所有人的成熟都和死亡有关系，绝大部分人到了50岁有感觉，60岁大部分有点想明白，真正全想明白是在临终的时候。但是去陪伴老人时，仿佛自己也到了生命的尽头，突然能看到自己生命中最需要的东西。所以其实陪伴老人不是在帮老人，是老人用生命在教育我们，你会发现自己重新活过了。（创始人 A）

改变自己与家人的关系。 当义工持续地陪伴老人一段时间以后，就从自我的觉察和内在的感受逐渐向外延伸到自己在家庭中和父母、爱人、子女之间的关系（案例详见本文第五部分）。首先，在我国传统的社会文化背景下，照顾自家的老人是应尽的责任和义务，义务关系过于饱和，义工在照顾家人时容易被要求、被指令以及因做不好而被指责，双方之间容易纠缠、不理解而相互消耗，难以从中体验到价值实现感。从帮助其他老人入手产生价值感的门槛则相对更低，当从中获得的体验和价值感达到一定程度时，就会产生一个质变——突然觉得所有老人都应该被照顾、被呵护，把自己家的老人也作为普通老人来看待，这是出于对生命本身的普遍呵护而不是出于责任和义务，承担责任和义务的关系抽离为纯粹的人与人之间的关系。其次，内化十方缘团队的理念与陪伴方式并迁移使用，学会以接纳而非评判、严格要求的方式对待他人，学会摆脱自己对对方的各种期待、诉求，真正地尊重和接纳身边的人。"我原来很孝顺，但是不知道怎么陪伴，其实是不接受父亲的状态。重要的是放下自己对家人的分析、评判、定义，给予全然的接纳。"（义工 H）"家里也会有这样的老人，特别是愿意重复以前的故事的老人。一天就那么一次坐在他身边听他说，不做任何辩解、解释、劝慰，就是听他说，在他的世界之中去感受就好了。"（义工 F）

一个有趣的现象是，许多义工在陪伴中改变了和家人之间的关系，但是反过来，未曾感受过"本项目"的服务而直接陪伴家里的老人，未必能取得同样的效果，"实际上是这样的，很多志愿者都觉得帮助其他老人是做有意义的事儿，很多人对自己家的老人是照顾不好的。从难度上来说，陪伴别的老人更轻松"（创始人A）。根本原因在于体验服务之前，义工通常不会直接从陪伴自家老人中获得价值感，也难以满足增能的前两个条件，即陪伴家人时更难摆脱死亡的困扰和日常生活琐事的干扰。

（三）高能量感的传递

面对临终老人，陪伴者可能让老人恐惧、焦虑又无助，如同跌入低谷，也可能让老人坦然、平和又安详，如同升上高原。陪伴质量的好坏、高低，是否能通过陪伴实现目标，取决于义工本身的状态。上一小节的分析已经显示出，"本项目"的服务设计能避免让义工陷入悲情、失能中无法自拔，还会使其从陪伴过程中获得能量的补给和增长。随着能量感的增加，义工逐渐发自内心地呈现出积极的状态，在互动中运用这一状态给予老人高能量感，而不仅仅是物理性的陪伴，更不是可怜、同情、怜悯。以下从临终老人的感受出发探讨"本项目"是如何让义工在服务中呈现出积极的状态，义工的状态是如何产生影响和发挥作用的，怎样的陪伴方式才能给予临终老人真正的心灵呵护？

1. 千里挑一的义工队伍

"本项目"如何确保义工进入上述目标点Ⅱ的努力方向，让其从陪伴过程中增能并且以积极的状态影响老人，为了保证服务的理念和原则能够在一线服务场所中实践出来，十方缘团队形成了配套的做法。

第一，自主探索与"三好"原则。"三好"原则是义工开展陪伴时的又一重要原则，与"三不"原则相匹配，即"做就好、在就好、爱就好"。陪伴是边实践边体验的，做就好，陪完老人再去谈感受；在就好，即义工和老人在一起就好；爱就好，接纳身边所有的生命。基于"三好"原则，十方缘团队从一开始并不给义工高要求或者任务，没有要求义工通过陪伴必须达成某项任务、完成某项指标，轻松地投入服务之中，在每一次服务的实际体验中，在与老人的每一次互动中，在服务后的每一次复盘中逐渐成长。在正式服务之前，各地十方缘团队会用一天的时间与义工就问题充分沟通，包括陪伴老人到底是什么、为什么要陪伴等。之后的每一次服务，义工都提前一个小时到服务场所，由更为资深的义工领队带领他们集体进行冥想，从而让陪伴者达到全然放松的状态，更好地服务老人。"陪伴老人时经常会有这样、那样的问题，关键点在于大家有思想上的欲望，觉得一定要让老人变好。但其实全然放松的效果最好，自己的思想停止了，那就是无限的喜悦。"（创始人A）

第二，双向选择与层层筛选机制。 显然，实际服务中，不是所有人都会全然放松、接纳死亡，为了确保服务质量和进入正向的循环圈，十方缘团队在入口处采取双向选择，不强制要求任何人成为临终关怀的义工。实际上，90%的人经过培训，了解"本项目"的服务之后，并不会选择成为陪伴者，经过培训后，10%的人真正认同服务内容和理念，在接触到老人时更容易进入所追求的服务状态。

义工秉持"三好"原则开始行动，发现自己的状态越积极，对老人的作用就越明显，一部分人进入了提升自己服务状态和能力的轨道。与之相匹配的是，十方缘团队依据个人的选择和能力状况层层筛选、逐级进阶，形成了**五级义工成长进阶梯队**。每一级具有相应的能力要求：一星义工有意愿，二星义工愿意做助手，三星义工能够独立服务老人，四星义工能够带一支队伍开展服务，五星义工能够在全国的服务网络内分享培训课程。每一级的进阶率为10%，即每一级中有将近90%的人进入不了下一级，最后的结果则是十方缘团队自然沉淀下来的义工队伍是"千里挑一"（即四星及以上义工的比例）的，其内在有着极强的服务与成长动机。

2. 以积极状态产生自然影响

在"本项目"开展的过程中，义工以平和、坦然、愉悦、温和、安宁、高能量感的状态与老人互动，这意味着不仅有人来陪伴，而且陪伴者将死亡视为自然发生的现象，如同对方要进入深睡一般，不使劲挽留也不刻意回避死亡，更没有可怜、同情、怜悯，其本身不恐惧、不慌乱、不紧张、不冷漠，带着温暖、坦然、能量、喜悦以及对生命的敬畏陪伴在老人身边，用心呵护老人，一起面对从未面对也不敢面对的死亡。"不能劝说也不能不理，承认面对死亡我们一无所知，陪伴者没死过，没有任何理由教育纠结的人。"（创始人 A）

此时，老人与义工一接触，便能从义工的身上获得被接纳、被托住的力量，精神上不再孤独，逐渐趋于安详、愉悦、放松、平和，这正是临终老人最渴望也最富有价值的状态。反之，如果义工的状态不好，会直接影响陪伴老人的效果，老人不会从心里接纳义工，更不用说双方之间达成共鸣、共振了。

【找到内在的力量】

我们在陪伴老人的过程中都希望达到同频共振的效果，在完全的爱中，彼此能感受到彼此的那种感情和内心，快乐着你的快乐，悲伤着你的悲伤，彼此完全连接。对于临终老人来说，孤独的困扰、疾病的威胁、对死亡的恐惧是如影随形的，短暂的陪伴能让他们觉得当下特别地美好，感受到我们跟他同在的那种喜悦，能够让老人找到自己内在的力量，去面对他未来的生活、疾病乃至死亡。（五星义工 C）

【内在的平和】

这个时候更多地是关注我们自己的呼吸、节奏是否处于一个相对稳定的、比较慢的状态，让自己很稳，才能将老人从他的状态里带出来，过了一段时间之后，发现老人就会跟着我们，呼吸也会放慢。发现老人的呼吸节奏真的是更慢了，越慢的话就越放松、越平静。我们又告诉他"我们都特别爱你"，后来看到他有微微打鼾的状态，感觉到他的内在更平和了。经常陪伴类似的老人，不能讲话，也不能有太多的方式互动，但是我们发现他们仍然是有感应、有感觉的，经过我们的陪伴，老人心里变得非常平和，甚至有时疼痛也会减少，内心更安定、更安乐。

面对类似状况的老人，首先要调整好自己的心态，我们有时候可能会很着急地想要去帮老人延长寿命、更好地医疗，但其实能够做到安静地陪伴和祝福他们，就很好了。我们要尊重老人的状态。（义工 I）

【不期待结果】

刚刚开始接触老人的时候，我会有很多评判，陪伴的品质就会不太好。今天见到这个老人（患有阿尔茨海默病），我心里没有任何评判，老人刚开始不愿意我碰他的手，警惕性挺高的。当时我看着老人的手在不停地拍椅子，我就跟他一起拍，他并不反对我跟他一起打拍子，而且他拍得很有节奏，我能感觉到他挺开心的，好像在跟我一起玩。

在那个过程中，我感觉到老人慢慢地放下了戒备。当我们拍子拍到一块儿的时候，距离就拉近了。我问他为什么不坐在房间里，要坐在这儿，他说要看时间。于是我和他一起坐下来看时间，跟他看时间的时候就是在进入他的世界。我感觉到他已经完全接纳我了，他已经不推开我的手了，我的手可以拉着他的手。

这些年陪伴老人，我一直在用"不分析、不评判、不下定义，就是爱与陪伴"来提醒自己。所以我在陪伴过程中，并不期待我的陪伴会让老人有什么样的结果。（义工 H）

3. 作用原理：界定

"本项目"的关键，是让义工在陪伴中以自己的积极状态自然地影响老人，高能量感的传递实际上是社会服务领域中的界定技术。

　　首先，界定是一种现象和规律——客观世界与主观感受之间不是一一对应的关系，面对同一客观事件，完全可以有不同的情绪和反应，主、客观之间的对应没有固定的、统一的答案，比如，面对下雨天，不同的人会有安静、舒适或忧伤、忧郁、难过等截然不同的感受，因此，每个人在面对事情时，都会选取某一种反应，很多情况下是不自觉、无意识的。其次，每个人所选择的方式会直接体现在自己的状态中，而状态在一定条件下又可以影响到其他人。社会服务便将这一客观存在的规律运用起来，作为个人对个人作用的一项服务技术，即服务者基于理性思考而主动选择某一种认知、主动进入一种状态，再以自身的状态将服务对象带入同一状态。

　　死亡是客观的事实，但是在主观上可以采取不同的看法，各个宗教信仰体系中也均有对死亡的解释和说法，而这就带来了可作为的空间。死亡是失去、是生命的消逝，而我们还可以以怎样的方式界定它？当濒临死亡时，至少有两个主要的应对方向：一是，疯狂渴求生存，与死亡对抗或较劲，却又无法改变，因而让最后的日子充满无助、焦虑、难受和痛苦；一是，知晓死亡已是不可避免的既定事实，接纳死亡，让平和、安详、安享成为最后阶段的主色调，依然感受到生命完整的存在，直到最后完满地合上眼睛离开。尽管我们无法体会濒临死亡的时刻，无从知晓死亡那一瞬间的感受，但安详、没有痛苦或许是最佳的结束方式，如同安睡于天地之间，而这就需要释放掉所有负担、不再有任何的欲求或挂碍，同时周围环境是温暖的、安宁的且不会被强行干扰。

　　具体到"本项目"的服务中，没有宗教信仰的重症、临终老人通常无法依靠自己或者家人进入后一种状态，处于前者的居多。义工则是运用自己坦然的、平和的积极状态自然地影响和感染老人，将坦然、放松和安逸传递给对方，从而最大程度地减少痛苦和恐惧。在此之上，当义工的能量感高到一定程度时，在陪伴中更是会让老人觉得生命是美好的，死亡并不可怕，它只是生命建构的终结。

（四）基础性陪伴技术的运用

除了让陪伴者产生影响和传递能量这一主干以外，经过相当长时间的摸索，以北京十方缘老人心灵呵护中心为首的十方缘团队积累了足够丰富的基础性陪伴技术，并且将各类方法和工具简化后提炼为十大技术手法（详见本文附录），供义工在陪伴中根据情境和老人的需求取用。基础性陪伴技术和方法降低了义工参与陪伴服务的门槛，同时也为义工针对性地回应老人多样化、个性化的兴趣需求提供了支撑。

为了做好陪伴，在项目启动之初，十方缘团队将90%的精力都投在对陪伴老人的技术的研究上，创始人在世界范围内寻找非宗教的、与心灵呵护相关联的技术方法，发现全世界有480多种心灵呵护的方法或技术。对于每一种方法，初创团队均进行了反复实践并观测效果，"把这480多种方法在陪伴过程中进行使用，进行半年多的对比实验，梳理出108种技术方法，它们对老人是比较有效的"，包括快乐心测试仪、"菩提树"图示、音乐疗愈等。以音乐为例，"我把音乐分等级，因为人也是有频率的能量体，人的频率从0到1 000，越高越平稳、祥和，我挑了1 000首音乐做成音乐包，什么能量就可以放什么音乐，老人保证喜欢"（创始人A）。

正是在严谨、务实的探寻中，初始团队发现"最核心的是你自己要成为那种音乐，所以把音乐库压缩到100首。再后来发现，音乐也是形式，关键在于我自己是否能瞬间进入平和的状态"（创始人A）。经过边实践边验证，边优化边改进的有机生长过程，"本项目"逐渐沉淀出一套最为根本、稳定的项目模式——简约到不使用任何工具，运用自己的状态就能好好地陪伴老人。

（五）项目模式归总

至此三个节点问题均得到了解决，"本项目"一步步走通了从起点到目标点的路径。技术到位、路径走通，就意味着第一部分描述的"本项目"所追求的价值目标自动实现，技术与价值合而为一。

1. 陪伴者 + 临终老人 = 相互增能

从上述分析可以看到，各个节点问题是串联在一起的，前两个节点问题的解决方法构成了陪伴者与临终老人之间的作用体系，是"项目"模式的根本性成分。义工陪伴临终老人，首先，自己不感到情绪压抑、内心痛苦和自我失能，才能够做到持续性的陪伴；其次，在陪伴过程中增能而非失能，甚至感受到生命的真谛和美好，开始对生命有了更加普遍化、更具有价值和内涵的认识；再者，当义工因陪伴而增能时，便能以最佳的状态自然地影响临终老人，传递老人在临终阶段迫切需要的坦然、平和、愉快、镇静和高能量感，给予老人最大的心理慰藉和支持。

义工的能量取之于服务，又用之于服务，义工越来越增能之后，再用自己越来越高、越来越积极饱满的能量和状态来陪伴老人。随着义工的增能，他们更能通过自己的状态来传递能量，"本项目"就形成了在互动中互馈能量并逐渐向更高水平提升的正向循环圈，最终形成了**陪伴者 + 临终老人 = 相互增能**的作用体系。如下图所示，大致可归总为：**义工全然接纳→在陪伴过程中增能→用积极的状态自然影响临终老人→满足临终老人的心灵呵护需求（生物性陪伴 + 心理性陪伴 + 精神力量）**。

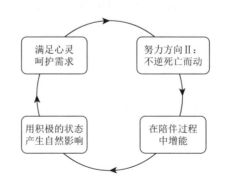

图 3　陪伴者与老人相互增能的正向循环圈

在个人与个人之间的作用体系这一主体框架内，十方缘团队还有音乐、抚触、同频呼吸、经典诵读、目光注视等手法，作为补充、辅助或者展开陪伴的载体，来构成基本操作体系。

总体上，十方缘老人心灵呵护服务项目形成了人与人之间的作用体系和基础性的操作体系相互嵌套的格局。面对起点处充满恐惧、焦虑、无助、悲观、痛苦或阴郁的临终老人，义工平和喜悦地陪伴对方走完生命的最后一程。

2. 人与人之间因相遇而喜悦

陪伴者和临终老人相互增能的项目模式还展示出，人与人之间的相遇存在着让人增能、让双方均有所获益的潜力。正如"本项目"所追求的目标及已经显现的效果，义工和老人都因对方的存在而充满喜悦。"在十方缘团队，每一位义工都通过爱与陪伴这样一件事情来成就自己、让自己成长，让自己的生活变得更加美好，这就是爱与陪伴的意义。"（五星义工 C）

双方都在受到死亡的冲击后展开互动，随着陪伴的展开和义工能量的提高，越往深处走，双方关系的性质及其实质内容也在依次提升。"本项目"在服务体系内显现的转变可大致分为三个台阶：一是，功利主义或功能性的关系，即最初认为帮助老人是自己分外的事情，属于额外的奉献，此时对自己的投入抱有期待。

二是，精神上的高级互惠，陪伴者双方是命运相连的人，共同拥抱生命、面临死亡。"我们有了交集，在交集中又清理了我们之间的陌生、不理解，我发现我自己慢慢平静下来了，对方也慢慢平静下来了。我看着他的时候，老人也在看着我，那个时候内心有一份感动，人和人之间的那份感动是爱的流动，那个时候我就不由自主地去靠近他，我用我的脸去贴近他的脸，老人的胳膊就抓住了我的胳膊……我去握他的手，握着握着，我的手拿开了，他就把我的手抓住，将我的手放在他的胸口。我觉得那是一份接纳、一份信任、一份爱的连接。"（义工 G）

三是，在深度互动和共鸣中相互建构，这其中包含着对生命的喜欢，"你"的生命的出现也为"我"提供了一份喜欢的机会，彼此的精彩都离不开对方的存在。"老人家在看我的时候，我看到他眼睛里边的喜悦。互相注视，我们看到的是彼此的懂得，我们会为《东方红》在一个节奏点上而喜悦。"（义工 A）"在读诗的时候，老人握着我的手，越握越紧，我能感受到他的激动。我觉得在这个空间里面，时间已经停滞了，他在用他无意识的方式、收到的方式来感谢我。生命在一起彼此连接，感受内在本来就有的爱和温暖。"（义工 J）

当双方的关系进入第二台阶时，"我给你我的爱，你又接受和回应我的爱"，这一互动相比平常生活里以竞争、冷漠、内卷为主要特征的人际关系模式，是重要的质变，变成了人与人之间的本原关系，去掉了目标化、需求化、功利主义和功能性期待。此时的互动是生命与生命在本质意义上的呼应和唤醒，在这一关系模式中，人与人之间因相遇而喜悦，价值潜力毫无保留地释放出来，人性本身所蕴含的美随之浮现出来。

四、生命理念体系的探寻

正如一首乡村儿童的诗歌所述，新生与逝去，是自然法则，死亡是不可违背的自然规律，每个人都应有对死亡的认知和看法以及对生命的感受。在我们的日常生活中，死亡是让人避讳的话题，长久以来，人们并不愿直接面对甚至避之唯恐不及。而当面对我国 90% 的老人无宗教信仰这一现实状况时，十方缘团队在长达十余年的时间里，探索如何以非宗教的方式为临终老人提供心灵呵护，十方缘团队必须面对生命与死亡这一终极价值问题。

"本项目"之所以形成上述项目模式，是因为其背后更为深邃的理念体系——如何看待死亡和生命，这实际上是主导和指引服务的底层逻辑。基于"本项目"运作实践，结合本研究团队多年来关于生命与死亡的思考，本部分尝试性地探寻十方缘团队的生命理念体系。

（一）死亡：珍贵的馈赠

死亡，只是逝去吗？无论被陪伴者还是陪伴者，都在心灵呵护中获得了能量，在面对死亡时，居然还可以呈现出积极的态度、传递能量甚至相互增能，其根源在于十方缘团队看到并且努力挖掘出了死亡本身蕴藏着的一份价值潜力——死亡是世界给予我们的一份珍贵的馈赠，是享受生命所必须承受的代价。首先，如果没有死亡，我们或许难以真正意识到短暂的、不可逆行的、终将逝去的生命是如此之可贵，尤其是原本重视生命价值的人遇到死亡之后，只要没被彻底打垮，往往会更看重和珍视生命，正如前文中很多义工的真切感受。其次，为了收获生命里的美好，我们不得不承受死亡、分离的代价，换言之，只有承受这个代价才能将美好全部收回来。就如同读到一本爱不释手的小说，如果没有结尾，而是一直延续着读下去，我们会越来越丧失继续阅读的兴味和意趣，而当全部读完再掩卷回味之时，其中的诸多内容和感受才会被打包收集起来，深深地埋在心中。

基于此，我们就可以以不同的方式来解读和看待死亡。**死亡是生命美好的收场，是生命建构的终结**，建构的内容包括人格发展的高度，亲情、爱情、友情等各种感情，人与人之间相见的喜悦等。为了收获生命里丰富多彩的价值，就必须承担死亡的代价，我们必须意识到这种痛苦和代价是一定要承担的，因而当这一时刻真正来临之时，就可以坦然地接纳、平静地面对，将这一生所有珍贵的经历完整地打包收藏。另外一种常见的解读，则是将死亡看作生命彻底的失去、整个生命过程的消失、回忆与美好的断裂，那一时刻就只剩下痛苦的无限深渊。

实际上，十方缘团队的服务已经不自觉地选择了前一种关于生命与死亡的解读，因而才将压抑、消极、悲伤的过程变成了积极感受生命价值、看见生命价值的增能过程，这样才能让陪伴双方都从中获得生命档次的提升，不因受到死亡的冲击而堕入深坑、失能的境地。

（二）追求生命的积分

要基于对死亡的理解讨论生命的实质。既然死亡是生命美好建构的终结，那么生命实际上就是所有美好的建构的过程，生命的价值和意义就是过程中的所有积累。如下图所示，我们用积分的比喻来形象地勾勒生命的价值。

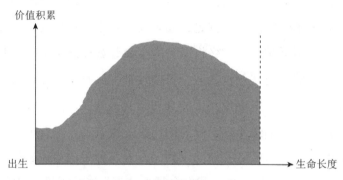

图4　生命的曲线与积分

原点处代表着每个人出生的时间点，横轴的末端代表人的终点，曲线代表人一生的建构和积累。横轴代表从出生到死亡的时间，纵轴是生命中建构的内容的含量以及每一份建构所达到的高度。在生命历程的每一个时间点上，即横轴的每一点上都有一个高度，每个高度有一个微小的宽度，高度和宽度累积在一起构成了面积。随着时间的推移、年龄的增加，曲线的增长速度变缓，虽然看起来曲线在下降，但实际上积累量一直在增加，面积越积越大，直到终点处的死亡，积累突然终止。最终，整个生命的历程就如同一块阴影的面积，这就是积分。每个时间点的生命价值含量或者情感积累越有高度，最后积攒起的面积就越大。面积的具体内容则因人而异。

因此，理性的考量是，既意识到了死亡必将到来，又不将终点看作悬崖或无底洞从而认为生命没有意义，而是选择一直积累生命的积分，让每一时间点达到一定的高度，充分积累过程中的面积。十方缘团队的一部分资深义工正是在陪伴中运用这样的方式萃取出老人生命的整体价值，自己也因受到死亡的直接冲击而思索生命的价值，进而回溯、充分建构和积累自己在死亡来临之前的生命历程。

五、附录

（一）义工的生命成长

【义工一】

湖北武汉十方缘理事长 B 老师在接触"本项目"之前一直从事金融工作，"我之前负责的都是金融领域的工作，比如，同行之间的资金拆借或者企业之间的借贷工作，收入很高"。长久以来的工作环境让 B 老师立志成为一个有钱的成功人士，他也一直将名利作为自己的追求目标。"之前我觉得自己要成为一个赚很多钱、很成功的人，那个时候会有这样的事业心，但是工作时间长了，我也发现自己陷入横向的物欲层面了，身上有一股戾气，或者用现在的话来说，有点油腻。"2015 年，为了照顾生病的爷爷，B 老师辞掉银行工作，回家帮忙打理养老院，也是机缘巧合下接触到了十方缘老人心灵呵护服务项目。

从 2015 年加入十方缘团队至今，B 老师基本能保证每月至少参与 3 次服务。而在服务老人的过程中，B 老师逐渐感受到和老人敞开心扉地聊所有的话题就是一种心灵呵护的方式。"面对家人的时候，我们往往很难沟通，都带着认知，觉得'你应该怎么怎么做'，但忘了家庭之间有爱的基础。"这一份服务过程中所产生的感悟，也改变了 B 老师对于家人生死的态度。

"当时爷爷病程特别短，一开始他还能照顾奶奶、上街遛狗，没过几天就要拄着拐杖出行，再后来出去了，就不记得回家的路了，最后没几个月就完全瘫在床上起不来。"面对爷爷来势汹汹的疾病，B老师及其家人担心爷爷承受不住心理压力，于是选择了隐瞒病情，直至爷爷去世也从未和爷爷聊起死亡的话题，以至于在临终阶段，B老师及其家人与爷爷之间从未表达过自己的感受和愿望。"其实爷爷清醒的时候跟我说过'我这病了不起就是癌症，我不怕'，但当时我也没有回应"，时至今日已无从得知爷爷是否还有什么未完成的心愿，在生命的最后阶段是否感到孤单和害怕，对此B老师一直有遗憾，"有的时候为了爱或者为了对方着想而去回避一些问题，其实并不能呵护到对方"，"如果是现在的话，我一定选择合适的方式告诉爷爷病情，和他敞开了聊"。

带着这份感悟和遗憾，B老师第一次和外婆聊起了生死，聊起了外婆丧事从简、骨灰撒入黄河的愿望，也和外婆聊起了遗嘱的安排。"从2015年接触十方缘老人心灵呵护服务项目到现在，经历了这么多，才有了后面的机缘与外婆聊这些话题"，"我觉得是因为我变柔软了，外婆才愿意和我聊这些"。时至今日，B老师更愿意选择用合适的方式告知临终的家人任何事情，让他们有安排自己人生的选择。原来的B老师更倾向于用功成名就来评判一个人成功与否，现如今B老师认为能够让周围人都舒服，才是一种理想的状态。

【义工二】

石家庄十方缘团队干事C老师也是一位在陪伴过程中收获颇为丰富的义工，其在参与服务前后的蜕变更像一场自我救赎。2007年、2008年，C老师分别经历了父亲离世、感情变故，那时的C老师一度觉得生命没有了意义，"当时整天都闷闷不乐，看着外面的天空都觉得灰蒙蒙的，一度想着跟我爸一起走了算了"。生活的打击让C老师陷入了极度的抑郁情绪之中，久久不能自拔。

一直以来，父亲对C老师的管教都比较严格，也是C老师的重要的精神支柱。但是从父亲发病到离世，只有短短40天的时间，这使得C老师和父亲之间产生了许多遗憾，"我给他买的衣服他也没穿，很多事情都没做，也没有和父亲拥抱过，完完全全就是子欲养而亲不待的感觉"，"有遗憾、绝望也有愤怒，觉得父亲管了我一辈子，一下子走了，让我怎么办"。极度的悲伤情绪让 C 老师在很长一段时间内都不能和旁人提及父亲的事情，只要一想到父亲，C 老师便泪流满面。

同时，C 老师和母亲之间的关系也存在很强的张力，往往回到家和母亲打完招呼后就去找同学，甚至会下意识逃避和母亲一起吃饭。面对母亲唠叨往事，C 老师一度以不耐烦的方式应对，"我妈一直跟我说她小时候的苦日子，我甚至回过她'你觉得屎臭，一个人闻就行了，干吗一定要拉上我，我都被你烦死了'，我妈听到这个话也是愣了好久"。在朋友眼中，那时的 C 老师也是一个情绪写在脸上、浑身长满刺的人，"我朋友后来跟我说，你以前真的咋咋呼呼、一点就着，眼睛里经常都是委屈或愤怒"。

2010 年前后，从小对心理学感兴趣的 C 老师接触到了十方缘老人心灵呵护服务项目，在每一次服务中和老人的互动，潜移默化地影响着 C 老师，其中通州养老院的一位阿姨和马爷爷对 C 老师的影响最为深远，"能够完全疗愈我和我爸妈的关系，也不是完全通过某一个人，其实是不同的老人从不同的侧面进行带动，才有我之后爆发式的改变，只是对这位阿姨和马爷爷印象最深"。

初见通州养老院的阿姨时，C 老师还是一位一星义工，到现场主要是观摩。在那次陪伴中，C 老师了解到，这位阿姨年轻时没了老伴，儿子犯事进了监狱，女儿卖掉房产将其骗进了养老院。阿姨的经历给了 C 老师很大的冲击，看着一把鼻涕一把泪哭诉的阿姨，C 老师下意识地想要劝解老人，"但是我们当时就是用心倾听，不去劝慰，也不教育，就只是在听她讲"。渐渐地，老人随着情绪的释放，逐渐平复了心情，甚至宽慰义工，说生活没有多难。这也是 C 老师第一次感受到倾听和同理的力量，"所以，后来面对我妈妈说的那些年轻时候的事情，我尝试当作第一次去倾听，去同理她，果不其然，我妈后来渐渐也说得少了、放下了"。现如今，C老师回家后尽量会多陪两天母亲，"就安安静静陪着她吃吃饭、刷刷碗"。朋友也反馈道，现在的C老师眼神里多了些温柔，仿佛换了个人。

自己的柔软以及和母亲关系的改善让C老师在遇到和父亲患有同样疾病的马爷爷时，逐渐放下了因父亲离世而产生的心结。"因为马爷爷和我爸一样是肝癌，所以，在陪伴的过程中，我也在疗愈我的那种自责、遗憾、愤怒。"在陪伴马爷爷的过程中，C老师逐渐理解了父亲对自己管教的原因，理解了那是一种父爱的表现形式，继而衍生出对父母赋予自己生命的感激。

（二）基础性陪伴技术

基础性陪伴技术包括用心倾听、同频呼吸、经典诵读、祥和注视、抚触沟通、音乐沟通、动态沟通、零极限、同频共振、"三不"原则等十大技术手法。"三不"原则实质上是十方缘老人心灵呵护服务的核心，已在前文中详尽分析，此处不再赘述。其他陪伴技术的内容和方式[1]为：

用心倾听：陪伴者将自己的身心安顿好，与老人建立起真挚和诚恳的连接。用心倾听老人诉说开心事、烦恼事、流水悠悠的往事……

同频呼吸：通过调整呼吸的频率使两个生命达到同频，即通过彼此之间呼吸的同频达到双方意念、能量等的求同存异。随着你的节奏，感受同一个世界，在全然的爱与陪伴中，共享生命的温暖、喜乐和安详。

经典诵读：为老人诵读经典，或者与老人一起诵读经典。

祥和注视：用自己祥和的目光，注视着老人，使得彼此达到更高程度的祥和状态。

抚触沟通：通过正常的肌肤接触这一彼此都愿意接受的合适的方

---

[1] 根据十方缘十大心灵呵护技术的内容简介进行整理。

式，来建立与老人心灵相通、喜乐、祥和的情感通道。

音乐沟通：运用音乐作为辅助手段，来达到陪伴老人、呵护心灵的效果。

动态沟通：让老人通过肢体的运动和大脑思维的训练，感受到被陪伴的喜悦，这甚至对改善老人的身心状态也有益处。

零极限：一种古老的夏威夷心法，提倡释放内心有害的能量，让个人通过感恩与忏悔，将耗费于记忆中的能量，转化为接收灵感的能量。通过反复念诵"对不起、请原谅、谢谢你、我爱你"的十二字箴言，来达到零的状态。

同频共振：爱在生命之间无声和顺畅地流动与传递，这就是生命与生命之间的连接。这既是一种技法，也是一种生命状态。

（三）组织发展历程

1. 组织缘起与成立

2010 年，创始人因偶然的机缘发现重症、临终老人需要心灵呵护，便开始了一个人的服务。

2011 年 2 月 28 日，创始人集结 10 个志同道合的朋友组成初创团队，开展"十方缘老人心灵呵护服务项目"，通过志愿者团队的形式在一年内服务了 1 000 名老人。

2012 年，300 多名志愿者共同创建"北京十方缘老人心灵呵护中心"，在北京市民政局注册成为民办非企业单位（社会服务机构），义务为北京市养老机构、临终关怀医院和社区的重症、临终老人提供心灵呵护服务。该中心后被评为北京市 5A 级社会组织。

2. 服务网络的搭建

2013—2014 年，面对数量激增后的服务质量和管理上的挑战，十方缘初创团队学习并对比试验 480 多种心灵呵护技术，筛选出 108 种有效方法，优化总结了十大核心技术"用心倾听、同频呼吸、经典诵读、祥和注视、抚触沟通、音乐沟通、动态沟通、零极限、同频共振、'三不'

原则"，提升专业化水平。制定服务和培训 SOP 流程质量管理体系，通过国际 ISO9001 质量认证，确保服务品质。

2015 年，随着全国各地多家组织和个人前来学习，十方缘团队受制于资金、业务资源等的影响，无法很好展开服务，遂在 50 天内发起众筹。212 名爱心人士共同创建"北京十方缘公益基金会"，在北京市民政局注册成为慈善组织，连接社会资源，推动老人心灵呵护事业的发展。

3. 规模化推广

2016 年，36 个城市的组织联合成立了"中国生命关怀协会心灵呵护工作委员会"，制定了重症、临终老人心灵呵护团队服务标准、组织管理标准、培训和考核标准，推动全国临终关怀行业的发展。

2018—2019 年，十方缘团队将"爱与陪伴"方法和十大技术向街道社区、养老院、医疗机构、学校、企业等多个场域进行推广。向基层社区延伸试点工作，提供免费义工培训；帮助企业将"爱与陪伴一节课"作为团建培训课程，让爱与陪伴成为组织文化；在为家政人员进行职业培训的同时赋能心灵呵护培训；为北京 20 余家养老院和医院提供临终关怀、心灵呵护的上门服务；动员年轻老人为社区其他有需求的老人服务等。

2020—2021 年，在疫情的影响下，十方缘团队尝试探索网络陪伴服务和培训模式，通过手机视频功能，成功向农村老人和国外老人递送陪伴服务。

2022 年，中国生命关怀学术研究人员和十方缘老人心灵呵护志愿者组建"中国公益研究院生命关怀研究中心"，开展生命关怀理论、政策、行业、职业、学科和行动研究，推动临终关怀事业发展。

图书在版编目(CIP)数据

公益项目技术价值评析／戴影等著. -- 桂林：广西师
范大学出版社，2025. 5. -- ISBN 978-7-5598-8054-3

Ⅰ. D632.1

中国国家版本馆 CIP 数据核字第 20255J5661 号

公益项目技术价值评析

GONGYI XIANGMU JISHU JIAZHI PINGXI

出 品 人：刘广汉
策划编辑：刘孝霞
责任编辑：刘孝霞
封面设计：侠舒玉晗

广西师范大学出版社出版发行

（ 广西桂林市五里店路 9 号　　　　邮政编码：541004 ）
（ 网址：http://www.bbtpress.com ）

出版人：黄轩庄

全国新华书店经销

销售热线：021 - 65200318　021 - 31260822 - 898

山东韵杰文化科技有限公司印刷

（山东省淄博市桓台县桓台大道西首　邮政编码：256401）

开本：690 mm × 960 mm　　1/16

印张：21　　　　　　　字数：281 千

2025 年 5 月第 1 版　　2025 年 5 月第 1 次印刷

定价：68.00 元

如发现印装质量问题，影响阅读，请与出版社发行部门联系调换。